UN FILS REBELLE

Né en 1929, diplômé d'études supérieures d'anglais (Sorbonne) et titulaire d'un Master of Arts (Cambridge), Olivier Todd a été successivement « grand reporter » à *France-Observateur* puis au *Nouvel Observateur*, tout en collaborant à diverses émissions de la B.B.C. (« Europa », « Twenty-four hours »).
De novembre 1969 à juin 1970, il fait partie de l'équipe Desgraupes, en tant que responsable du magazine d'actualités « Panorama ». En 1970, il revient au *Nouvel Observateur* comme rédacteur en chef adjoint. En août 1977, il entre à *L'Express*, d'abord comme éditorialiste et membre du comité éditorial. En octobre 1977, il est nommé rédacteur en chef, chargé des projets à long terme et, en septembre 1978, il prend les responsabilités de rédacteur en chef, adjoint au directeur jusqu'en mai 1981.
Olivier Todd a collaboré à différentes publications anglaises et américaines (*Times Literary Supplement, New Statesman, Hudson Review* et *Newsweek International*).
Écrivain, il a publié, depuis 1957, onze ouvrages — romans, enquêtes, reportages, essais.

GW00746633

Paru dans Le Livre de Poche :

JACQUES BREL, UNE VIE.

OLIVIER TODD

Un fils rebelle

RÉCIT

GRASSET

© Éditions Grasset & Fasquelle, 1981.

Pour Samuel

J'ai pris l'habitude des agressions à mains armées : on me tue, on me prend la bourse et l'honneur, on s'en va, je ressuscite; la balle ou le couteau n'a point laissé de trace.

SARTRE (1956).

UN HOMME EN MARCHE

DEVANT Sartre, vivant ou mort, statufié par ses dévots ou lapidé par des cagots, je n'ai aucun droit à revendiquer, aucun devoir à remplir. Quelques comptes à régler, peut-être, et, sans doute, plus avec moi-même ou avec l'époque qu'avec lui. Brassant de l'air frais ou des vents pourris, filant dans la bonace ou la tempête, comme il tenait de la place, le bonhomme !

Je l'avoue : je n'ai jamais été sartrien. Je l'admets : j'ai été influencé par lui. Je ne suis pas le seul. La maladie n'est pas honteuse. On s'en remet. Sartre a obsédé beaucoup de monde, du plus pâle des gauchistes à Raymond Aron. Vaste cortège pour un si modeste orgueil.

J'ai admiré Sartre l'écrivain. J'ai eu beaucoup d'affection pour l'homme. Je n'ai jamais pris sa philosophie au sérieux : ici, je ne prétends pas avoir eu raison. Mais ce mécanisme de défense m'a protégé des plus néfastes rayons sartriens, surtout de ses lasers politiques qui se sont mis à symboliser le dérapage des intellectuels de gauche français sur la fin de ce XXᵉ siècle qui n'a pas bonne mine.

Pour moi, l'œuvre littéraire de Sartre n'est pas écrasée par sa politique.

Je ne faisais partie ni de sa petite ni de sa grande famille. Je l'ai rencontré pour la première fois en

1948; pour la dernière, quelques semaines avant sa mort.

Je le revois, ce samedi 23 février 1980, attendant l'ascenseur. Seule « intuition phénoménologique » de ma vie : profonde et déchirante, j'ai la conviction que jamais plus je ne le verrai vivant. Mal rasé, en blouson et en polo, Sartre est tassé sur lui-même. Son regard aveugle m'observe pourtant. Je voudrais me persuader qu'il y aura dix, vingt, trente autres rencontres encore avec lui. Sartre lui-même fait semblant : tout à l'heure, au restaurant La Palette, ayant presque vidé sa bouteille de bordeaux blanc, avant son irish coffee crémeux, l'alcool aidant à conjurer d'autres appréhensions, il a dit :

« Je compte sur cinq ans, encore. J'aimerais dix, mais je compte sur cinq... »

Une horloge s'est arrêtée dans ma mémoire oublieuse : il est presque quinze heures trente. Je vais lui serrer la main. D'un ton qui me paraît faux, je jette :

« Je vous fais porter *Putain de mort* demain. Nous en parlerons la prochaine fois. »

Sartre semble las dans l'ombre tiède. Sa peau a cette grisaille grumeleuse des vieillards.

Il sursaute :

« D'accord. Le Castor dit que c'est un très bon livre, Bost aussi.

– Il faut absolument vous le faire lire », dis-je.

Le Castor : Simone de Beauvoir, la référence, l'axe, la permanence de Sartre.

Je ne suis pas de la famille parce que je n'ose ajouter : je vous le lirai. Je cherche une formule qui pousserait Sartre à plonger dans le superbe témoignage de Michael Herr sur le Viêt-nam. Sartre reconnaît que, ces jours-ci, les livres et la littérature qui passe ne l'attirent plus. Comment ce vorace lit-il maintenant avec ses oreilles ? Je lâche :

« Herr est tellement subjectif qu'il finit par être objectif. »

Je me suis servi de cette phrase dans un article sur Herr. Entre deux touches sur la machine à écrire, je me suis dit, moi qui prétends que jamais plus, jamais, plus jamais, je n'écris avec l'ombre de Sartre sur mon épaule : Sartre aimerait cela. C'est un peu flou, mais il aimerait...

« D'accord, dit Sartre, je me ferai lire Herr. »

Depuis longtemps je ne pleure plus, mais j'ai des larmes aux yeux. Larmes d'enfant, larmes de futur vieillard. Sa mort est sûre. Je palpe presque ce noyau lourd, impénétrable.

« Salut », dis-je.

Parce que je lui ai souvent dit « salut » en le quittant ? Pour ne pas dire « au revoir », sachant, avec une irrationnelle certitude, qu'il n'y aura pas une autre rencontre.

« A bientôt... »

J'hésite. Il sourit. Je crois que ce sourire est doux, je veux qu'il le soit puisque je l'emporte. Croire qu'un sourire est doux, se sentir amoureux ou l'être, quelle différence ?

« Vous savez, dis-je, depuis quelques années, je suis souvent, le plus souvent, en désaccord avec vous... Mais je vous aime bien. Je vous aime beaucoup...

– Moi aussi », dit-il.

Au fond, je voulais m'assurer de cela. Pourtant, je le sais, il l'a dit : Sartre, qu'on l'aime bien ou mal, ça ne lui fait pas grand effet.

9 février 1980. La belle jeune femme, énergique, remet ses bottes et s'en va.

Sartre dit assez qu'il a aimé les femmes. J'espère qu'il peut encore les aimer, de toutes les manières.

J'avais rendez-vous à treize heures. Il mit longtemps à ouvrir la porte. Une musique de Bach emplissait l'étage. C'était non pas un disque mais une cassette, que Sartre, tâtonnant, enlève. Je m'assois devant la toile de Rebeyrolle. La conversation s'engage facilement, comme si nous nous étions vus quinze jours auparavant.

Nous ne nous sommes pas rencontrés depuis deux ans au moins. Je n'avais plus besoin de mon Sartre deux, trois ou quatre fois l'an. Je demande des nouvelles de Jacques-Laurent Bost. J'ai travaillé avec lui au *Nouvel Observateur.*

« Il va bien, dit Sartre. Il vit à la campagne avec sa femme. »

Sur le mot « campagne », l'accent est neutre : Sartre n'aime toujours pas la campagne, à peine plus pour les autres que pour lui-même. Que fait Bost à la retraite ? Comme s'il parlait d'un lointain personnage aimé sur une autre planète, Sartre ajoute :

« Il lit, il relit...

– Jusqu'à Zola compris... »

Ancienne plaisanterie : Bost, c'est entendu, n'aime rien au-delà de Zola, hormis Sartre.

Sartre rit :

« Oui, pas plus loin. »

Que fait Sartre, ces jours-ci ?

« J'écris un bouquin de philo avec Victor : sur la morale et la politique. On publiera la version vulgarisée dans *Le Nouvel Observateur.* On veut voir ce que ça donne. »

Sartre ne dit ni *L'Obs* ni *Le Nouvel Obs.* Neutre, sec, sans affection ou complicité, il dit *Le Nouvel Observateur.*

« ... Le livre sera publié dans un an. »

Quand elle sortira dans l'hebdomadaire, cette version lamentable en trois épisodes interviews se révélera gênante, atterrante, même. C'est du Victor, pas du Sartre.

Du Victor alias Benny Lévy. L'insupportable tutoiement de Bennyvictor dans le texte ! Même Simone de Beauvoir n'a jamais tutoyé Sartre en public. Simone de Beauvoir, quand direz-vous la vérité sur ces trois sinistres interviews montages, sur cette escroquerie prétentieuse, cette trahison de Sartre par Sartre ? Mais avant tout de Sartre par un secrétaire qui se prenait pour le dernier reflet du monde sartrien. Quel sombre plaisir ce scribe prit-il à rester au bord de l'insulte face à Sartre ? Un Sartre qui, du fond d'un masochisme qu'on ne lui connaissait vraiment pas, se laisse *faire dire* qu'il n'a jamais connu l'angoisse ! Qu'il a toujours pensé que l'homme vit d'espoir ! Qu'il a envisagé l'espoir comme une illusion lyrique. Sartre, dans ces trois pastiches de ce qu'il y a de pis chez Sartre, passe son temps à avancer que ce que dit son interlocuteur, s'enflant sans cesse, n'est pas exact. Pas tout à fait juste. Qu'il exagère. Qu'il en remet... Cela pue. Pour dire à Sartre quelques-unes de ses vérités, fallait-il ainsi le rabaisser, et le transformer, vers la fin, en Juif d'honneur ? Puisque c'est de cela qu'il s'agit : Victor va-t-il nous raconter un jour que Sartre, avec d'anciens gauchistes, comme Victor, précisément, passait ses samedis matin à dépiauter le *Talmud* ? Quelle dérision ! J'accuse Victor d'abus de confiance intellectuel, d'un détournement de vieillard. Le pire Sartre, mais caricatural, caricaturé, est là, le plus souvent dans la bouche du pantin en face : « ... La première approximation à laquelle on aboutit maintenant, c'est que le principe de gauche a quelque rapport avec un désir de société. » Ou encore : « Autrement dit, être radical, ce serait poursuivre radicalement, jusqu'à l'unification adéquate, le rassemblement des intentions éparses. »

Quelques semaines après la publication de ce ramassis d'âneries, Sartre mourra. L'un de ses proches, membre de « la famille » depuis longtemps, le chaleureux Claude Lanzmann, me dira : « Sartre s'est rendu compte, après, que tout cela était très mauvais et ne reflétait pas du tout sa pensée. Et, de plus, que c'était mal reçu. » Lanzmann suggérait même que tout cela avait donné à Sartre le coup de grâce.

Le duo Lévy-Sartre – comme si Sartre pouvait écrire à deux, lui qui a toujours cru que le vrai travail intellectuel exigeait la solitude ! – traitera donc de politique. C'est-à-dire, selon Sartre, avant tout du communisme.

Maintenant, du communisme, Sartre parle presque avec mépris : la maîtresse promettait trop, elle s'est montrée frigide à l'usage. Le concept voulait tout recouvrir. Aujourd'hui, il ne borne que des atrocités.

Je demande :

« Aux plus mauvais moments, quand vous doutiez le plus du communisme, pensiez-vous que l'on verrait ça : le Viêt-nam, le Cambodge, les camps de rééducation, les *boat people,* les Khmers rouges ? Franchement, Sartre ?

– Non, je ne l'imaginais pas.

– Vous ne regrettez rien de vos rapports avec le communisme et avec les communistes ?

– Non. On ne pouvait faire autrement.

– Vous voulez dire qu'on ne pouvait pas ne pas être avec les communistes aux mauvais moments ?

– Absolument... c'est ça. »

Le ton flotte entre la conviction totale et l'entêtement du vieillard. Pourtant, Sartre parle aussi du communisme avec une fraîcheur – non, une naïveté, d'homme jeune. Voilà où se trouve, en partie, le charme de sa conversation. Les vieux sujets usés, poncés, comme les nouveaux, il les aborde avec la même spontanéité.

Il n'y a pas une faille dans cette muraille de convictions à l'instant où elles sont alignées : personne ne lui fera dire qu'il s'est trompé en devenant le plus prestigieux des compagnons de route. Il admet que les communistes vietnamiens sont d'inutiles et inefficaces barbares. Il maintient qu'il a eu raison de les soutenir jusqu'à la « libération » de Saigon.

« On ne pouvait pas savoir que ça tournerait comme ça.

– Il y avait des précédents : toute l'histoire du communisme...

– Vous la connaissiez aussi ! Ça ne vous a pas empêché de les soutenir.

– Avec votre aide, Sartre. »

Il rit. Le rire franc, large, semble démentir, lutter contre l'affaissement de son corps.

« C'est vrai. Mais vous aviez moins d'excuses : vous avez été sur place.

– J'ai compris avant vous que les Nord-Vietnamiens étaient des staliniens.

– Parce que vous avez été là-bas. »

Notre conversation repasse toujours par les mêmes points, dessinant des 8. Au sujet du Viêtnam, Sartre veut bien tout admettre, sauf qu'il a eu tort à une certaine époque, comme tant d'entre nous. Il insiste, se répète, et ce n'est pas du gâtisme :

« Il fallait être avec eux. »

Essayons de prendre cela par un autre bout :

« Enfin, quand même et malgré tout, dis-je, pour toutes les classes sociales, et surtout les plus défavorisées, le communisme est un échec radical : pour un ouvrier, pour un paysan, il vaut mieux vivre sous un régime capitaliste... »

Sartre coupe, sans hésitation :

« Bien sûr. Mais il faut inventer autre chose.

– Quoi ?

– Quelque chose entre le communisme et le capitalisme, un système qui ne sera ni le communisme ni le capitalisme.

– C'est-à-dire ?

– Un vrai socialisme.

– On repart de zéro ? »

Il sourit encore, mais il est sérieux et toujours messianique :

« Absolument.

– Vous découvrez la troisième voie sur le tard, un peu tard !

– Pas du tout. Ça, je l'ai toujours pensé. Maintenant, j'en suis encore plus convaincu qu'autrefois. »

Il ne finit pas dans l'eau tiède. Accordons-lui que son extrémisme n'a pas varié. A ses yeux, il n'a pas commencé à gauche pour terminer à droite. Au fond de lui-même, il reste d'abord persuadé qu'il vaut mieux avoir tort avec une prétendue gauche que raison avec d'autres. Ensuite, par moments, que le communisme, sous ses formes les plus perverses, demeure éternellement à gauche.

« Rien ne ressemble autant à un fascisme noir ou blanc qu'un fascisme rouge, dis-je.

– L'homme, *un* homme, *un* membre du Parti, dit Sartre. Mais les systèmes sont radicalement différents.

– En quoi ?

– Fascisme et nazisme sont des prolongements du capitalisme. Le communisme est quand même une mise en question radicale du capitalisme. »

Lunes, vieilles lunes fripées ! Sartre a toujours pris Lénine pour un exécrable philosophe. Cela ne l'empêche pas d'être, ici, léniniste. Il n'en démord pas. Il faut repartir sur un autre chemin. Je repars.

« C'est évident, tout à fait clair, maintenant : le prétendu socialisme en marche vers le communisme, partout, au Viêt-nam comme en U.R.S.S., en Roumanie comme à Cuba, ce n'est pas seulement l'Etat policier. C'est aussi la rareté, la pénurie, le bordel pour tous, à l'exception d'une classe, encore plus

16

privilégiée que les privilégiés les plus scandaleux de l'Occident développé.

– D'accord, dit Sartre. Mais le capitalisme ne peut survivre sans injustices. Aujourd'hui, c'est avant tout le pillage des pays sous-développés. »

Nous n'en sortirons pas. Là, Sartre est bloqué depuis quelques années. Ce n'est pas de cette pièce en désordre, dominant la gare Montparnasse, qu'il va réformer le monde et refonder la gauche. Il a craché sur tous les pouvoirs depuis qu'il a l'âge de raison – la trentaine, pour lui – y compris sur les pouvoirs de la gauche traditionnelle. Celle qui un jour, quelque part en France, aurait pu faire quelque chose, s'évader de ses quartiers généraux idéologiques, dans lesquels elle s'est enfermée.

Par la fenêtre, j'aperçois une gigantesque grue jaune qui tourne sur elle-même. Il n'y a rien au bout de son crochet. C'est la gauche française, cette grue.

« Vous voulez toujours globaliser, transformer totalement la société ?

– Bien sûr.

– Vous n'acceptez pas l'idée que l'on obtient de meilleurs résultats à coups de modifications progressives : des rémunérations, de la fiscalité, des inégalités... »

Sartre rigole :

« Vous avez un langage bien giscardien !

– Plutôt social-démocrate ! D'ailleurs, il me semblait que, vous, vous étiez plus giscardien que, disons, pompidolien ou gaulliste.

– Giscard est plus humain, c'est tout. »

Comme toujours avec Sartre, on peut facilement passer du coq à l'âne, du Président à la femme de ménage. Celle de Sartre doit bien être un peu responsable du scandaleux désordre : ces objets mal rangés, la poussière, les verres, les tasses qui traînent. En principe, elle fait deux ou trois heures par jour chez divers employeurs. Sartre le sait. Ça lui est égal. Il paraît même s'en moquer. La famille n'intervient pas, ni le Castor ni d'autres, pour ne pas donner à Sartre l'impression qu'il est invalide, vulnérable. Sur un ton de pur constat, mi amusé par l'habileté de cette femme de ménage, mi agacé, Sartre dit :

« Ici, elle devrait faire deux heures par jour. Elle arrive à quatre heures moins dix pour filer une demi-heure plus tard.

– Vous ne protestez pas ?

– Non. Je ne suis pas un patron. »

C'est lui, tout entier, jusqu'à l'absurde, jusqu'au fond de sa sincérité. Il poursuit :

« D'ailleurs, le désordre ne me gêne pas, puisque je ne vois rien. »

Faudrait-il en vouloir à la famille qui accepte ? Ceux qui le protègent ont-ils raison de lui donner le sentiment qu'il applique ses théories dans les détails banals de sa vie quotidienne ? Comment vit-il aujourd'hui dans sa demi-bohème ainsi maintenue ?

« Je me lève à neuf heures. Je me lave et je déjeune. »

Je n'ose à présent lui demander s'il s'éveille toujours seul, lui qui, quoi qu'il en dise, déteste être seul en dehors des moments où il travaille. Mais il ne travaille plus, il n'écrit plus.

Il prenait son petit déjeuner au café.

« Le petit déjeuner au bistrot ne vous manque pas ?

– Non, puisque je ne vois plus... Ensuite, je traîne. De onze heures à midi ou une heure ou deux heures, c'est selon, je travaille avec Victor. Je vais déjeuner. Je rentre. Je continue à écouter de la musique. On me fait de la lecture. Pour cela, je ne manque pas d'amis.

– Et le soir ?

– Je regarde la télévision. »

Il a bien dit qu'il *regarde*. Il sent que le mot étonne.

« Je regarde, j'écoute les films, les vieux films, surtout. Pas les programmes d'actualité, ils m'ennuient. »

Sartre décroché, décrochant de l'actualité, comme c'est compréhensible, mais surprenant. Je l'imagine retrouvant dans sa nuit d'aveugle les images des films connus. Non, ce n'est pas terrible. Il le dit, lui. Il n'est pas entièrement aveugle :

« Je vois des formes, de grandes masses, sans couleur souvent. »

Il insiste, encore plus, sur le fait qu'il n'est pas malheureux. Bien sûr, il aurait préféré devenir sourd, même si la musique compte beaucoup pour lui. Voilà, c'est comme ça. Vraiment, il n'est pas malheureux. Presque toute sa vie, il a constitué une espèce de réserve de bonheur. Il vit sur ses stocks. Il semble détendu, très vieux et détendu. Il a pensé au désespoir de l'écrivain qui ne peut plus écrire, non parce qu'il manque d'inspiration, mais à cause de cet accident, la perte de la vue, du seul œil qui lui restait. On sent qu'il a d'abord décidé qu'il ne serait pas malheureux :

« Ça sert à quoi, d'être malheureux ?... Ce qui ne veut pas dire que cela n'a pas été dur. »

Alors, ses yeux semblent fixes et vraiment aveugles. Ils regardent à côté de moi. Ils errent. Ils me trouvent enfin. Sartre précise :

« Tenez, en ce moment, vous, je vous vois... une tache, un peu plus claire pour votre visage. »

La gaieté s'est effacée.

« Il y a des moments très difficiles.

— Vous avez eu envie de vous tuer?

— Non ! Pas jusque-là ! »

Cette télévision écoutée tient beaucoup de place dans sa vie. Il ne regarde pas seulement les films déjà vus. Il parle d'*Holocauste* :

« J'ai suivi presque tous les épisodes. C'est très mauvais. Certaines scènes sont ignobles, surtout celles qui concernent la femme rendant visite à son mari dans un camp de concentration. »

Sartre partage l'avis de Claude Lanzmann, qui prépare une fresque sur l'Holocauste, mais sans fiction, à base de témoignages, ceux des victimes et des bourreaux. Sartre diverge de Lanzmann sur un point :

« La diffusion du truc américain a quand même été une bonne chose. Les Allemands ont bien réagi. Ils ont accepté cette série plus facilement que nous.

– Pourquoi, selon vous ?

– Parce que les Français ne veulent pas reconnaître que, eux aussi, ils ont été antisémites, même si ce n'était pas d'une manière aussi... industrielle. »

Quelle est la probabilité d'une troisième guerre mondiale ?

« Je n'y crois pas. Il n'y a pas de raison de se battre, dit Sartre. En 1914, en 1939, il y avait des raisons.

– Et l'expansionnisme soviétique ?

– Quel expansionnisme ?

– En Asie, en Afrique, en Amérique du Sud par Cubains plus ou moins interposés.

– Non. Les Soviétiques ont trop d'ennuis et de difficultés chez eux. Ils ne peuvent se payer une guerre mondiale.

– Vous croyez à la rationalité du Politburo, des hiérarques civils et militaires. Au fond, vous croyez aussi à la rationalité de l'Histoire...

– Non, pas de cette manière. Je pense simplement que les dirigeants soviétiques ne sont pas fous : cette guerre, ils ne sont pas certains de la gagner, donc ils ne la feront pas.

– Une fois de plus, vous n'êtes pas d'accord avec Aron. Lui, il croit à l'impérialisme et à l'expansionnisme soviétique. Il a raison, d'ailleurs. »

Sartre rit :

« Ce n'est pas la première fois que nous ne sommes pas d'accord. »

Il aime ces rôles : Aron, c'est l'anti-Sartre. Mais Sartre, c'est également l'anti-Aron. En ce moment, à la cote de l'Histoire et des prédictions, Aron l'emporte. Mais, là, sont-ils tellement en désaccord ? Aron pense surtout que le Kremlin veut les bénéfices de la victoire sans la guerre.

« Malgré tous vos différends, Aron a été très ému, je crois, de vous retrouver dans le Comité du " Bateau pour le Viêt-nam ".

– On peut tomber d'accord sur certaines choses tout en étant séparés sur l'essentiel. »

J'ai imaginé un dernier échange entre Aron et Sartre. Après tant d'années, qu'ils fassent franchement, publiquement le point, à propos de ces humanitaires retrouvailles dans un comité où il ne s'agissait que d'affréter un navire, l'*Ile-de-Lumière,* pour aider des réfugiés fuyant le Viêt-nam. Aron à un bout, Sartre à l'autre avaient donné leur garantie morale au Comité. Quand Aron parle de Sartre, au-delà de leurs profonds désaccords, affleure discrètement une vieille amitié, comme un éternel agacement devant tant de génie si souvent gâché. Les mettre face à face... Je ne suis pas sûr qu'Aron refuserait. Vite, je vais être certain que Sartre, lui, n'acceptera jamais.

Bêtement, je lance :

« Que pensez-vous d'Aron, aujourd'hui ? »

La réponse claque :

« C'est un homme de droite. »

Il ne changera pas, Sartre, tout seul, tout petit contre le vent de l'Histoire. Comme il est irritant !

« Qu'est-ce, un homme de droite, aujourd'hui, selon vous ? »

Aussi rapidement :

« ... Quelqu'un qui est contre les partis ouvriers. »

Sartre se ferme. Inutile de chercher à discuter, à établir la liste des partis ouvriers qui exploitent le prolétariat encore plus que les partis bourgeois ou petits-bourgeois. Il serait vain de dresser l'inventaire des sujets sur lesquels Aron a eu raison contre lui, et avant tout à propos du communisme.

Sartre dit :

« Aron est toujours pour ce que fait le gouvernement. »

Je vais essayer de démontrer que c'est faux; que peu d'éditorialistes attaquent autant la politique étrangère de Giscard qu'Aron.

Evasif, Sartre fait des acrobaties :

« Sur le plan de la politique économique, Aron répète que personne ne ferait mieux que Barre. C'est une attitude fondamentalement conservatrice, réellement de droite. »

Il est vrai qu'Aron demande souvent : qui ferait mieux ?

Aron a vu trop de meurtres dits progressistes et de révolutions délirantes pour faire crédit à la gauche. Sartre croit au progrès révolutionnaire. A chacun son pari. Pour Sartre, un jour, une vraie révolution nettoiera le Ciel et la Terre, un homme neuf naîtra. Aron est assez loin de ce poème. Il a plutôt l'œil fixé sur les indices de production et la balance des paiements.

Des rumeurs molles montent de la rue et du supermarché Inno, cris de femmes appelant des enfants, voix d'ouvriers sur un chantier. Je jette un regard autour de la pièce. Sartre ne peut m'observer : j'ai le sentiment, honteux, de le cambrioler. Sartre cherche dans ma direction, guidé par ma voix plus que par l'ombre de mon visage. Cette fixité attentive de ses yeux, cette façon de se mettre dans l'axe du visiteur, ne sont pas seulement un besoin, une adaptation à son sort : elles révèlent aussi une politesse. Sartre, qui peut être d'une fantastique violence verbale, orale ou écrite, est presque toujours courtois, poli.

Les volumes de la Pléiade en rangs forment des taches bleues, rouges, vertes. Sur une table, près de la fenêtre, une histoire du judaïsme et quelques rames du papier quadrillé sur lequel Sartre aime – aimait écrire. Une tasse de porcelaine blanche, des cendriers débordant de mégots.

« Vous ne fumez vraiment jamais ?

– Non. Plus du tout.

– Comment avez-vous fait ? Comme de Gaulle ?

– J'ai arrêté, c'est tout. Comment a-t-il fait, de Gaulle ?

– Il a dit : « J'ai annoncé que le général de Gaulle avait cessé de fumer. »

– L'amour-propre, c'est en effet un système... Les médecins m'ont conseillé d'arrêter. »

Sartre ne dit pas qu'il a eu peur. D'ailleurs, a-t-il eu peur ? En tout cas, il a eu envie de durer, de vivre plus longtemps.

Je reviens sur Aron. A *L'Express,* je le vois chaque semaine. Sans être mage, il est notre sage maison. Même quand nous ne sommes pas d'accord avec lui, nous l'appelons *Papy,* ce qui témoigne d'un respect ironique et affectueux. Cette longue relation Sartre-Aron va-t-elle rester en suspension dans le vide de la petite histoire ? Aron rédige ses Mémoires : nous aurons sa version de cette liaison, de cette *déliaison.* Mais celle de Sartre ? Pas de trace substantielle. Dans un dernier volume des souvenirs du Castor ? Ce sera déjà de la connaissance indirecte. Dans ses lettres – à récupérer sur toute la planète, Sartre n'est pas de ceux qui gardent des doubles pour eux-mêmes ou la postérité – on ne l'imagine pas parlant longuement d'Aron. Alors ? Quelques semaines auparavant, passant à Europe 1 avec Ivan Levaï, Sartre a parlé de son amitié pour Aron. Il disait très exactement : « On a une seule idée : qu'il était injuste et criminel d'envahir l'Afghanistan. Ça, c'est l'idée essentielle. Cette idée nous réunit, Aron et moi... Aron, pour qui je n'ai certes pas perdu l'amitié, qui n'a pas les mêmes principes, les mêmes idées que moi... » Paraissant contredire ce qu'il venait de lancer, et à sa manière un peu tordue, Sartre ajoutait : « Qu'il se trouve être en accord avec moi dans ce cas précis, ça ne représente ni une réconciliation, à supposer qu'il y ait une brouille, ni une amitié renaissante : ça représente simplement deux hommes que je crois honnêtes l'un et l'autre, qui, sur un sujet précis et clair, ont la même opinion. »

Cette amitié perdue, à retrouver au purgatoire, je crois qu'Aron, au fond de lui-même, la regrette plus que Sartre. Je soupçonne le premier d'être plus sentimental que le second, mais de mieux cacher ses sentiments. Sartre paraît souvent expansif. L'est-il réellement ? Aron semble réservé, froid parfois. N'est-il pas timidement pudique ? Je raconte à Sartre les comités éditoriaux de *L'Express*, la façon dont Aron, en 1978, s'est mis en colère – c'est rare, chez lui – contre un article dans lequel j'expliquais pourquoi l'on pouvait voter pour le P.S. Je raconte aussi la réconciliation. Sartre s'amuse :

« Ce tocquevillien n'est pas si libéral que cela...

– Il est gentil, dis-je.

– Ça, je n'en suis pas sûr du tout. Il n'est pas méchant non plus. Il est intelligent.

– Restera-t-il ? Son œuvre... ?

– On n'en sait rien, dit Sartre.

– Alors, il est comme vous ? »

Sartre sourit :

« Absolument. »

Il a souvent dit qu'Aron était un des seuls hommes au monde avec lesquels il aimait discuter, qu'ils n'avaient jamais réussi à se convaincre l'un l'autre. C'était ainsi lorsqu'ils se voyaient, il y a un demi-siècle. C'est ainsi alors qu'ils ne se voient plus. Chez l'un comme chez l'autre, la rigueur finale est-elle justement de ne plus se voir, de ne plus se parler ?

Face à Sartre, Aron n'est jamais indulgent, mais il reste digne, courtois et poli. L'inverse n'est pas toujours vrai en public. Dans la rage même de Sartre, il y a une blessure qui n'est pas cicatrisée, un point de suture qui a lâché.

Tout d'un coup, Sartre semble s'éteindre à moitié, comme une lampe en 220 volts recevant un courant de 110. Il doit être fatigué. Baisse de tension, baisse d'attention. Je me lève.

« Alors, on déjeune ensemble la semaine prochaine », dit-il.

Je ne peux pas. Je propose une autre date : le 23.

« D'accord. Marquez cela sur mon agenda. Il est sur ma table. »

Je cherche l'agenda entre les livres, les cendriers trop pleins, les feuilles quadrillées, la lampe. Je ne le trouve pas.

« Ça ne fait rien, dit Sartre. Téléphonez-moi la veille. J'ai des trous de mémoire. »

Images, belles images, souvenirs vrais et faux flottant aux frontières de mes légendes et de mes histoires.

Sartre en complet avec cravate dans les années 50, en canadienne l'hiver, en polo et en blouson de daim et laine plus tard. Aujourd'hui, hier, toujours : sa manière de trancher l'air du plat de la main retournée, de frapper la cuisse, jambes croisées. Il m'avait convaincu qu'il était laid, avec ses yeux qui ne pouvaient vous regarder directement, ses gros lobes. Essayez de trouver une photo montrant son profil gauche : vous verrez pourquoi il pouvait être séduisant au-delà de son intelligence. Sa façon de tenir un stylo ? Comme tout le monde, ou entre le médius et l'index.

Sartre Woody Allen. Sartre Bouddha, radieux en 1946, 1947, 1948... Pathétique, haranguant quelques ouvriers et encore plus de journalistes à Billancourt. Tassé sur lui-même, surpris ou timide à la Sorbonne, en Mai 68. Photos : Sartre sur la terrasse du Luxembourg avec Paul Nizan, l'un sous un canotier, l'autre en culotte de golf avec un minuscule nœud papillon. Autre photo remontant le temps : une promotion de normaliens, et Sartre, à côté d'Aron et de Nizan, encore avec un nœud papillon, plus à gauche. Sur ses genoux, Sartre a un chapeau. Photo, quelques années après : Sartre professeur au lycée du Havre avec l'élève Bost, le deuxième à sa gauche, au premier rang.

Sartre descendant l'escalier rapidement, rue Bonaparte, dans le VIe, à Paris. Débouchant vite, presque au pas de chasseur, en 1950. Sartre si lent, descendant en aveugle l'escalier qui va d'une cour de son immeuble au boulevard Edgar-Quinet, trente ans plus tard. Sartre vif. Sartre au ralenti. Simone de Beauvoir, belle et jeune, belle et vieille, détendue et tendue à côté de lui. Sartre avec sa pipe et ses grosses cigarettes Boyard.

Avec Tito, Chen-Yi, Castro, le Che, Camus, Nasser, Brasseur, Khrouchtchev, Cohn-Bendit.

Sartre vendant *La Cause du peuple,* et donnant à manger aux biches dans les jardins d'un temple shinto, au Japon.

Sartre suivant l'enterrement de Pierre Overney, ou devant un véhicule blindé de la caserne du 1er régiment de Lisbonne, au kibboutz Lehavot Habachann, assis à côté d'un pharaon.

Sartre entrant à La Coupole, sortant de La Palette, hélant un taxi, remontant le boulevard Raspail, descendant la rue Bonaparte.

Sartre et ses complets stricts en 1952, son blouson en 1969, et ses affreux mocassins tressés aujourd'hui.

Une photo que j'aime : Sartre penché en avant sur

des dunes. Dans un album, Simone de Beauvoir l'a légendée : « Image à la fois réelle et symbolique de Sartre allant de l'avant. Il a beaucoup aimé les voyages, les rencontres, les villes, et même certains paysages. C'est surtout après la guerre qu'il a passé beaucoup de temps à explorer le monde. » Cette photo incarne aussi des échecs. A marcher ainsi sur ces sables, Sartre pourrait s'enfoncer, s'enliser.

Il découvre mais ne couvre pas son époque. Surtout, comme c'est facile de l'oublier : Sartre, Jean-Paul (1905-1980, le Larousse va compléter) c'est une quarantaine de livres...

23 février 1980. Il parle de vacances à prendre, de Nantes, de La Rochelle. Il ajuste son blouson.

Il glisse plus qu'il ne marche vers l'ascenseur.

Tous les siens savent qu'il a jeté l'ancre à ce dixième étage près de la gare Montparnasse, pour la dernière fois de sa vie. Après, ce sera à coup sûr l'hôpital ou une maison de retraite que personne ne lui souhaite. Pas ça, pas à lui. Il revient de loin. Il a eu plusieurs attaques.

Il a soixante-quinze ans.

Il vit comme il a toujours aimé et voulu vivre : sans possessions. Cet appartement en désordre, dans un immeuble quelque part entre le moyennement luxueux et l'H.L.M. lui convient. Comme lui seyait mieux encore son studio boulevard Raspail, nu avec de rares livres, dominant le cimetière Montparnasse.

Sartre aura beaucoup tourné autour de Montparnasse, sans jamais appartenir à sa faune, la nouvelle ou l'ancienne. Il n'a jamais été assez raté, jamais assez fauché aussi pour cela. On ne peut devenir bohème en étant d'abord professeur et fonctionnaire, puis écrivain mondialement connu. Pour ne pas se laisser prendre dans les filets du fric, Sartre aura fait un effort et dispersé beaucoup d'argent parmi ses amis.

Il n'a jamais été à plaindre. Il n'a jamais crevé de faim. Ce n'est pas la faute des autres. Ni la sienne. Une part de son bonheur et de son appétit de vivre vient aussi de là. Les affamés ne font pas de bons ou de longs optimistes.

Je le tiens par le bras. Il descend les marches vers le boulevard Edgar-Quinet, si lentement, retenu par sa main et un peu entraîné, malgré tout, par son ventre, maintenant bedonnant. Oui, il a l'air impotent. Ceux qui le reconnaissent, comme ceux qui ne le connaissent pas, lui jettent ces regards compatissants qu'on doit aux handicapés. Je suis heureux qu'il ne les voie pas. Il est assez sensible et intelligent pour les deviner. Une vieillesse naufrage ? Non. Dernières années difficiles.

Je l'aide à se couler dans la voiture. Par le boulevard Raspail, le boulevard du Montparnasse, la rue Notre-Dame-des-Champs, la rue de la Grande-Chaumière, ses marches, nous gagnons La Palette. Dans cette brasserie du boulevard du Montparnasse, on le connaît depuis plus de trente ans. Il n'a plus *sa* table. Toutes les tables sont à lui.

Il m'a souvent emmené ici. On l'y accueillait toujours comme on reçoit les clients célèbres et, de surcroît, généreux. Sartre a le pourboire royal, impérial, même : du vingt pour cent, facilement, au restaurant. J'espère me tromper : l'accueil ne me semble pas fort aimable, aujourd'hui. En tout cas, sûrement pas chaleureux. Cet infirme gênerait-il, à présent ? L'impression est désagréable. Serait-il tout juste toléré ? Parce qu'il peut faire des taches sur ses habits et sur les nappes ? Pour le guider, ayant coupé sa viande, quand il demande où sont les pommes de terre, je dis :

« Au nord.

— Le nord par rapport à qui ?

– A vous.

– Très bien. »

Il mange du veau sans appétit. Il boit sec, se permettant ces excès en l'absence du Castor, comme il l'a fait si souvent.

Il a des moments de fulgurante lucidité. Alors, le rapide, le pétillant Sartre que l'on veut garder, se garder, revient, vif, drôle, méchant. Puis, il retombe en lui-même, comme aspiré par un brouillard. Son cerveau doit être irrégulièrement irrigué. On sent des vagues d'idées qui avancent, se retirent, déferlent à nouveau.

Je m'en veux : j'ai évité de voir Sartre ces dernières années non seulement parce que nous n'étions plus d'accord politiquement, parce que je pensais qu'il désapprouverait mon entrée à *L'Express,* en 1977, mais aussi parce que je ne voulais pas le voir diminué. Je l'apercevais au Dôme, avec Arlette El Kaïm, sa fille adoptive, à La Coupole avec Michèle Vian, une de ses amies. Je l'évitais. Sartre bavant, renversant son verre, ne trouvant pas un aliment sur son assiette, c'était pénible à voir, presque scandaleux. Le rencontrant parfois, rue Delambre, au bras d'une amie, je lui souhaitais de mourir vite. Sartre sénile, gâteux, ce n'était pas supportable. Je le voulais en majesté, tout entier dans ses fureurs jusqu'à sa fin, ne donnant prise à aucune pitié.

Tout à l'heure, sur le boulevard du Montparnasse, j'ai haï ces regards de compassion de quelques passants. Nous étions nombreux à lui souhaiter une mort rapide, nette, franche, une mort à la Camus.

Sartre, petit père, ne nous faites pas ça ! Ne mourez pas dans les indignités, les faiblesses, les éclatements incontrôlables du corps.

Oui, Sartre est gauche, à cette table, touchant et absurde comme un jeune enfant, à la recherche de ce morceau de pomme de terre sautée. J'ai pour lui une longue bouffée de tendresse. Je ne peux que la réprimer.

Il se répète ? Qu'importe ! Entendre Sartre dire du bien de Camus, on peut aisément voir et écouter cela plusieurs fois. A cette heure, à cette époque, où Camus l'emporte sur Sartre dans la querelle du totalitarisme, on aimerait non pas réconcilier leurs points de vue, mais concilier leurs personnalités d'écrivains – un peu comme on ressent le besoin de réunir dans sa vision du monde Aron et Sartre. La quadrature du cercle tente toujours.

« Vous l'avez beaucoup aimé, Camus ?

– Oui, il était très amusant, dit Sartre.

– Et il avait du talent.

– Beaucoup, beaucoup... »

Sartre s'absente. Où est-il ? En 1945, avec Camus et le Castor dans un bar ? Apprenant la mort de Camus ? Songe-t-il à la sienne, lui qui prétend n'y pas penser ?

Il émerge, revient :

« Il était meilleur romancier qu'homme de théâtre. »

Sartre me l'a déjà dit, mais je veux l'entendre le redire. Qu'il raconte encore, qu'il raconte... Puis, pour m'excuser à mes propres yeux, j'arrive un instant à me convaincre qu'on peut changer d'avis à soixante-quinze ans. Les autres ne le peuvent pas, Sartre, lui, le peut.

Et pour la cinquième ou sixième fois de ma vie je lui demande :

« Quel est, pour vous, le meilleur livre de Camus ?

– *La Chute,* sans aucun doute.

– Pourquoi ?

– Parce qu'il s'y est mis et s'y est caché tout entier. Remarquez que le style est parfois... »

Il cherche le mot, ne le trouve pas.

Qu'aurait-il dit ? Trop classique, hautain, railleur ?

Qui expliquera, au-delà du classicisme tendu de leurs styles, l'étrange lien entre *La Chute* et *Les Mots,* leur splendide et commune autodérision ?

Sartre, à l'endroit de Camus, n'a jamais été mesquin en public. Même aux moments les plus aigus de leur séparation. Brouille serait un mot un peu faible.

« Peu de gens, dis-je, ont été aussi louangeurs que vous à son endroit au moment de la grande engueulade. Vous avez eu une formule étonnante... »

Oubliant ce qui était chez Camus, pour le directeur des *Temps modernes,* suffisance sombre et vulnérabilité, Sartre avait quand même lancé en 1952, au milieu de sa réponse, éclatante par le style mais si terriblement, si typiquement injuste au fond : *Vous avez été pour nous – demain vous pouvez l'être encore – l'admirable conjonction d'une personne, d'une action et d'une œuvre.*

Cette phrase se retournerait, s'appliquerait peut-être à Sartre ? Pour moi, la personne et l'œuvre sont admirables, admirées, même dans leurs échecs. Pour l'action, c'est une autre affaire. A propos de Sartre, ce vieux monsieur fragile en face de moi, je ne peux plus penser : demain vous pouvez l'être encore... Demain, c'est aujourd'hui : cette fatigue et cette mort qui se lisent dans les crevasses de sa peau terreuse, dans ses yeux, dans ses gestes incertains.

Allons, ces deux-là, Camus et Sartre, qu'avaient-ils en commun ? Pourquoi cette rage de vouloir leur trouver des convergences ? Ne suffit-il pas de les apprécier sans souhaiter de les confondre ? Dans la gueule de bois des désillusions politiques, je cherche bêtement quoi ? Des valeurs littéraires... Si je disais cela à haute voix, Sartre rirait.

Je le dis. Il sourit, faiblement.

Puis, une fois de plus, se perd dans son vin blanc et ses songes. Que partageaient-ils ces deux surarmés de talent ? La passion de la littérature et des mots, un sentiment de la grandeur, revendiqué par Camus, refusé en ces termes par Sartre mais recherché malgré tout, et le goût de la beauté, même dans la laideur chez Sartre. La joie de vivre. Plus fort, peut-être, chez Camus : le sens de la mort. Comme disait Sartre de Camus après sa disparition, ils étaient des hommes en marche. Il y a tant d'assis, de couchés, de rassasiés.

Même un peu affalé maintenant, buvant plus facilement qu'il ne mange, Sartre n'est pas fini, achevé. Quelque chose passe encore. Je lui raconte une visite à Malraux, qu'il aima moins, mais qui le fascina autant que Camus. Pourquoi avaient-ils l'un et l'autre signé une pétition en faveur de Basques condamnés avant la mort de Franco ?

« C'était comme ça. Nous étions d'accord là-dessus.

– Comme avec Aron sur le Viêt-nam, sur l'Afghanistan, sur les Jeux Olympiques ?

– Absolument. Il y a des évidences.

– Malraux, sachant que je vous connaissais un peu, m'avait glissé : « Dites de ma part à Sartre que, « lorsque D'Annunzio a été vraiment aveugle, il a « eu, pour écrire, un truc qu'on doit pouvoir trou- « ver aujourd'hui : une espèce de machine à « sténotyper. » Je n'ai pas fait la commission. Auriez-vous cherché une machine ? Une sorte de machine à écrire...

– Non, sûrement pas.

– Pourquoi ?

– J'ai toujours écrit à la main. Je n'allais pas commencer à écrire avec une machine. En supposant que j'y arrive, c'eût été différent, ça n'aurait pas été moi.

– Vous n'aviez pas envie de terminer le *Flaubert*, la *Critique de la raison dialectique*, de rédiger un peu de cette Morale toujours promise, jamais remise, et le fameux *Testament politique* dont vous parlez ici et là ?

– Je n'en éprouve plus le besoin. Je fais ce travail (il ne dit pas ce livre) avec Victor.

– Ce... livre à deux ?

– Ce livre pluriel... »

La fin de la phrase flotte comme sur des nuages de doutes, à l'horizon. Il boit, comme il boit ! Sans doute suis-je encore puritain. Il boit pour le plaisir de l'alcool. Il ne peut plus se doper pour écrire, son vieil alibi.

« Comme celle de Camus, votre œuvre est inachevée », dis-je.

Sartre a écrit qu'il fallait voir cette œuvre mutilée comme une œuvre totale.

« En un sens, toutes les œuvres intéressantes sont inachevées », dit-il.

Vous gagnez, petit père ! Nous parlons encore de Bost et de Gorz alias Bosquet, alias Horst. Puis, bien sûr, du *Nouvel Observateur* et de *L'Express*. Que pense-t-il de *L'Express* ? Il rit :

« Du mal.

– Tiens donc, vous le lisez ? Vous vous le faites lire ?

– Non, on m'en parle. On me le résume. »

Ça aussi, c'est Sartre en lui-même, Sartre tout craché, Sartre vieux et Sartre jeune.

Je plaisante :

« Racontez-moi un peu ce qu'il y avait dans certains des derniers numéros. »

Il rit de nouveau, la bouche brillante :

« Je ne peux pas.

– Vous voyez bien. Vous ne le lisez pas du tout. Vous jugez sur ragots. »

Sartre a toujours aimé qu'on le taquine.

« Ça ne peut pas être bien : avec Aron et Revel... »

Caractéristique, ce genre de démarche. Il juge non

pas sur pièces, mais sur préjugés. Je ne vais pas le reconvertir maintenant. A propos de Jean-François Revel, j'ai déjà eu ce type d'échanges avec Sartre presque un quart de siècle auparavant. Il n'avait même pas ouvert un seul des livres de Revel. Sur la foi de vagues rapports, il les condamnait.

Il est souvent buté, le bonhomme. Sans doute, sans certains entêtements, n'aurait-il pas terminé ou même entrepris ce qu'il a fait et réussi. C'était le prix de son « sur-humain », de ce sur-humain qu'il projetait en Flaubert...

Que pense Sartre de Marchais ? Superbe : il n'en pense presque rien.

« Marchais, affirme Sartre, c'est sans importance. »

A l'entendre, on pourrait croire que le prétendant communiste est une invention des journalistes, comme les objets sont des existants aux yeux de Dieu dans la philosophie de Berkeley. De la mousse, Marchais ! Des bulles, pour Sartre. Un ballon d'enfant, creux, flasque. Sujet imaginaire, objet imaginé par la télévision. Roi tellement nu qu'on l'habille :

« C'est vous, les journalistes, qui le fabriquez, qui le faites durer. »

Est-ce en partie vrai ? Ne parlons pas de Marchais pendant six mois à la radio, à la télévision et dans les journaux, et il n'existe plus.

« Pourquoi continuer chaque jour à l'inventer ? » demande Sartre.

Le matin même, avec Branko Lazitch, j'ai rencontré quelqu'un qui a vu la fiche de Marchais à Augsbourg. Cette affaire, qui n'est pas finie, fera quelque bruit en mars 1980.

« Et si nous parvenions à démontrer que Marchais a passé toute la guerre en Allemagne... ?
— Ça me paraîtrait tout à fait cohérent avec le personnage, dit Sartre.
— Comment le voyez-vous ?

– Je l'entends parfois. C'est une grande gueule.

– Vulgaire ?

– Bien sûr. *Très* vulgaire. »

Il est plus de quinze heures. Sartre a souhaité qu'on le ramenât à la demie. Je demande l'addition. Pour la première et pour la dernière fois, je vais la régler.

Nous allons lentement vers la voiture. Sartre parle des vacances à venir, du mal qu'il éprouve, en ce moment, à marcher. Parvenu chez lui, il fera une halte, s'asseyant sur le muret de sa cour-jardin avant d'atteindre l'ascenseur.

Je ne l'accompagnerai pas à l'étage. Un voisin survient. Il fait un geste qui signifie : je l'accompagne, je le connais...

La trappe de la porte se referme.

Je n'ai pas connu Sartre très bien. Je l'ai connu longtemps. Je n'ai jamais compris la raison de sa réelle disponibilité pour moi. En fin de parcours, quoiqu'il affirmât que tout devenait politique, il se comportait, de temps en temps, comme si ce n'était pas le cas. L'homme Sartre, dans l'amitié, était gentil et, souvent, tolérant.

Qu'il n'y ait pas la moindre ambiguïté : Sartre m'a plus occupé et préoccupé que l'inverse. De très loin. Occupé au sens où une armée s'installe, se retire d'un pays et y revient. D'abord arrivent les troupes régulières. Après leur départ, elles laissent derrière elles des commandos d'irréguliers.

Quand je le voyais, de préférence en tête-à-tête, Sartre avait l'art, même lorsque nous ne nous étions pas rencontrés depuis longtemps, de faire comme s'il m'avait vu la veille.

Assez tard j'ai constaté que, pareil à beaucoup de gens de ma génération, j'ai passé une partie de ma vie à être *avec, pour* ou *contre* lui. Comme il affirmait, lui, qu'on était pour ou contre Marx.

Plus bizarre : il a fallu que je lise à son sujet le mot « génie » (que Sartre n'aimait pas du tout) dans un article critique de Revel, pour que je me dise : j'ai un peu vu un génie de près. C'était après la mort de Sartre. Délicate vengeance, dure évidence, pour solde de tout compte : les morts, inconnus ou célèbres, vous envoient souvent des retours de bâton.

Circonstances particulières, voire atténuantes : bâtard, je n'ai retrouvé mon père qu'à quarante-deux ans. Longtemps, Sartre joua au père par procuration. Il assumait ce rôle avec moi, comme avec beaucoup d'autres, tout en jurant qu'il n'avait jamais eu la fibre paternelle. C'était un sujet de plaisanterie entre nous. Je cuvais une légère névrose. Sartre m'aidait à la combattre, s'amusant parfois : le bâtard était un personnage, une situation. Vrais ou faux, durables ou intermittents, les fils trahissent les pères. C'est de bonne guerre.

Je n'ai jamais pris de notes après mes rencontres avec Sartre. Le regretter ? Je le devrais, mais je n'y parviens pas. Sans doute ma mémoire aura-t-elle déformé ici, embelli là, tronqué ailleurs. Jamais je ne m'imaginais me précipitant sur un carnet après un déjeuner avec Sartre qui se moquait des poses et des correspondances d'hommes de lettres. On n'arrête pas Voltaire, disait de Gaulle à propos de Sartre, alors que quelques ministres songeaient à l'expédier en prison. De même, selon moi, si l'on n'était pas le Castor ou un universitaire faisant un travail très précis sur un aspect de son œuvre, on ne prenait pas de notes en sortant de chez Sartre. Ce sentiment était peut-être irrationnel. Il était fort. Sartre, avec ses jugements profonds ou tranchants, ses qualités et ses défauts, ses acharnements ou ses caprices intellectuels, était suffisamment généreux de lui-même pour qu'on ne l'enterrât pas vivant. Pour moi, prendre des notes, c'eût été l'enterrer de son vivant.

Sa mort m'a touché, brutalement, d'une manière à laquelle je ne m'attendais pas. Les mots alignés – Sartre le disait assez – sont une thérapeutique. Une mort peut faire autant de bien que de mal. Celle de Sartre a un peu libéré ma mémoire. Le bouchon sautait d'une bouteille couchée sur la table : des souvenirs coulaient.

Ce récit ne sera pas linéaire. On ne résume pas son Sartre chronologiquement. T.S. Eliot avait sans doute raison d'écrire que :

Le temps passé et le temps présent
Sont peut-être l'un et l'autre irrachetables.

II

LULU ET LE MARQUIS

SARTRE eut quelques prédécesseurs pour moi.

Un adolescent qui veut écrire éprouve souvent l'irrépressible besoin de rencontrer un ou plusieurs des écrivains qui l'ont retenu ou enthousiasmé. L'écrivain va le comprendre, lui garantir ses possibilités, lui transmettre une part de son talent, l'irradier.

Trop conforme à cette règle, pendant l'Occupation allemande j'allai voir Georges Duhamel du côté de la gare Saint-Lazare. Paris était triste. Dans les rues vides quelques camions de la Wehrmacht avançaient vite à côté de voitures civiles à gazogène. Voir, entendre un écrivain, fort bien. Mais pourquoi celui-là plutôt qu'un autre? Je venais de lire *Le Notaire du Havre*.

L'appartement était glauque. L'académicien me parut désœuvré. Je n'avais pas quinze ans. Il me reçut grand-paternellement. Je ne savais pas ce que j'étais venu chercher. C'était à lui, le romancier, de le trouver.

Je m'ennuyais. Duhamel chuchotait, à croire que des policiers étaient dans la pièce à côté. Peut-être y avait-il un malade... C'était au début de 1944. L'académicien m'assura que la France n'était pas battue. Cette pensée, à cette date, ne me sembla pas être une information. Me reconduisant, dans le vestibule ver-dâtre, Duhamel se pencha vers moi et me glissa :

« Il ne faut pas désespérer. Il ne faut jamais désespérer. »

Je n'en avais pas la moindre intention. De toutes parts on m'affirmait que les Allemands perdaient la guerre. Tendant la main à cet aimable vieillard chauve au bon regard de saint-bernard derrière ses lunettes, j'étais perplexe.

De cette rencontre-là, j'ai longtemps gardé envers les écrivains une curiosité méfiante. Il faut attendre beaucoup de leurs écrits et le minimum de leur personne.

Mon deuxième écrivain fut plus gai. J'avais noté, en mai 1945, l'adresse d'André Gide dans le Bottin. Je me rendis chez lui, rue Vaneau, sans téléphoner. Je sonnai. Une femme, sa fille Catherine, m'ouvrit. Elle fit semblant de trouver tout à fait normal que je demande à voir le grand homme. Elle n'eût pas été moins aimable avec un employé du gaz venu relever le compteur. Elle devait avoir l'habitude de ces requêtes. Elle me fixa d'autorité un rendez-vous télé-phonique. Là-dessus, Gide m'accorda une audience. Pour me vieillir, je mis des culottes de golf.

Quand j'arrivai, Gide me posa beaucoup de ques-tions. Il fut le premier inconnu – mais un écrivain lu n'est jamais totalement inconnu – auquel je parlai de mon absence de père. Cela me tourmentait. Il m'assura qu'une mère ce n'était pas mal du tout, et que, dans certains cas, ce pouvait être fort enrichis-sant de ne vivre qu'avec elle. Il me fallut plus de trente ans pour comprendre qu'il n'avait pas entière-ment tort.

Je déclarai que je voulais faire des études en Angleterre. Il m'y encouragea vivement. Il cita Sha-kespeare avec un accent qui me parut bizarre. Sur lui, j'avais au moins cette supériorité d'un accent anglais plus convaincant. Ce vieux monsieur ressemblaït fort à son buste de plâtre lisse à quelques mètres de nous. Etrangement, je me disais qu'il avait l'air mort bien qu'il se montrât fort vif d'allure.

Il me tint sur le communisme et le stalinisme des propos décourageants mais sains dans le climat d'une époque où il était courant de sympathiser avec le P.C.F. Il comprenait fort bien que l'on eût la tentation d'adhérer. Il me conseilla de réfléchir. Ce que je fis. Si longtemps, que je n'eus jamais la tentation de m'encarter aux Etudiants communistes ou au Parti.

Il orienta la conversation vers son œuvre. Peiné, il découvrit que je n'avais pas lu *Les Nouvelles Nourritures*. Frileusement, comme un chat se déplie, il se leva, disparut, et revint avec un exemplaire du livre dans une édition de semi-luxe en faux vélin, piqueté de points verts et or. Il composa avec application une dédicace qui ne l'engageait pas, m'assurant de son attentive sympathie.

Il avait été fort attentif, en effet. Me quittant, il me baisa au front, me souhaitant une vie heureuse. Va en paix, Nathanaël. Je partis fort content. Gide correspondait plus que Duhamel à mon idée de l'écrivain. Remontant la rue de Sèvres, je lisais son manuel « de raison et de délivrance » avec un brin de déception. Ça ne valait pas *Les Faux-Monnayeurs* et *Les Caves du Vatican*. J'ai retrouvé le livre et regardé avec consternation les passages soulignés : *Il y a d'étranges possibilités dans chaque homme...* Que de platitudes ! En leur temps, elles me fascinèrent : *... une ardente soif pour tout ce que vous appelez : péché...* Avais-je besoin de Gide pour découvrir ces banalités ? Mais quand même, au-delà d'un lyrisme désuet et d'un goût de l'éperdu, il y avait un bon principe dans la chute : *Ne sacrifie pas aux idoles.* Il ne me vint pas à l'esprit qu'un grand écrivain pût être une idole. La recherche gidienne de la constance à travers la diversité est aussi, en un sens, sartrienne. Comme la volonté de rester fidèle à soi-même. Comme l'idée que le langage nous impose plus de logique qu'il n'y en a dans la vie. Pour moi, cette première visite à Gide répond d'une manière obscure à la dernière chez Sartre. Dans *Les Nourritures*, Gide écrit : *Mais la mort est atroce à qui n'a pas rempli sa vie.* Même les ennemis les plus endurcis de Sartre admettront toujours que la sienne fut remplie. Il a fait son salut, quoi qu'il en dise. Il termina *Les Mots* en lançant : *Si je range l'impossible Salut au magasin des accessoires que reste-t-il ? Tout un homme, fait de tous les hommes et qui les vaut tous et qui vaut n'importe qui.*

Libre à Sartre de considérer qu'il ne valait pas plus que le plus inconnu des analphabètes. D'autres, sans élitisme excessif, lui attribuaient plus d'importance.

Quand Gide mourut, en 1951, Sartre écrivit une belle nécrologie dans *Les Temps modernes,* et sur un ton ému. Elle résonne aujourd'hui. *On le croyait sacré et embaumé : il meurt et l'on découvre combien il restait vivant...* A ceux qui décrétaient que Gide n'avait jamais vécu dangereusement que sous trois épaisseurs de gilets de flanelle, Sartre répondait qu'il y a *des courages, et qui sont différents selon les gens.* C'est ce qu'il faut opposer à ceux qui reprochent à Sartre de ne pas avoir davantage participé à la Résistance armée pendant la guerre, ou de ne pas avoir pris la Chambre des députés, de ne pas s'être engagé dans la 1ʳᵉ D.B. Ce n'était pas son genre de beauté physique ou morale. Malraux pouvait être colonel. Michel Jobert ne pourra jamais devenir président de la République. Qui imagine Sartre à la tête de la brigade Alsace-Lorraine ? Il a certainement plus risqué sa réputation et sa pensée que sa vie, encore qu'avec les plasticages de ses appartements il ait eu de la chance. Oui, il y a *des* courages et des emplois à la ville comme à la scène.

J'ai rencontré l'œuvre de Sartre avant l'homme.

En juin 1944, je vivais seul à Paris avec ma mère, près du boulevard du Montparnasse, rue de la Grande-Chaumière, dans un atelier d'artiste clair et impossible à chauffer. Les Alliés s'apprêtaient à débarquer en Normandie. Même sous le soleil, la capitale semblait grise, quadrillée partout de barbelés visibles et invisibles. La vie quotidienne était lentement brassée de peurs et de soucis, dont le principal était de savoir ce que nous mangerions le jour même. Les tickets de viande – 90 grammes avec os, 72 sans – seraient-ils honorés cette semaine par une boucherie presque toujours fermée ? Ma mère ne rapportait plus des biscuits caséinés du cours privé où elle enseignait l'anglais, dans le XVIe arrondissement. Le directeur distribuait aux professeurs les rations des élèves absents. Nous comptions beaucoup sur ces surplus.

Au lycée Henri-IV, les cours paraissaient fades en seconde. L'année précédente, mon meilleur ami, amoureux de sa sœur, s'était suicidé. Il m'en avait parlé. Les adultes, disait-il, étaient stupides et le monde était mal fait. Je fus délégué à son enterrement. Je lui en voulais. Il m'avait doublement trahi en ne se confiant pas entièrement à moi et en se tuant. J'avais des remords : aurais-je pu l'aider ? Il me laissait seul, avec des copains. Paris n'était pas gai et cette seconde-là non plus n'était pas joyeuse.

Nos distractions ? Avec des membres des Equipes nationales, nous allions trier les décombres des maisons bombardées du côté de La Chapelle. Les superforteresses volantes américaines n'avaient pas lâché toutes leurs bombes sur la gare de triage. Farfouillant dans les ruines, j'avais été étonné, puis écœuré, découvrant un homme mort, coincé, le pantalon aux chevilles et le derrière sur le siège de ses cabinets. Depuis longtemps nous ne pouvions plus aller racler le fond des wagons, à la gare d'Austerlitz, pour y chercher des graines de cacao qui, pulvérisées, composaient avec de la saccharine un breuvage atroce. Il était aussi plus difficile, ces jours-là, de voler des livres sur les éventaires de la librairie allemande à l'angle du boulevard Saint-Michel et de la place de la Sorbonne.

Parfois, ma mère m'emmenait au théâtre. Cette semaine-là, elle avait choisi le Vieux-Colombier, simplement parce que ce n'était pas trop loin de chez nous : en cas de panne de métro nous reviendrions facilement à pied. On donnait *Huis clos*. Ma mère avait manqué *Les Mouches*. Pas plus que moi, elle n'avait entendu parler de ce Jean-Paul Sartre. À l'époque, Claudel, Montherlant et Roussin faisaient plus de bruit à la Comédie-Française ou sur d'autres scènes.

J'aimais le théâtre, certes, mais moins que le cinéma. Avec mon ami, mort maintenant, nous allions parfois au Boulevard où les séances étaient souvent interrompues par des alertes.

Je fus saisi par *Huis clos* comme je ne l'avais jamais été par une pièce. Une fois passé un insipide lever de rideau je trouvai dans ce spectacle une simplicité qui me bouleversa. Dans le ton, je crus découvrir la modernité. La pièce me paraissait belle comme un galet. Elle n'était pas sinistre ou pessimiste, en tout cas pas plus triste que le monde dehors, avec son marché noir, ses collaborateurs honteux ou en fuite, ses attentistes. En un sens, elle clarifiait le monde extérieur. Le dialogue crépitait, haletait :

– *Tu es un lâche, Garcin, un lâche parce que je le veux...*

C'était autre chose qu'*Athalie*.

– *... je le veux, tu entends, je le veux !*

Quand avais-je été aussi attentif ? Quel soulagement après le ronron des tirades raciniennes au lycée, claudéliennes ailleurs, qui toutes me laissaient dans la tête une buée grasse !

Dans Paris occupé nous étions murés, emmurés comme Inès, Estelle et Garcin. A mon goût fort incertain, Tania Balachova et Gaby Sylvia jouaient en forçant sur le mélo. Mais Michel Vitold me paraissait éblouissant. Ses *r* cailouteux, roulés, enveloppaient la salle. Chauffard, en garçon d'étage, tablier à rayures grises et jaunes (dans mon souvenir, tout au moins), était aussi présent et mystérieux que ses répliques étaient rares. Pour moi, la pièce renvoyait aux patrouilles allemandes dans les rues autour du Sénat, aux couvre-feux, aux Français terrés dans leurs craintes comme ces héros dans leurs angoisses. Devant moi se nouaient entre un homme et deux femmes des rapports dont je pressentais à peine la complication. Par la magie de l'art, des mots maîtrisés, le monde se trouvait pulvérisé. On sait toujours que l'art et la littérature font partie du monde, on prétend que c'est l'inverse : ce fut ma première fausse et délicieuse leçon sur cette mauvaise pente. En même temps la pièce semblait expliquer et supprimer la réalité qui n'était guère réjouissante.

Comme chaque spectateur, je fus frappé par la trop fameuse réplique : *L'enfer, c'est les autres.* Je n'y vis pas un constat lyrique, une condamnation sans appel de la condition humaine, une manière de la peindre, de la recouvrir d'une immense tache noirâtre indélébile. Je traduisais confusément : les autres peuvent vous rendre la vie difficile – pas infernale – et inversement. Sartre, le Castor, des sartriens et des sartrologues ont, plus tard, expliqué que cette phrase courte, en coup de cymbales, avait été interprétée de travers. Est-ce si sûr, si clair ? Sartre aimait assez, beaucoup même, le mélodrame.

Sartre : *On a cru que je voulais dire par là que nos rapports avec les autres étaient toujours empoison-*

nés, que c'étaient toujours des rapports interdits. Or,
c'est tout autre chose que je veux dire... Si les rap-
ports avec autrui sont tordus, viciés, alors l'autre ne
peut être que l'enfer... les autres sont, au fond, ce
qu'il y a de plus important en nous-même, pour
notre propre connaissance de nous-même...

Comme souvent chez Sartre, dans l'interprétation,
plusieurs thèses sont conciliables. En cela réside son
exaspérante supériorité. Certains ont démontré
depuis, s'il y a démonstration en art, que *Huis clos*
était d'abord, avant tout, une illustration littéraire
du chapitre sur « les relations concrètes avec
autrui » dans *L'Etre et le Néant.* Pourquoi pas ! En
effet, dans *Huis clos* comme dans ce chapitre, Sartre
travaille sur l'amour, le masochisme, l'indifférence,
la haine, le sadisme, le *Mitsein.* Mais une thèse philosophique, ou politique, n'épuise pas une pièce ou
un roman. *Huis clos,* aujourd'hui, reste une réussite
tout court, malgré les aléas de son interprétation
philosophique. Pour se laisser prendre, on n'a pas
du tout besoin d'être convaincu que *tout ce qui vaut*
pour moi vaut pour autrui... ou que *dans la mesure*
(Oh ! cette permanente et atroce cheville sartreuse !)
où je me dévoile à moi-même comme responsable
de mon être, je revendique cet être que je suis... Ou
encore que *le pour-soi refuse d'émerger dans l'an-*
goisse hors de Nous.

En cette soirée de juin 1944, remontant la rue de
Rennes, très loin du *Mitsein,* j'étais sûr de ne pas
avoir perdu mon temps comme à Bobino où j'écou-
tais le Chanteur sans nom. Du côté de la place de
Rennes, où surgiraient quelques semaines plus tard
mes premiers soldats américains, je me dis
confusément : « J'aimerais assez connaître le type
qui a écrit ça. »

Si j'avais su, alors, qu'il était professeur dans un
lycée, j'aurais été moins enthousiaste. Je n'avais pas
eu de chance : mes enseignants, hormis quelques

remplaçants, me paraissaient très éloignés de la littérature.

Il fallait être Octave Nadal, qui passa du statut d'adjoint d'enseignement à celui de professeur à la Sorbonne, pour nous tenir et nous retenir. Octave Nadal arrive dans notre classe de seconde pour remplacer le titulaire – qui finira inspecteur général, c'est tout dire. Nadal enlève son béret, ouvre un livre blanc à lisérés rouges et noirs : « Vous faites du Racine ? Bien. Qui s'y connaît en inceste ? » Silence aigu des potaches. « Je vais vous lire de l'Audiberti :
 – *Cigarette blancheur de fille...* »
La classe est pétrifiée de plaisir.

Sortant du Vieux-Colombier, je retrouve un peu la même sensation, qui dure, se répand, s'étale.

Après la Libération ma mère loua un petit appartement meublé, square Delambre, dans le quartier du Montparnasse. Elle aime encore ce quartier qu'elle a connu, débarquant d'Angleterre dans les années 20. Plusieurs, voire toutes les classes sociales s'y mêlent. Le marché y est gai, les cafés et les cinémas y sont nombreux. J'y ai aussi des adhérences, puisque, livré à moi-même, je me suis presque toujours arrangé pour y vivre ou pour ne pas en être trop loin. A Paris, il est des quartiers fermés et d'autres ouverts : Montparnasse est de ceux-là. Passant devant Le Dôme ces dernières années, alors que j'habitais boulevard Raspail, voyant Sartre qui y déjeunait maladroitement, perdant sa feuille de salade, cherchant son couteau, je retrouvais jusqu'au goût des grenadines que ma mère m'offrait avant la guerre, justement à la terrasse du Dôme.

Mlle Bloch, la vieille demoiselle juive qui sous-loua son appartement à ma mère, laissa des meubles immenses et incommodes, dont une armoire de sacristie remplie de livres, où Marcel Proust voisinait avec Pierre Benoit. Je tombai aussi, un jour, sur *Le Mur,* un recueil de nouvelles, dans l'édition N.R.F. d'avant guerre.

L'appartement du square Delambre était fort petit. Quand ma mère donnait une leçon particulière d'anglais dans une pièce, j'entendais les voix dans l'autre. J'aimais donc aller lire au Luxembourg. C'est là que j'attaquai *Le Mur.* J'étais assis près des ruches, à proximité du buste de Baudelaire. Quelques années auparavant, dans la grande allée qui sépare le jardin des manèges et, aujourd'hui, du terrain de jeux à 2 francs l'entrée, ma mère m'avait présenté l'un de ses amis américains qui passait par Paris avant d'aller rejoindre les Brigades internationales en Espagne. Mon enfance politique fut assez manichéenne : il y avait les bons, rouges et roses, les affreux, blancs et fascistes. Ma mythologie avait été installée par ma mère anglaise, à l'époque communiste un peu baroque, et longtemps végétarienne : Hitler, Mussolini, Franco... face à des peuples, à des petits, tous héroïques. Au temple des méchants, ma mère avait aussi introduit les trotskistes, que je croyais immondes, rampants, d'autant plus nuisibles qu'ils se déguisaient, combattant en apparence dans le camp des Espagnols républicains.

Le climat de la première nouvelle du *Mur* me semblait familier. Pablo, Républicain, et Tom, membre des Brigades internationales, sont prisonniers des franquistes. Pablo est interrogé : où est son ami Ramon ? Pour se moquer des fascistes, Pablo indique une fausse cachette dans le cimetière. Mais Ramon y est... Tout au plus, le côté « polar » du récit me déconcertait-il. Je m'attendais que Pablo Ibbieta serait exécuté, parce que j'étais tout à fait certain que l'ami américain de ma mère avait été tué en Espagne. C'est ce que j'avais souhaité.

Pour bien des gens de ma génération, ceux qui n'ont pas été en âge de faire la Seconde Guerre mondiale, ceux qui ont participé, bon gré, mal gré, aux excursions coloniales et nord-africaines, la guerre d'Espagne reste encore, même après les révisions opérées par Hughes Thomas et surtout George Orwell, un mythe : heureux ceux qui ont fait une juste guerre ! Se battre contre les franquistes, les nazis, les fascistes, en Espagne, c'était un destin enviable. Du bon côté se trouvaient aussi des personnages légendaires comme Malraux ou d'autres écrivains que l'on commençait à découvrir en France, et d'abord Arthur Koestler dont j'avais lu, en anglais, *Le Testament espagnol.* Maintenant encore, souvent, je mélange la prison de Koestler et celle de Pablo Ibbieta. Beaucoup d'adolescents de mon âge, je crois, avaient envie d'avoir été en Espagne avec les Républicains, comme ils auraient souhaité de participer plus activement à la Résistance ou aux combats de la France libre.

Sartre m'a raconté, un jour, que dans la première édition japonaise du *Mur,* les Républicains avaient été transformés en franquistes, et vice versa : il fallait ménager la sensibilité du lecteur sortant de la guerre et de l'alliance dans l'Axe Tokyo-Berlin-Rome.

J'entrais facilement aussi dans les autres nouvelles du *Mur* pour une raison accidentelle et capitale qui m'enrobait et me trouble encore : je retrouvais mon quartier. Jusque dans les récits qui auraient dû être quand même un peu déconcertants pour un garçon de seize ans, *Erostrate* et *Intimité.*

Erostrate, pour s'illustrer, incendia un temple. Le personnage de Sartre, que j'imaginais en petit bureaucrate anonyme, se sent fort quand il possède un revolver. Il décide de tuer six personnes après avoir prévenu plus de cent écrivains – lui aussi avait un culte des auteurs ! Il descend dans la rue, un soir, tire sur un passant, se réfugie dans les lavabos d'un café, puis se rend...

L'action est entièrement située non seulement dans le XIVe arrondissement, mais aussi, mais surtout dans un quadrilatère que je parcourais chaque jour, pour me rendre au lycée, pour aller chez le boucher ou l'épicier ou le teinturier. Paul Hilbert, Erostrate, habite au sixième étage rue Delambre. En lisant, j'avais choisi son immeuble, qui n'est pas précisé par Sartre dans la nouvelle : Hilbert, avais-je décrété, habitait la maison vaguement moderne où je vois aujourd'hui une agence de photos, très précisément au 9, rue Delambre. Des putains comme Léa qui font le quart devant un hôtel de la rue du Montparnasse, j'en voyais tous les jours, l'après-midi et le soir. Elles étaient aussi connues que la bouchère, la crémière, la teinturière. Le personnage de Léa évoquait pour moi une prostituée qui, l'après-midi, à l'heure du goûter des enfants tourbillonnant autour des boulangeries, campait à l'angle de la rue Jules-Chaplain, près d'un hôtel où Sartre vécut quelque temps. Il n'avait pas une imagination géographique excessive, Sartre. Pour moi, Léa était blonde et décolorée, comme cette dame qui, je le jure, était encore en faction il y a trois ans, flanquée de son chien. Qu'en faisait-elle, quand elle montait avec un client ? Sans doute le confiait-elle à la tenancière.

Je connaissais, mieux qu'Hilbert et que Léa, et d'autres, les magasins, les rues, les cafés, du moins de l'extérieur, à cette époque. Sur mon banc, au Luxembourg, je pouvais raviver les odeurs de la triste rue d'Odessa et de la rue de la Gaîté plus lugubre encore. La course d'Erostrate poursuivi tenait pour moi du western. Presque du guignol : j'avais comme envie de lui dire : « Prenez donc par le square Delambre, il y aura moins de monde ! »

La nouvelle était un peu renversée. Je la lisais mal.

Je retrouvais aussi mon morceau de quartier dans *Intimité* où, malgré les encouragements de Rirette, son amie Lulu n'arrive pas à quitter Henri, mari impuissant.

La pendule à l'angle du boulevard du Montparnasse et du boulevard Raspail existe toujours, même si elle est maintenant moins exacte. Les héroïnes qui monologuent longuement, Lulu et Rirette (prénom qui me frappera plus tard), se donnent des rendez-vous vains, fleurant la poudre de riz et le bavardage, à La Coupole et au Dôme. Ma mère m'emmenait encore y boire un thé, à cette terrasse où Rirette et Lulu papotent. Je ne suis pas certain de ne pas les y avoir cherchées des yeux. Ma mère, à l'époque, n'avait pas le téléphone. Pour téléphoner, nous allions dans les sous-sols du Dôme. Lorsque Lulu disait à Rirette : *Méfiez-vous de la dame du lavabo,* je voyais les dames pipi du Dôme. L'auteur était bien injuste avec des employées que je jugeais fort serviables et que je connaissais presque aussi bien depuis des années que la bouchère et l'épicière.

Ces paysages sartriens m'étaient familiers, mais pas assez, sans doute, pour que je comprenne la part d'étrangeté des personnages. Je n'avais aucune peine à voir Henri, le mari, abandonné par sa femme dans *Intimité,* remontant ma rue de Rennes jusqu'à l'angle du boulevard Raspail, ou marchant vers l'Observatoire. J'avais plus de mal à imaginer ce qu'était l'impuissance dont souffrait cet homme. Elle est plus importante à la compréhension du personnage que la localisation géographique de l'histoire. Bref, j'étais trop chez moi pour vraiment entrer chez Sartre. Il m'apparut même que j'étais plus dans mon Paris que cet auteur : je fus choqué par un trajet que font Lulu et Rirette et qui violait le réel : *Elles suivirent,* écrit Sartre, *la rue de Seine, puis la rue de l'Odéon et la rue de Vaugirard.* Pourquoi ce détour, puisque ces dames allaient vers Montparnasse ? Elles devaient prendre la rue de Seine, puis la rue de Tournon, ensuite la rue de Vaugirard. Là-dessus, je décidai que ce Sartre n'était pas Balzac. Au lycée Henri-IV et dans le manuel Crouzet, on m'avait expliqué que Balzac allait vérifier l'emplacement d'une impasse à Tours. Ou, s'il ne pouvait s'y rendre en personne, il s'informait longuement par lettre. Un jour, j'ai raconté cela à Sartre, qui s'est mis à rire :

« Elles ont peut-être voulu passer par le Théâtre de l'Odéon. »

Je ne fus pas convaincu. Lulu et Rirette, selon moi, n'avaient pas des têtes à flâner chez les bouquinistes amarrés à l'époque sous les arcades.

Il m'en reste une ridicule méfiance, à ras de terre, sinon devant Sartre, du moins devant certains aspects de son œuvre ou de sa pensée : c'est mon syndrome de la rue de Seine. J'en ris, difficilement. Des erreurs de ce type – mais est-ce une erreur, vraiment ? – avaient aussi l'avantage d'humaniser l'auteur. Passant par l'Odéon ou la rue Delambre, il m'arrive encore d'imaginer Lulu et Paul Hilbert, comme dans la rue de Tournon je vois le marquis de Montriveau montant chez la duchesse de Langeais pour lui dire : « Madame, en Asie vos pieds vaudraient cent mille sequins. » A moins que ce ne soit dix mille ? Tout se mélange dans l'univers réel et imaginaire du marquis et de Lulu.

La plus longue des nouvelles, *L'Enfance d'un chef,* me concernait plus directement. Comme Lucien Fleurier, après tout, j'avais lu Rimbaud et les surréalistes assez récemment. Son apprentissage sentimental, ses rêveries, sa somnolence, je pouvais les comprendre, comme je savais condamner son attirance pour les ligues de droite et son antisémitisme. Ses parents, M. et Mme Fleurier, avaient les têtes des G., qui, avant la guerre, me donnaient les vieux vêtements de leurs enfants...

Avec *L'Enfance d'un chef,* je retrouvais mon quartier douillet : le surréaliste Bergère dit très clairement qu'il habite à Montparnasse, 9, rue Campagne-Première. Pour un peu, je serais passé rue Campagne-Première afin d'emprunter autre chose que les *Illuminations* proposées par Bergère à Lucien.

Lucien, évidemment, était ce qu'il ne fallait pas être. Quant aux mathématiques, je ne risquais rien. Même pour me mortifier je ne pourrais en faire. Lucien, rêve ou phantasme de normalien littéraire, est un pur exemple négatif. Sartre, là, sans prêcher, explique malgré tout à ses jeunes lecteurs – ses préférés ? – qu'il faut fuir les carrières. Qu'il ne faut pas être un patron, un chef. Que l'hétérodoxie est presque toujours préférable aux conventions. Très tôt, en 1939, le moraliste jette aux jeunes – c'était mon interprétation – un avertissement léger : Ne soyez pas des chefs. De même que beaucoup plus tard, en 1960, ne sachant plus très bien ce que les hommes de sa génération doivent dire à ceux des suivantes, il criera : ... *Leur dirons-nous : « Soyez Cubains, soyez Russes ou Chinois, selon votre goût, soyez Africains. » Ils nous répondront qu'il est bien tard pour changer de naissance.*

Sartre ne nous dira jamais comment la société tournerait sans quelques dirigeants, dans l'industrie, par exemple. Par la révolution et l'autogestion, soutiendra Sartre plus tard. Aron posera les questions que Sartre contourne. Il est plus à son aise dans les problèmes de gestion que son « petit camarade ».

Entre-temps, il était entendu que nous ne serions point de la graine de ces chefs-là. Au reste, personne ne me demandait d'en être. A demi étranger, métèque, je n'étais destiné à rien en particulier par ma mère, qui n'avait jamais entendu parler d'une grande école. Je n'eus aucun mal à écouter Sartre et à signer ce pacte non écrit que chaque lecteur doit conclure avec l'écrivain qu'il aime, sur-le-champ, au moment où celui-ci lui fait quitter terre.

Sartre s'insinuait en moi. Il m'indiquait indirectement ce qu'il ne fallait pas devenir. Lucien me faisait rire. Je ne voulais pas qu'on se moquât de moi. Je ne connaîtrais jamais ses déroutes. Ainsi, je m'étais forgé une certaine idée, assez caricaturale, du bourgeois français. Il y a, en effet, des bourgeois comme Lulu, son père ou sa mère. J'ai rencontré, ici et là, l'équivalent de M. Fleurier avec son souverain mépris paternaliste des ouvriers. Mais réduire tous les patrons à Fleurier, c'est un peu court. Sartre avait tendance à se figurer la France divisée en trois camps : le prolétariat vers lequel il nageait, tentant de l'atteindre à travers le P.C.F.; la bourgeoisie impuissante comme Henri, ou prétentieuse comme Lucien; et, entre les deux, des intellectuels déclassés. Ce schéma qui fait parfois de la bonne littérature comme dans *L'Enfance d'un chef,* mais qui esquisse une très superficielle sociologie, persiste encore dans l'esprit d'une partie de l'intelligentsia. Quant à la politique à partir de là...

Il ne fallait ni commander ni obéir. A seize ans, cet axiome était utile et séduisant. Quel adolescent ne cherche son indépendance au moins dans les mots, si les siens ne l'ont pas encore réduit à leurs normes ? *L'Enfance d'un chef,* c'était l'échappée belle entre tous les pouvoirs qui nous cernaient, nous menaçaient : professeurs, parents, et, plus tard, les flics, quand nous serions prêts à manifester, confondant le boulevard Saint-Michel avec les ramblas de Barcelone ou la Cité universitaire de Madrid. Il faut forger ses rêves et se servir de tous les instruments littéraires disponibles. Ceux que Sartre nous prêtait avaient de l'allure. Me doutant alors que j'étais à demi juif, le philosémitisme de Sartre me confortait aussi.

La Nausée, sur laquelle je tombai par hasard, dans l'armoire de Mlle Bloch, me troubla plus que *Le Mur.* Le territoire n'était plus du tout familier. Certes, au départ, Roquentin reste dans mon quartier ! Du moins il y transite : *Il faisait nuit, je descendais l'avenue du Maine et, au coin de la rue de la Gaîté, j'ai acheté des marrons...* Je voyais très bien ce marchand de marrons. J'imaginais aussi Roquentin marchant devant le music-hall de Bobino, descendant s'il le fallait vers le chaud village de Montparnasse. Mais il ne s'y rendait pas. Il vivait la plupart du temps dans une ville de province, cette province française que je ne connaissais pas, à laquelle j'avais du mal à m'accrocher.

Je devais faire fausse route : je ne pris pas *La Nausée* pour une œuvre triste. Je m'identifiais à Roquentin. Ce roman étrange me donnait des « moments parfaits ». Je me coulais facilement en Roquentin qui tenait un journal, se demandait s'il devenait fou – comme tant d'adolescents – parce que sa conscience et son corps se confondaient, parce que les objets se transformaient, parce qu'il avait des intuitions métaphysiques, des « mollesses et des faiblesses ». Avant tout, Roquentin disait à son jeune lecteur : tout peut être dominé par l'art, le style, l'imaginaire. Il y avait également des promesses que l'Occupation, la Libération, comme les contes et légendes de la Résistance, n'annulaient pas : *Les aventures sont dans les livres. Et, naturellement, tout ce qu'on raconte dans les livres peut arriver pour de vrai, mais pas de la même manière. C'est à cette manière d'arriver que je tenais si fort.* Pour un garçon qui avait confusément envie d'écrire, les conseils abondaient, dissimulés sous l'intrigue : *Je n'ai pas besoin de faire des phrases,* expliquait Roquentin. *J'écris pour tirer au clair certaines circonstances. Se méfier de la littérature. Il faut écrire au courant de la plume; sans chercher les mots.*

Je n'allais quand même pas jusqu'à penser que j'avais besoin de *me nettoyer avec des pensées abstraites, transparentes comme de l'eau.* Sartre, là, et plus loin, et ailleurs, se parle comme il s'adresse à tous ses lecteurs. Ces incantations pour un auteur de son âge – il avait quand même trente-trois ans quand il publia *La Nausée* – sont comme les principes que pourrait se donner un débutant. Il l'était, soit, mais d'un certain âge déjà. Il découvrait la banalité. Elle m'émerveillait.

Je ne cherchais pas un sens profond à certains passages sur lesquels plusieurs cuvées de critiques hostiles ou sympathisants ont philosophé jusqu'à les dessécher complètement. A la lecture d'un roman, il n'y avait que les frémissements sensuels qui fussent profitables ou bénéfiques. Je ne voulais pas penser, je voulais seulement rêver. J'avais été enfermé en zone occupée, en France, pendant quatre ans. Même pour un jeune garçon, c'était trop. *Si jamais je devais faire un voyage.* Je n'avais guère de passé à mettre en notes ou en fiches. Je n'avais écrit que des dissertations et des poèmes.

Alors, à la lecture du *Mur* ou de *La Nausée,* je n'avais pas du tout prêté attention aux noms de certains personnages plus secondaires : au général Nizan dans *L'Enfance d'un chef,* au gendarme Nizan dans *La Nausée.*

Je ne savais même pas qui était Paul Nizan.

III

LE NIZANSARTRE

MA mère vit plus ou moins avec un monsieur dont elle attend un enfant. A cet homme, qui fait irruption dans mon long tête-à-tête avec ma mère, d'avance, j'accorde plutôt de la sympathie, pour une seule et mauvaise raison : il est écrivain, et, depuis longtemps, j'ai envie d'avoir un père écrivain.

Claude Sernet est poète, profession encore plus ambiguë. D'origine roumaine, il était arrivé à Paris avant la guerre, après avoir publié quelques plaquettes surréalistes et adhéré au P.C.F. Mobilisé en 1940, prisonnier, il s'échappe, revient en France. A la Libération, il participe aux activités du Comité national des écrivains. Refusant un poste honorifique mais bien payé à l'Association France-Roumanie, il végète, déroulant d'interminables alexandrins, et entre dans ma vie, la bouche pleine de Freud et de Lautréamont. Prêt à fraterniser, je lui donne une preuve de confiance en lui montrant des textes que j'ai scribouillés, mi-poèmes, mi-proses blanches.

Sernet passe sa main sur son crâne lisse, affiche un air perplexe, légèrement dégoûté, pince les narines, repose mes feuillets maladroits :

« Je ne comprends pas, dit-il. Vraiment, je ne comprends pas ! »

L'armistice entre nous valait bien un peu d'hypocrisie. Qu'avait-il à perdre, à feindre de l'intérêt ?

Ah ! sa calvitie brillante inclinée sur mes ébauches, son nez palpitant, méchamment, selon moi, et sa manière gauche, raide, de répéter :

« Je ne saisis vraiment pas... »

Il me volait ma mère et il refusait de devenir mon père. De plus, il ne voulait pas que j'écrive, puisqu'il condamnait, sans appel, mes petits essais. Je t'en foutrais des armistices ! Nous étions bien partis : la guerre durera une vingtaine d'années.

Je déclarai que je voulais être pensionnaire afin de mieux préparer mon deuxième bac. Brusque passion pour mes études qui ne parut pas étonner ma mère. On ne pouvait me prendre comme pensionnaire au lycée Henri-IV ou dans un autre établissement parisien. C'était la fin du premier trimestre. Je finis par obtenir une place au collège Marcel-Roby, à Saint-Germain-en-Laye. Je m'exilais.

Dans ma classe de philosophie, je retrouve un garçon qui a disparu du lycée Henri-IV à la Libération : son frère était milicien. On le soupçonnait d'avoir dénoncé aux Allemands un de nos professeurs, résistant. Il y a aussi un long jeune homme habillé de flanelles exquises et qui jamais ne travaille. Il a passé la guerre à l'étranger avec son père diplomate. Il est ici par accident. Il attend passivement sa libération en juillet, comme les soldats attendent la « quille ». Un autre « pensco » nous régale du récit de ses aventures et de ses chaudes-pisses. Il fait froid dans le dortoir, trop chaud dans notre étude. La philosophie d'Achille Ouy, notre professeur, est tiède, emmitouflée de précautions positivistes et de lassitudes sociologiques. Il ne semble guère y avoir de rapports entre la vie et ce cours. Achille Ouy dicte des notes. La philo peut-elle être ainsi résumée ?

Bébert, l'homme à tout faire du lycée, nettoie les cabinets et la cour. Puis, sans se laver les mains, il vient nous servir au réfectoire. Je suis collé, un jour, pour avoir « cueilli les roses de monsieur le Principal », mais je file doux : je veux décrocher ce bac. J'apprends par cœur le programme de chimie et de cosmographie sans même chercher à comprendre les lois de Kepler.

J'ai décidé, ni plus ni moins, de m'attaquer à un roman en dix ou douze volumes. L'action sera située en Angleterre. Donc, je dois aller à l'Université là-bas. Retrouvée à la Libération, ma grand-mère anglaise s'est employée à me faire admettre à Corpus Christi College, Cambridge. Aux autorités, pour ne pas avouer que je suis enfant naturel, elle a raconté que mon acte de naissance a brûlé pendant les bombardements en France. On feint de la croire. Pendant les vacances de Pâques, je vais me faire interviewer à Cambridge. Au-dessus d'un verre de sherry, un monsieur très distingué, qui chuinte ses mots en français comme en anglais, m'interroge. Il me pose des questions culturelles et politiques. Derrière son dos, ma grand-mère me lance des signes de détresse. Ils signifient :

« Surtout, ne laisse pas transparaître les opinions communistes de ta mère... »

J'ai donné les réponses attendues. J'étais propre. Mon accent anglais était bon, le français aussi.

« Eh bien, que ce jeune homme passe son bac ! Puis, qu'il attende d'avoir dix-huit ans et nous serons enchantés de l'avoir parmi nous. »

Je suis accepté. Donc, pendant ce troisième trimestre, au collège Marcel-Roby, je bûche comme jamais de ma vie. Je suis bon en histoire, et en anglais, bien sûr, puisque je parle cette langue avec ma mère depuis toujours. En philo, c'est irrégulier : nul ou excellent, selon les sujets proposés. Souvent, je regrette le professeur René Maublanc, avec qui j'ai fait un trimestre à Henri-IV. Songeant à mes copains, je sombre parfois dans la mélancolie.

Je vis dans un cocon. A la fin de la semaine, nous,

les pensionnaires, race particulière, un peu rude et sale, prenons le train pour Paris. Nous revenons le dimanche soir avec quelques provisions. La France et surtout la région parisienne sont encore soumises au rationnement. Parfois, le samedi soir, ma mère et Claude Sernet me conduisent chez Mony de Boully, ancien surréaliste, lui aussi, devenu bouquiniste. Il me semble plus éblouissant qu'Achille Ouy. Il parle de Jean Paulhan. Il raconte des histoires de chiens ou de pigeons masturbés. Des jeunes gens tournent autour de lui et de sa femme, Paulette, chaleureuse et bégayante, sauf quand elle lit à haute voix un poème. Les enfants de Paulette, Claude et Jacques Lanzmann, sont souvent là, avec leur sœur, Evelyne. Elle vit avec un certain Rezvani. Claude, ça va de soi, sera un mélange de Malraux, de Proust et de Vailland. Il prépare ou a préparé une certaine Ecole normale supérieure de la rue d'Ulm. Je n'ai pas la moindre idée de ce que cela représente. Claude est souvent là avec un de ses copains à l'accent méridional fruité, Jean Cau. Jacques Lanzmann, dit Jacquot, fait de la peinture. Il s'est coupé l'oreille pour être certain d'avoir du génie. Je repars pour Saint-Germain, ravi, parfois avec des paquets de biscuits que Paulette glisse dans mes poches.

La vie redevient morne. Ce n'est sûrement pas la vie. Où est la vie réelle ? Dehors, sur la terrasse de Saint-Germain dominant la Seine, lente et brumeuse. Dans la campagne devenant banlieue. Sur les champs de pommes de terre se transformant en jardins privés. Sous les pommiers, au milieu des sapins mal implantés, dans les parcs des villas cossues, près des dernières fermes. Dans les yeux de ces jeunes filles que nous n'osons regarder avec effronterie au long des quais de la gare. La vie existe, la vraie vie, sûrement, là-bas, ailleurs. Avec quoi ? La littérature, la philosophie, la politique... La quille, bon Dieu ! Le bac, bordel !

Les mouches bourdonnent à travers la grande salle des philosophes où le pion somnole sur son estrade. Nous révisons. Le lycée est englué dans un silence épais. Sa torpeur saisit la cour, les classes autour des galeries, le gazon devant le bâtiment de l'administration. Même Bébert ne sifflote pas entre les cuisines et les cabinets. Ce faux silence est brisé par un cri, celui d'un Sioux s'emparant d'un scalp : un élève, un bizuth bizarre, tourne autour du gazon et des roses, et sur un vélo à haut guidon. Il fait un tour, puis hurle. Nous sommes pétrifiés. Il ne se passe rien. Sonnerie : c'est l'heure. Nous sortons dans la cour. Je m'approche de l'énergumène. Je suis un philo. C'est un bizuth, un deuxième ou un troisième, même. Ma dignité m'impose la distance :

« Salut, dis-je. Ça va ?

— Ouais, ça va.

— Il est curieux, ton vélo.

— C'est un vélo américain. »

Le bizuth s'explique en se présentant. Il se nomme Patrick Nizan. Il a passé la guerre aux Etats-Unis. Il a rapporté ce vélo d'Amérique.

Vite, nous devenons copains, et même amis. Patrick est adopté comme mascotte par les philo, les grands du collège. Il me raconte la guerre aux Etats-Unis. Il me parle aussi de son père Paul Nizan, écrivain, tué près de Saint-Omer en 1940, qui fut, paraît-il, l'ami de ce Sartre dont j'ai lu quelques bouquins. Patrick parle aussi de sa sœur, Anne-Marie. Au lycée de filles, elle est également en classe de philo. Patrick est inquiet. Il a quinze ans, sa sœur dix-sept : il craint qu'elle ne reste vieille fille. Dans cette perspective, il a décidé de me la présenter. Sournoisement, pour elle, il m'emprunte un manuel de géographie Demangeon.

Il me prête aussi, en désordre, des livres de son père, *La Conspiration, Aden Arabie, Les Chiens de garde, Antoine Bloyé...* Occupé à mes révisions, je n'ai pas beaucoup de temps. J'ouvre quand même ces bouquins. Je me dis : Patrick a eu la chance d'avoir un père comme ça. Quelle chance, en fait, puisque Nizan s'est fait tuer ?

Patrick disparaît. Il ne hurle plus dans la cour du lycée. Les philo s'inquiètent. Je suis chargé d'aller enquêter chez la Mascotte. Rentrant de Paris assez tôt, un dimanche soir, m'étant procuré leur adresse chez le surveillant général, je passe donc chez les Nizan. Je sonne à la porte d'une villa, rue d'Ayen. Une jeune fille ouvre. Elle est belle, avec des yeux bruns en amande, un grand front bombé, une bouche en chapeau de gendarme, maquillée et coulée dans un pull-over qui me paraît très moulant. Je ne sais pas grand-chose des filles, et rien des femmes. La foudre est tombée sur moi. Bafouillant, je me présente, demandant des nouvelles de Patrick. La jeune fille rit :

« Patrick s'est cassé le bras en sautant du toit. Il voulait atteindre cet arbre... »

Elle montre un cerisier.

« Il va bien, maintenant. Entrez donc. Il sera ravi de vous voir. Il nous a parlé de vous... »

C'est trop pour moi. Je vais fondre sur place si je reste là. Je bégaie :

« Non. Je ne peux pas. Je suis pressé. Pas maintenant... un autre jour... Je suis en retard... Je dois rentrer au lycée... »

Je ne lui serre même pas la main. Je ne veux pas être électrocuté. Je fuis. J'ai la tête et le corps moites de plaisirs flous, de désirs fins, à peine compréhensibles. Je marche vers la forêt, courant dans les allées comme si j'allais ainsi me débarrasser de ces sentiments inconnus.

Sur une rencontre et six phrases, me voilà amoureux.

J'ai de l'affection pour Patrick, j'aime sa sœur. Je

commence à entretenir d'étranges rapports avec leur père mort : de cela, je ne me rends pas compte.

Quatorze juillet : Anne-Marie est admissible au bac, moi aussi. Nous allons à Luna-Park avec quelques amis des jeunes Nizan. Nous marchons dans Paris plein de bals et de musiques. Vers trois heures du matin, nous sommes arrivés chez des cousins dans le XVIᵉ arrondissement. C'était l'appartement de Bernard Rosenthal dans *La Conspiration,* ou presque : ... *A La Muette où les gens vivent dans de trop grands coquillages de pierre, le long de rues nettes comme des allées de cimetières à concessions perpétuelles.*

Anne-Marie joue la comédie : j'adore Malraux et elle prétend s'y intéresser. Les propriétaires de l'appartement où nous attendons l'aube ont un peu inspiré Nizan. Tante Marthe est, de loin, le modèle de Mme Rosenthal, qui saupoudre sa conversation de mots anglais. Fiction et réel sont de nouveau liés, malaxés, difficilement discernables.

Les Nizan m'acceptent. Des Etats-Unis, ils ont rapporté le sens d'une hospitalité extraordinaire. Henriette Nizan, la mère de Patrick et d'Anne-Marie, Rirette pour tout le monde (tiens, salut, Lulu !), me prend presque au sérieux comme futur gendre. Je vais avoir dix-huit ans.

Je vis maintenant à Londres avec ma grand-mère. Je reviens à Paris chaque trimestre. Anne-Marie et moi correspondons. Je vais souvent à Saint-Germain-en-Laye.

Le grand-père de Rirette, Robert Alphen, un peu sourd, sort de son monde feutré pour dire :

« Ce petit Sartre fait une belle carrière. »

Plutôt radical-socialiste, grand-père Alphen trouve que ce petit Sartre est un peu trop proche des communistes ces jours-ci. Enfin... Vu de la famille Nizan, Sartre n'est pas du tout impressionnant. C'est un peu l'oncle lointain, le cousin de province qui, monté à Paris, fait une belle « carrière » imprévue. Pour les grands-parents Alphen, il est encore le normalien. Grand-mère Alphen, d'ailleurs, assure :

« Sartre était moins fort que Paul-Yves...

– Mais non, maman ! dit Rirette. Différent...

– Mais si, insiste grand-mère Alphen. La preuve, c'est que Sartre a d'abord été collé à l'agrégation. »

Rirette hausse les épaules gentiment.

Elle raconte comment Sartre transformait en abat-jour les culottes de ses petites amies dans sa thurne, rue d'Ulm. « J.-P. », Jean-Paul Alphen, le frère de Rirette, cinéaste, raconte comment Sartre, le Castor, Nizan, Rirette et lui ont tourné avec une petite caméra *Tu seras curé*. Le film gravitait autour d'un séminariste, Sartre, tombé dans la débauche... On me montre une photo : Sartre en caleçon long, penché sur une dame en combinaison. Le Castor ? Oui.

« Ils voulaient faire un film anticlérical », dit J.-P.

De mauvais bruits circulent encore : les communistes ont transformé Nizan en traître. Sartre le défendra. Sartre est aussi, par amitié, le tuteur des deux jeunes Nizan. Membre du conseil de famille, qui, d'ailleurs, ne se réunit jamais. Ma mère, communiste à cette époque, n'approuve pas mes amours : Anne-Marie, que je ne connais pas, est la fille d'un traître.

Nizan, tué en 1940, et Sartre, que je ne connais pas, se mettent à faire partie de la vie quotidienne, que je m'en défende ou non. De loin, je revois un personnage, le Nizansartre ou le Sartrenizan.

Et il n'est vraiment mort qu'en 1980.

Cherchant un père, je vais avec Nizan trouver un beau-père posthume.

Il s'infiltre en moi, me sommant en quelque sorte

de l'égaler. Il est possible d'imiter, de démarquer les vivants. Mais les morts ? Ce sur-moi, longtemps, fut lourd à porter, plus pesant qu'un véritable père avec ses défauts bien visibles, vivants. Nizan, mort jeune, pouvait à mes yeux n'avoir que des vertus, même si Rirette, qui fut, pour moi, tout le contraire d'une veuve abusive, évoquait aussi facilement ses défauts que ses qualités. Je frémissais à des détails sans importance. Que Rirette parlât de l'anglomanie de « Paul-Yves », et il me semblait que son goût des tweeds ou des cigarettes blondes le rapprochait de moi, à demi anglais, qui ne fumais pas encore, et venais tout juste d'acheter mon premier veston.

En théorie, je séparais bien Nizan de Sartre, mais, dans ma tête, ils se confondaient : je lisais leurs livres pêle-mêle. On me racontait comment les deux normaliens, préparant leurs œuvres à venir, s'étaient engagés à mettre, l'un des Nizan, l'autre des Sartre, dans leurs romans, si possible dans des rôles ridicules et militaires. Ces plaisanteries de normaliens échappaient à quelques critiques qui y virent le signe irréversible de la haine qu'ils se portaient.

On disait que Nizan s'était inspiré de Sartre pour le personnage de Lange dans *Le Cheval de Troie.*

Pourquoi ce nom de Lange ? Parce que, bien sûr, Sartre a publié en 1923, dans *La Revue sans titre,* un conte, *L'Ange du morbide.* Sartre y décrit les aventures d'un minable professeur de lycée. L'ange : Lange.

Je rencontrais ainsi les morts et les vivants, confondus dans leurs vies racontées ou leurs fictions ancrées sur une réalité dont les témoins étaient présents. Allez donc vous y retrouver, surtout quand vous ne demandez qu'à croire à ce réel corrigé par des légendes et des histoires !

Je me fabriquais mon Nizan, distant, drôle et hautain.

Plusieurs fois, Sartre reviendra sur la politesse glacée de son ami, dans *Les Chemins de la liberté* et dans sa préface à *Aden Arabie.* Nizan n'eut pas le temps de regretter les meilleurs moments de leur amitié. Sartre y est revenu souvent avec une ferme chaleur. Nizan lui a été pris, presque volé, par le P.C.F. avant la guerre. Sartre a sauvé l'œuvre de Nizan de l'oubli, provisoire et définitif. Mais, surtout : ne serait-ce pas aussi par fidélité à Nizan que Sartre cherchera tant à se rapprocher des communistes ? Les références, les renvois à Nizan sont nombreux. Dans *Les Chemins de la liberté,* pour moi, Brunet, le cadre communiste dur, sûr de lui, c'est Nizan. *Brunet,* écrit Sartre, déguisé en Mathieu, *a bien raison de dire que je suis un vieil enfant.* C'était ce qu'on disait chez les Alphen-Nizan, avec affection, d'ailleurs :

« Sartre n'a jamais vraiment grandi. »

Il y avait chez Sartre une formidable nostalgie de l'amitié qui s'était évaporée entre Nizan et lui-même.

Je me permets d'avancer une hypothèse : Sartre n'a pas voulu être jugé, même à titre posthume, par le jeune Nizan. Même après que lui, Sartre, eut défendu Nizan et sa mémoire contre les communistes. Quand on lui parlait de ce Lange du *Cheval de Troie,* Sartre souriait :

« Nizan me disait que ce n'était pas moi, bien sûr. Nous n'étions dupes ni l'un ni l'autre. La fiction a tous les droits. Nous n'en pensions pas moins. »

En 1946 et en 1947, je lisais Nizan de plus près que Sartre. L'œuvre de Nizan, on pouvait la posséder entièrement : il était mort, elle était close, achevée. Celle de Sartre réservait des surprises. Je cherchais et trouvais Sartre dans ce Lange étonnant, partial mais révélateur. C'est, en partie, Sartre à trente ans. A ces portes littéraires, écoutez Nizan :

Lange sortait de l'Ecole normale, c'était pour presque tous ses collègues une raison de plus de le haïr... Lange ne vivait pas dans un univers de lieute-

nant de réserve pieux. Il était à l'extrême limite où la culture rejoint l'épuisement dans une terre frontière de la solitude et de la mort... Il y avait des gens qui lui conseillaient de prouver le mouvement en marchant, mais il ne pouvait plus marcher, il ne marcherait plus : il attendait la mort. Nizan, surtout avec son obsession de la mort, se projette aussi dans Lange.

Le salaud sartrien commence à émerger. Lange se donne la comédie, mais le sait :

Lange disait :

— Les simulateurs sont les hommes qui se défendent le mieux contre eux-mêmes.

La mauvaise foi est au tournant de la page. Lange lance à Bloyé :

— Quand j'y pense, Bloyé, ton activité me paraît extraordinairement absurde. Qu'est-ce que tu veux faire ?

— Changer le monde, dit Bloyé.

Et ne serait-ce pas Sartre qui répond, Sartre alias Lange :

— Il est difficile d'imaginer un univers plus scandaleux que celui où nous avons le malheur de vivre. Mais le scandale, c'est qu'il définit n'importe quel univers. Le scandale, c'est qu'il existe des mondes... Vous travaillez à fabriquer un monde où je ne serais pas moins seul...

Francis Jeanson observe quelque part que la référence à Nizan, chez Sartre, est constante. Ne haussons pas nos obsessions à travers nos affections. Il me semble pourtant qu'en effet, Sartre, qui n'avait pas de maître en dehors de lui-même, se laissait souvent aller à se demander ce que Nizan aurait pensé de telle page ou de telle démarche de son petit camarade.

Les amitiés de jeunesse des écrivains pèsent sûrement autant que leurs enfances.

Les Nizan ne se rendaient jamais sur la tombe de

Paul-Yves à Audruicq, du côté de Saint-Omer, où il avait été tué en 1940. On tenait mieux à lui : on en parlait beaucoup.

On me faisait visiter la maison de Grandchamp, près de Saint-Germain-en-Laye, où il avait vécu avant la guerre. Moderne, carrée, avec des terrasses, elle contenait encore l'ombre de Nizan.

« Il écrivait là, me disait sa fille, désignant une loggia.

– On pouvait faire du bruit partout, Paul-Yves écrivait quand même », disait Rirette.

On me montrait les terrasses.

« *Tu seras curé*, J.-P. l'a filmé là, sur les terrasses. Pour la lumière... »

Entre Nizan et Sartre – le mort plus vivant, pour moi, que le survivant – je me mis à vivre avec des fantômes aux pouvoirs plus rongeurs et imprévisibles que les insidieuses influences de ceux qui m'entouraient.

Avec ces deux-là, je me suis longtemps forgé des quartiers de haute surveillance. J'y tournais, entouré par des murs d'inquiétudes, écrasé par un toit de perplexité. Marchant vers mes vingt ans, je n'étais pas angoissé par le célèbre... *Je ne laisserai à personne dire que c'est le plus bel âge de la vie* dans *Aden Arabie*. Il ne me coupa pas le souffle. Mais, à mes yeux, j'étais insuffisant, indigne, incomplet, surtout parce qu'il me manquait ces quelques mots sur mon extrait d'acte de naissance : après « fils de », il y avait un trait, une barre plus troublante que sinistre. Puisant aux conseils écrits de ces fantômes, je m'épuisais sans m'en douter.

Nizan disait ou faisait dire à l'un de ses personnages :... *on ne guérit pas du communisme quand on l'a vécu...*

J'éviterai de le vivre. J'aimais surtout les leçons

littéraires de Nizan. Il ne sacrifiait jamais, selon moi, le style, l'humour, la poésie à cette volonté de prouver, qui, pour Malraux, détruit plus l'œuvre d'art que la passion. Sartre, lorsque parut *La Conspiration*, en 1938, vanta son style *sec et négligent, ses longues phrases cartésiennes, qui tombent en leur milieu, comme si elles ne pouvaient plus se soutenir, et rebondissent tout à coup dans les airs; et ces emportements oratoires qui tournent soudain court et font place à une sentence brève et glaciale; non pas un style de romancier, sournois et caché, mais un style de combat, une arme.* A la Libération, on cherchait d'autres combats et d'autres armes. Celles de Nizan étincelaient à mes yeux. Et j'aimais la trame romanesque de *La Conspiration;* cette histoire de normaliens qui, pour se donner l'impression de vivre en révolutionnaires, montent sous les ordres impérieux de Bernard Rosenthal une fausse conspiration, en commençant par demander à un ami militaire, Simon, le Plan de protection de la capitale. Le meneur, Bernard Rosenthal, défie aussi son milieu en s'attaquant à sa belle-sœur, Catherine, qui retournera finalement à son triste mari. Oui, Nizan était dans Bernard. Un peu, aussi, dans d'autres héros, Bloyé ou Laforgue... Lisant, relisant *La Conspiration*, je confondais Bernard Rosenthal, son centre, avec Nizan. Rirette disait : « Paul-Yves. » J'entendais presque : « Bernard. » Bernard-Paul-Yves était impérieux et séduisant, naïvement cynique dans sa conspiration ratée. J'aimais aussi la manière dont ce Bernard se lançait avec Catherine dans une aventure amoureuse qui était aussi une provocation.

A moi seul, n'est-ce pas, Nizan disait : *Que de cascades d'influences, de jeux de reflets sur des glaces, dans la vie des jeunes gens qui se sentent un peu trop invertébrés encore pour marcher sans compagnons, sans confidents et sans témoins.* Quel utile compagnon, quel chaleureux confident, quel sévère témoin il aurait fait, ce mort si net !

Sernet s'était récusé. Il m'avait rejeté. J'étais toujours en chasse. Nizan allait si bien, trop bien, faire l'affaire, futur beau-père posthume auquel je ne pourrais jamais vraiment m'opposer ou me confronter. Père provisoire, ce sur-moi deviendrait trop exemplaire, et même, parfois, édifiant.

J'allais me mettre à imiter stupidement, avec mes moyens qui n'étaient pas les siens, Nizan, mort d'autant plus fascinant que, dans sa famille, on n'entretenait pas le culte de la personnalité. Il était là, rôdant comme un inspecteur des talents à venir et des tâches à accomplir.

Sa fille, sa femme, du désordre de certains cartons tiraient des manuscrits de Nizan à l'écriture ferme. Ils portaient peu de corrections : inatteignable exemple. Je repartais vers ses livres, surtout cette *Conspiration* qui, si poliment, recommandait la subversion.

J'appartiens à une génération qui place, je crois, le roman au-dessus de tout. Génération ou sousgroupe social limité ? Nizan avait été normalien. Mon niveau scolaire ne m'aurait jamais permis d'entrer en hypokhâgne. Heureusement, ce héros avait lui-même dénoncé l'Ecole. D'ailleurs, j'étais embarqué pour Cambridge. Cette différence avec lui me servait de garde-fou. Il avait été philosophe. Aurais-je fait de la philosophie à Cambridge, s'il n'avait été là, à l'arrière-plan, Commandeur crispé, ne parlant pas, s'imposant par sa seule image, tordue par moi, hélas ?

Plus tard, quatre ans après, revenant de Cambridge, je retournerai à la Sorbonne pour terminer une licence et un diplôme d'études supérieures d'anglais avant de préparer l'agrégation. Nizan avait été agrégé et professeur. Je ne pouvais faire plus ou moins. Je fus d'ailleurs collé à l'agrégation d'anglais. *Non sum dignus*, suggéra une psychanalyste. Ou était-ce simplement parce que mon anglais fut un peu plus moderne que celui des docteurs du jury ? Mais je ne pouvais être agrégé. Pas comme lui ! Pas comme eux ! Nizan fut aussi journaliste et romancier. J'avais ces envies-là, avant même de savoir qu'il avait vécu, mais, à travers lui, le modèle se renforça.

Oui, il n'est pas facile d'imiter ni de contrer un vrai père, vivant, célèbre ou inconnu, avec ses odeurs un peu fortes, parfois, un père palpable dans ses faiblesses. Il n'est jamais aisé de s'en débarrasser, de le ranger sur une étagère. Avec un père imaginaire, ces opérations de délestage sont encore plus difficiles. Je vais ainsi passer quelques années avec un singulier Nizan : il ne me demandait rien, je lui demanderai tout. Comme à Sartre, plus tard.

Rirette Nizan me laissa épouser sa fille alors que j'avais dix-neuf ans. Les Nizan-Alphen vont me donner ma première famille : complète, avec des hommes, des femmes et des enfants partout. Ils ont même un arbre généalogique. On y mettra ma branche. Secrètement, je n'en serai pas peu fier. Ma famille se réduisait à ma mère et à ma grand-mère qui s'obstina pendant cinquante ans à se faire passer pour ma grand-tante. Nizan, dans son premier livre, jette : *Chaque être est divisé entre les hommes qu'il peut être...* Je traduirai : entre ceux qu'il voit. Quelle merveille ce mort, quand même ! Ecrivain, bon père, bon mari en gros, professeur, journaliste, écrivain, écrivain, écrivain, et, de surcroît, mort dans un juste combat. Il n'avait pas fait la guerre d'Espagne. Mais il fut correspondant de guerre. Là aussi, plus de vingt ans après ma *rencontre* avec Paul Nizan, que je ne vis *jamais,* je m'interrogeais sur mes fugues guerrières. Je comprends la passion des reporters qui les recherchent. Au-delà de leurs horreurs, de leurs ignobles cruautés, de leurs enfants assassinés ou blessés, les guerres ont leur beauté. Certains, dans tous les camps, aiment les faire. D'autres aiment les raconter. Pourquoi, devenu journaliste, serai-je, sans qu'on m'y force, volontaire pendant près de dix ans pour cette lamentable pseudo-épopée du Viêt-nam ? Pourquoi tant insister pour aller au Biafra et, un autre jour, en Israël, pendant la guerre de Kippour ? On trouvera aisément dix raisons lumineuses, toutes justes et acceptables. J'en distingue aussi une obscure : il convenait, là encore, de copier Nizan, indirectement. Il fallait, non pas se faire tuer, mais prendre des risques. Sa génération, celle de Sartre, avait eu à satiété ses bonnes guerres : l'Espagne, 40-45... Nous avions été poussés malgré nous, et du mauvais côté, dans ces sales petits conflits nord-africains. En Asie, pas question de s'engager dans l'Armée américaine ! Que restait-il ? L'observation, au Viêt-nam. Les écrivains, en vérité, sont souvent plus dangereux qu'on ne le croit. Je ne pousserai pas l'imitation servile jusqu'à me faire tuer. J'ai limité les risques. J'ai bénéficié de beaucoup de chances.

Etrangement, Nizan me protégera du communisme. Ces années-là, chez les Nizan, j'ai trop entendu parler de l'affaire : Aragon se promenait expliquant que Nizan, avant même sa démission du P.C.F., en 1939, était un faux frère. Aragon fera de Nizan le personnage d'Orfilat, traître, philosophe, chargé de la politique étrangère à *L'Huma* dans *Les Communistes*, ce mauvais feuilleton. Il ne se reniera jamais, Aragon.

Henri Lefebvre déclarait que ce traître avait trop bien décrit un personnage de mouchard, le Pluvinage de *La Conspiration*, pour ne pas être lui-même un indicateur. Je vis là, d'assez près, toute l'ignominie des communistes et de leurs prétendus intellectuels pour ne jamais être tenté d'adhérer au Parti. Pourtant, le progressisme de Nizan, comme celui de Sartre, me laissera longtemps, sinon *derrière*, du moins *avec* des communistes lointains, avec les Vietnamiens. C'est une loi : les communistes des autres sont plus fins et adroits que les nôtres. Regardez Sartre et ses Italiens. Les Vietnamiens m'obséderont pendant dix ans. Nizan lui-même, je le crains, après sa démission du P.C.F., suivant le Pacte germano-soviétique, trouvera encore les communistes russes fort supérieurs aux français.

Au début de mes rencontres avec les livres de Nizan, enthousiasmé que j'étais par le révolutionnaire lyrique, je ne percevais pas ce réalisme chez lui. Ses tirades furieuses et fulgurantes contre la société bourgeoise me berçaient, comme son admiration latente pour la violence révolutionnaire. Sartre la reprendra dans sa préface aux *Damnés de la Terre,* folie d'intellectuel ivre de mots. Nizan et Sartre et tant d'autres, chantant si hautainement la violence, la lutte armée, ont-ils vu assez de cadavres? Ou manquaient-ils d'imagination? Rien de tel que quelques civils éventrés pour vous faire passer ce goût abstrait du sang. Ces envolées, finalement plus littéraires que morales ou politiques, me paralyseront longtemps. J'étais suiviste. A vingt ans, l'auteur d'*Aden Arabie* et des *Chiens de garde* me paraissait être un accoucheur de l'Histoire. Laquelle? Aucune importance. Je prenais le désir d'avancer pour le mouvement même. La révolution, cette licorne, la guerre civile même, cette tentation ratée en 1945, me semblaient nécessaires, socialement, littérairement. Mon cœur battait en lisant : *Il ne faut plus craindre de haïr. Il ne faut plus rougir d'être fanatique. Je leur dois du mal : ils ont failli me perdre.* Nizan hurlait ainsi, de loin. C'est peut-être beau, mais c'est dangereux. Nizan, alors, s'adressait tout particulièrement à moi. J'étais un privilégié : quand ils parurent avant la guerre, après un succès d'estime critique, les deux pamphlets de Nizan ne trouvèrent que quelques centaines d'acheteurs. Les parcourant, les annotant dans l'édition Rieder, je me sentais élu.

Ces messages d'outre-tombe voleront de nouveau, plus loin, en 1960, lorsque Sartre aura relancé Nizan grâce à sa formidable préface.

Devant ce Nizan-là, en 1947, j'avais besoin d'être rassuré. Avec un air faussement désinvolte, il m'arrivait de demander à Rirette si je me serais bien entendu avec lui. Elle traduisait : aurait-il donné son approbation à ce jeune métèque ?

« Très bien, j'en suis sûre », lançait-elle gentiment.

Cette rencontre impossible me hantait tellement que je n'en parlais plus. J'en rêvais. Ces rêves-là me reviennent, comme leurs souvenirs d'enfance aux vieillards qui ne savent plus ce qu'ils ont fait la veille. J'imaginais Nizan, bouche sévère, raie trop nette et un peu haute, dans un complet irréprochable alors que les siens étaient souvent froissés, jugeant un article ou un livre que je n'avais pas encore écrit. Il passait sur chaque paragraphe, chaque phrase, relevant mauvais accords et fautes d'orthographe avec un amusement sarcastique. Il approuvait l'ensemble. Il me jaugeait et me sauvait. Ensuite, nous parlions politique. Nous n'étions pas du même avis. Ses condamnations crépitaient dans ma tête, d'autant plus troublantes qu'elles ne me parvenaient pas clairement formulées. Un jour, je vais pouvoir enterrer Sartre. Je n'aurai pas cette mauvaise satisfaction avec Nizan, puisqu'il m'a fait le coup de mourir avant que je lui sois présenté. Ces rapports-là furent trop asymétriques. A sa manière, me disais-je confusément, Nizan m'a trahi. Comment, un jour, lui rendre sa monnaie, en vrais ou en faux billets ? Avec mes admirations sincères qui se manifestaient par des relectures attentives et fréquentes de ses livres, j'aurais également – c'est d'un bon fils -- mes petitesses à son endroit. Quel contentement de constater qu'il s'était, lui aussi, souvent trompé face au communisme et à l'U.R.S.S. A propos, quelles leçons avons-nous tirées de ses défaites, de ses débâcles ?

Dans *La Conspiration,* je trouvais un peu Nizan à travers le personnage de Régnier, écrivain qui tient un carnet noir. J'étais surpris de tomber sur cet extrait : ... *Quelle fatigue quand on n'est ni Dieu ni prêtre, comme Duhamel, ce confesseur, ou Gide, ce pasteur. Rien ne remplacera les prises réelles.* J'avais, moi, rendu visite au confesseur et au pasteur ! Hasard objectif ? La « prise réelle », c'était Nizan : mort, il me parlait tellement plus dans ses livres que les deux autres, morts en sursis.

Je crains d'avoir pris beaucoup trop au sérieux la dernière notation du carnet noir de *La Conspiration : Un homme ne se re-commence guère que par une femme. Ou par la guerre, la révolution. Ecrivons des livres.* Délaissant les révolutions et les guerres, que me restait-il ? Il était difficile de ne pas mal comprendre Nizan.

J'aimais les mots de passe des familles, n'en ayant jamais eu. Dans la vie au jour le jour, chez les Nizan, on se servait de certaines formules de Paul-Yves. Cela ne contribuait pas à rétablir clairement les frontières entre le réel et l'imaginaire. Ainsi, disait-on presque toujours, comme Nizan, « des argents », et non pas « de l'argent ». Ou encore, pour se plaindre plaisamment l'un de l'autre, si, par exemple, on avait refusé d'aller vider la poubelle ou de faire une course, comme Mme Rosenthal, on lançait : « Tu es une espèce de monstre et tu me fais horreur. » On le dit encore. C'est tellement mieux qu'une fleur sur une tombe.

Je rêvassais sur de subtiles et fausses coïncidences. Ma fiancée, et future femme, se nommait Anne-Marie. Bernard Rosenthal a une sœur : Marie-Anne. Enfant, j'avais vécu en Grèce, mais, quand j'y retournai avec Anne-Marie, ce fut, comme par hasard, pour aller à Naxos, où, justement, Bernard fut si heureux.

Bernard Rosenthal poursuit sa vie de héros de roman : il a pris un appartement place Médicis, donnant sur le Luxembourg, près de la fontaine. Il s'y suicide. Chaque fois que je passe dans ce coin, je lève les yeux : je vois l'appartement de Bernard. Souvent, place Médicis, je retrouve un pincement de cœur mélancolique et l'ombre d'un personnage en deux personnes, Nizan et Sartre, aussi difficile à exorciser que le Catoblépas : le Nizansartre.

IV

AYER : PROCÈS ANGLAIS

Avant d'aller à Cambridge, je passai une année à Londres avec ma grand-mère, Dorothy Todd, dite Dody. Dans les années 20, elle avait été rédactrice en chef de *Vogue*, tentant alors d'injecter beaucoup de littérature dans cette revue de mode.

Dody avait une passion pour le personnage de l'Ecrivain, quel qu'il fût. Elle ne mettait rien au-dessus. Son admiration totalitaire devait, sans doute, déteindre un peu sur moi. Autour de bols de chocolat, Dody passait d'exquises soirées dans sa maison délabrée de Chelsea à me parler des auteurs qu'elle avait connus. Aldous Huxley, disait-elle, avait été son secrétaire. Elle m'initiait à la poésie de T.S. Eliot. Dans la King's Road, nous croisions Kathleen Raine ou Osbert Sitwell, frère doué mais mineur de sa sœur, la poétesse Edith Sitwell. Sur cette lancée, me voyant gribouiller des projets d'embryons de possibilités de poèmes, Dody avait, figurez-vous, décidé que je serais poète. Elle ne me reprochera qu'une chose, dans les années à venir, mais ce sera la base de notre malentendu permanent : je n'étais pas croyant. Dody nageait dans un tiède mélange d'anglicanisme et de science chrétienne.

Elle accepta Anne-Marie de plus ou moins bon gré : c'était une Nizan, le snobisme de Dody s'en satisfaisait. Elle ne savait pas, vers cette fin des années 40, *qui* était Nizan. En revanche, elle savait fort bien ce que représentait Sartre. Cela suffisait : Nizan avait été l'ami de Sartre, écrivain à la mode en France. Sartre était athée ? Dody ne voulait pas en entendre parler. Le mécanisme, alors, est simple : Sartre rejaillit sur Nizan, qui rejaillit sur sa fille, qui rejaillit sur moi. Dody baigne dans ce brouillard, sans soupçonner qu'il s'y dissimule beaucoup de difficultés et que, pour moi, les rapports avec Nizan sont plus compliqués qu'il n'y paraît à ses yeux éblouis.

Pendant cette première année d'Angleterre, j'oubliai un peu Sartre. Jusqu'alors, il ne s'était pas situé très haut à mon horizon.

J'avais terminé *Les Chemins de la liberté*, finissant par m'intéresser plus à Brunet-Nizan qu'à Mathieu-Sartre, n'aimant pas du tout le deuxième tome. Aujourd'hui encore, il est presque illisible, appliquant assez mécaniquement au roman français, et mal, les techniques simplifiées de Dos Passos. L'*Ulysse* de Joyce est moins ennuyeux à labourer. Je ne crois pas que Sartre, plus tard, ait nourri beaucoup d'illusions sur la valeur du deuxième volume de sa trilogie. Il me semble qu'il y voyait avant tout un exercice formel – au quart réussi. Je ne suis pas certain qu'il ait eu beaucoup d'estime pour ces romans-là. Il m'a toujours dit qu'il préférait, de très loin, *La Nausée*. Il n'a peut-être pas eu le temps de mettre en perspective *Les Mots*, dont il savait bien que c'était un livre prodigieux.

J'avais acheté un exemplaire de *L'Etre et le Néant*. Je mordais dedans, sans plus, et avec peine. Mes activités sartriennes se limitèrent vraiment à faire pour *Horizon*, revue dirigée par Cyril Conolly, une note sans aucun intérêt sur la traduction anglaise de *L'existentialisme est un humanisme*. J'y tiens : c'est le premier article que j'ai publié et il était rédigé en anglais.

J'avais, bien sûr, dégusté plus facilement et plus vite *Les Chiens de garde* que *L'Etre et le Néant.* Le programme de Nizan me paraissait simple. Il ne me restait qu'à découvrir les chiens philosophiques anglais et leurs bourgeois. Je ne les trouvai pas et passai à autre chose. Pendant cette année à Londres, la poésie me séduisait plus que la philo.

Je n'étais pas, je ne serais jamais philosophe. Une fois encore, donc, pourquoi m'inscrire au *Tripos* de philosophie qu'on appelait alors « sciences morales » ? Elles étaient peu morales, et pas très scientifiques, si on laisse de côté la psychologie expérimentale. J'ai évoqué la raison : un pays c'était d'abord, selon moi, une manière de penser, donc une philosophie. Ergo, je devais faire de la philosophie anglaise pour saisir mes Anglais. L'épure révélait une belle candeur. Une des causes de cette bifurcation, bizarre pour moi, fut sans aucun doute que Nizan et Sartre – Nizansartre – avaient, eux aussi, suivi des cours de philosophie. L'imitation était camouflée. J'aurais pu, avec un peu d'aide, la déceler. J'allais donc, sans savoir du tout où je mettais les pieds et mes idées, tomber dans l'empirisme britannique le plus corrosif, le plus démoralisateur, probablement le plus paresseux, et dans un type de philosophie qui s'opposait le plus à celle que représentait Sartre. Il me faudra dix ans au moins pour émerger de ces brouillards superposés.

Vers cette fin des années 40, à Cambridge, la grande et vigoureuse tradition empiriste était surtout incarnée par un Autrichien, Ludwig Wittgenstein. Il venait de quitter Trinity College pour se retirer en Irlande, mais son ombre durable, son impérieux fantôme traînaient sur tous les cours. Son héritier le plus visible était John Wisdom, que j'eus, pendant deux trimestres, pour directeur d'études.

Dans les séminaires et aux réunions du Club de philosophie, on faisait l'exégèse toujours recommencée du *Tractatus Logico-Philosophicus*. Quelques disciples et fidèles, une poignée de privilégiés, étudiants venus d'Amérique ou d'Australie, avaient le droit d'accéder à des exemplaires dactylographiés du « Livre brun » et du « Livre bleu », la parole du Maître, relevée pendant certains cours à des auditoires restreints. J'entrai en philosophie dans ce climat et aussi par le biais de *Langage, vérité et logique*, le livre à succès d'Alfred Julius Ayer, un des plus célèbres et des plus brillants philosophes anglais. En dehors de quelques cercles spécialisés, il est encore inconnu en France aujourd'hui. Entre Wittgenstein, du moins la version crue, brute, que j'allais aspirer, et le brûlot d'Ayer, j'étais bien parti pour être hostile à toute la philosophie de Sartre. On dressait pour moi d'étranges barricades dans ma tête, de celles que l'on enfonce et que l'on franchit ensuite difficilement. Je ne me suis jamais entièrement remis de cette cure de positivisme logique. Elle me fit beaucoup de bien sur le moment, de mal à long terme. J'avais l'esprit assez confus. Ce positivisme-là exige de la précision et de la clarté. Il empêche de se laisser séduire par les phrases sonores aux significations invérifiables. Les Français, de Malraux à Sartre, de Barthes à Foucault, en raffolent. Le souffle poétique d'une pensée l'emporte sur son fond à l'applaudissement général de Lille à Marseille. Je n'ai jamais pu accepter cette logorrhée dont les pires exemples se trouvent sans doute à Paris, dans les préfaces aux expositions de peinture. Là, les auteurs décrivent une toile avec les langages mêlés de la musique et de la littérature, se soûlant de mots déconnectés les uns des autres.

Ayer se plaçait dans la tradition de Hume, enrichie de la terminologie et des questions de la problématique kantiennes. Il n'est donc pas étrange qu'Ayer, avec ses exigences de clarté, de précision et de simplicité – qui n'est pas simplification – soit négligé par les philosophes et le public français.

Ayer divisait les philosophes en deux classes : celle des pontifes, qui élaborent des synthèses ambitieuses, et celle, plus utile, des tâcherons, qui offrent avant tout des analyses précises. Ayer mettrait dans le premier groupe Hegel, Heidegger, Bergson et certains idéalistes qui trônaient à Oxford vers la fin du XIXᵉ siècle, et Sartre. Dans le second groupe entreraient Berkeley, Hume, et parmi les contemporains en Grande-Bretagne, la plupart des philosophes influencés par Russell, Moore et le positivisme logique. Cette division littéraire des philosophes en deux grandes catégories n'est pas absolue : un philosophe comme Berkeley tenait un peu du pontife en ce qu'il croyait pouvoir décrire la « Nature ultime du Réel ». Mais, du moins, était-il excusable. Pour Ayer, ceux qui pontifient aujourd'hui l'étaient moins. La philosophie, affirmait-il, disposait d'un arsenal logique à l'aide duquel les fautes élémentaires, surtout les erreurs logiques, qui ont encombré les raisonnements des philosophes depuis plusieurs centaines d'années, ont pu être décelées. De nombreuses recherches linguistiques avaient permis de démontrer qu'une grande partie des problèmes dits philosophiques ne sont que de *faux problèmes* qui dépendent avant tout de la structure et de l'emploi du langage. Le langage dénature les faits et trompe les philosophes, jurait Ayer. Une particularité de syntaxe quelquefois très simple donne souvent naissance à des problèmes paraissant insurmontables, car les questions que posent les philosophes, qui leur semblent de véritables questions, étant conformes aux règles de la syntaxe de la langue qu'ils parlent, ne sont pas de véritables questions. On ne peut, en fait, leur trouver de réponses.

Ce genre de maladie philosophique est illustrée par la faute consistant à prendre un substantif pour une substance. Ayer disait : *La plupart du temps, lorsqu'on postule des entités non existantes, on est victime d'une superstition, on croit qu'à chaque mot ou à chaque expression qui peut être un sujet grammatical d'une phrase doit correspondre une entité dans la réalité.* Depuis la Querelle des universaux jusqu'aux discussions sur l'existence des propositions, la philosophie était encombrée de substances et d'entités postulées, dues à la présence dans le langage de substantifs et de noms. Les philosophes qui s'acharnent à donner un sens nouveau et « profond » à ces problèmes nés de questions mal posées, incomprises, s'acharnent en vain. Leur attitude vient d'un certain mépris pour les philosophes plus positifs qui ont cherché des solutions où elles devaient être trouvées : *dans la nature du langage.* Cette attitude rappelle celle de ce professeur qui déclarait que les planètes ne pouvaient être des satellites : il refusa de regarder à travers le télescope lorsque Galilée voulut lui prouver le contraire.

Le philosophe qui repousse le télescope linguistique deviendra probablement un pontife. Il jouera en effet avec le langage jusqu'à l'ivresse verbale. Ce qui, alors, pour l'essentiel le distinguera du tâcheron, ce sera surtout son attitude envers la philosophie en général.

Les pontifes, dans l'ensemble, prétendent que la philosophie constitue une source de connaissances auxquelles seuls les philosophes ont accès. Ils invoquent une intuition spéciale pénétrant un monde transcendantal qu'ils posent souvent sans le justifier. Ce monde que, seule, la pure intellection du philosophe est capable d'appréhender demeure fermé au boucher, au postier, à l'avocat, et, surtout, au savant, celui-ci n'ayant accès qu'au monde des phénomènes. La philosophie devient alors une véritable initiation : le maître fournit aux disciples la technique qui leur permettra d'affronter le supra-sensible et de s'y référer comme le mineur parle du charbon, le banquier de ses affaires, ou le chimiste du benzène. Le pontife donne l'impression que, face au transcendant, son activité rejoint celle du chercheur scientifique dans le domaine empirique. Face à la science et au sens commun, il pratique le terrorisme intellectuel. Finalement, son verbiage rhapsodique n'exprime que des jugements émotifs, dépourvus de tout contenu factuel ou analytique. Il fait de la littérature.

C'est peut-être cela qui distingue le mieux le tâcheron du pontife : le tâcheron ne fait pas de littérature. Il ne légifère pas *a priori* sur les limites de la science. Il analyse les concepts des sciences et tente d'en découvrir la logique. Le tâcheron ne cherche pas à évaluer une théorie scientifique. Il cherche à donner une définition des symboles dont on se sert dans cette théorie. Le tâcheron n'essaie pas de révéler « les structures de la conscience », il s'efforce de définir les concepts psychologiques : instinct, inconscient, attitude, personnalité... En proposant des définitions, le philosophe aidera à unir les écoles – gestaltistes, psychanalystes, behavioristes – en éliminant les querelles verbales, en unifiant les langages, il jouera un rôle important dans l'unification de la psychologie. Son but sera l'unification des sciences par l'unification du langage scientifique.

Le tâcheron ne sera jamais le rival de l'homme de science, clamait Ayer, il sera son aide. Il ne s'occupera pas des faits que reflètent les symboles du savant, il s'occupera des symboles.

Ayer me poussait aussi à rejeter Sartre en m'imposant, en m'infligeant, en me faisant méditer deux aspects fondamentaux de *son* système – car, finalement, c'en est un.

Ayer affirmait – démontrait, selon lui – qu'il y avait deux types de propositions : d'une part, les propositions empiriques, synthétiques, en jargon philosophique kantien; elles donnaient des renseignements, des informations sur le monde. D'autre part, des propositions analytiques qui étaient tautologiques. L'essentiel était qu'il n'y avait pas de propositions synthétiques *a priori,* détachées de l'expérience, donc pas de propositions dérivées ou dérivables de l'intuition husserlienne et surtout sartrienne.

Ainsi, je me débarrassai vite de la tentation métaphysique.

En outre, il y avait le principe de vérification qu'Ayer avait emprunté à l'école de Vienne. En gros, ce principe revenait à affirmer qu'une phrase avait un sens littéral si – et seulement si – la proposition qu'elle exprimait était, soit analytique, soit vérifiable empiriquement.

Passons sur les milliers de pages et d'articles consacrés au principe de vérification. Il entraîne beaucoup de questions et de problèmes. Et d'abord : comment vérifie-t-on le principe de vérification lui-même ? Pour moi, longtemps, l'essentiel fut que, dans la philosophie de Sartre, peu de phrases étaient des propositions, parce que très peu d'entre elles étaient vérifiables. Maintenant, je suis revenu du positivisme étroit comme de l'empirisme large. Mais je reste convaincu que, à petites doses prudentes, il fait le plus grand bien : il constitue non pas une philosophie, mais une hygiène. Il me servit à combattre Sartre ou, du moins, à ne pas me laisser envahir par lui. Bref, pour l'époque, il offrait une assez bonne arme. Dommage qu'elle ne se soit pas rouillée en moi beaucoup plus tôt.

Je passai ensuite à la philosophie de G.E. Moore, qui n'était pas destinée non plus à me faire aimer, apprécier, comprendre ou suivre Sartre.

George Edward Moore est encore, avec Russell et Wittgenstein, le philosophe qui a eu le plus grand rayonnement dans le monde anglo-saxon au cours de la première moitié du XXᵉ siècle. En Grande-Bretagne, aux Etats-Unis ou dans les pays du Commonwealth, aucun étudiant n'ignore son œuvre. Si elle a eu très peu d'influence en France ou sur le Vieux Continent, c'est qu'elle se situe dans le cadre de l'empirisme britannique traditionnel. Son esprit, ses méthodes et la plupart des problèmes qu'elle soulève sont étrangers au rationalisme français, allemand ou italien. Moore était un artisan, le tâcheron par excellence.

Francis Herbert Bradley avait affirmé dans *Apparences et Réalité,* en 1893, que la métaphysique était un effort légitime pour comprendre le Réel dans son ensemble et non par fragments. Les premières preuves de sa théorie tentaient de balayer les convictions ordinaires du sens commun. Moore, différent, en cela, des positivistes logiques, n'a pas nié la possibilité de la métaphysique. Il n'a jamais prétendu qu'elle n'est qu'une longue série de sons, de phrases grammaticalement correctes mais sans significations. Il s'est simplement attaché à examiner certains raisonnements des métaphysiciens sur lesquels reposait tout l'édifice. Il n'a pas pris la forteresse d'assaut. Il a fait des sapes étroites, mais très profondes.

En 1903, il publiait une étude, célèbre en Grande-Bretagne et aux Etats-Unis, *La Réfutation de l'idéalisme,* que complétait, en 1925, sa *Défense du sens commun.* A Cambridge, vers la fin des années 40, ces textes étaient nos rations de combat. Moore remarquait que si « l'idéalisme moderne propose une conclusion générale quant à la nature de l'univers, c'est qu'il est *spirituel* ». Cette thèse peut paraître simple, mais, en fait, elle est très complexe. L'idéaliste implique aussi *que l'univers est intelligent. Qu'on peut y discerner une intention, un dessein global, un caractère non mécanique.* Il y a dans tout argument idéaliste une multitude de problèmes qu'il faut séparer les uns des autres et étudier pas à pas. Examinant le *esse est percipi* de Berkeley, *démarche nécessaire et essentielle de tout raisonnement idéaliste,* Moore montre qu'il y a, dans cette seule formule, trois termes parfaitement ambigus, ce qui infirme considérablement, au départ, leur conjonction.

Il s'agissait, pour Moore, non pas de prouver que certaines conclusions générales fort importantes étaient fausses, mais d'en regarder d'assez près les bases. De constater l'obscurité de leur apparente homogénéité. Et surtout, peut-être, d'attirer l'attention sur les contradictions qu'elles apportaient aux opinions courantes, ce qu'on pourrait appeler les hypothèses de la vie quotidienne.

Sa *Défense du sens commun,* fort ennuyeuse, d'ailleurs, commence par ce qu'il nomme des « truismes ». Il déclare qu'il y a un certain nombre de propositions dont il sait qu'elles sont vraies. Par exemple : « J'ai un corps », « Je suis né il y a tant d'années », « J'ai vécu à la surface de la terre », « Cette terre existe depuis longtemps ». *Toutes ces propositions et bien d'autres,* dit Moore, *je sais qu'elles sont vraies.* Je sais qu'elles sont *entièrement* vraies. Elles sont parfaitement intelligibles. Leur signification n'est absolument pas trouble. Il serait ridicule d'en douter. Pourtant, directement ou indirectement, beaucoup de philosophes les mettent en cause, énonçant des jugements qui contredisent toutes les propositions que nous savons vraies, irréfutables. Il en va de même d'un grand nombre de théories grandioses qui séduisent tant de gens. Ainsi, affirmer que le temps n'existe pas – même à l'aide de la théorie de la relativité, c'est aussi, en un sens, nier que je suis né ce jour-là, à telle époque qui précédait tel événement de ma vie. Quant à ceux qui prétendent que les « autres » n'existent pas, non seulement ils sont contraints de supposer que certaines propositions élémentaires dont nous connaissons la véracité sont fausses, mais ils prouvent eux-mêmes qu'ils ne croient pas à leurs paradoxes, ne serait-ce qu'en faisant allusion à des événements temporels ou à d'autres philosophes, ou, plus prosaïquement, à d'éventuels lecteurs.

Donc, pour Moore, les propositions du sens commun ne sauraient être mises en question. Cependant, si leur *signification* est claire, leur *analyse* ne l'est pas. Pour Moore, le travail du philosophe consiste non pas à nier les évidences, mais, en partie, à analyser les propositions qui les expriment. La proposition « Voici une main et en voilà une autre » *prouve*, sans aucun doute possible, et d'une manière *concluante*, qu'il existe un monde extérieur à la pensée. Affirmer le contraire est absurde. Mais la phrase « Voici une main » demande, sur le plan philosophique, qui n'a rien à voir avec la philologie ou la syntaxe, une élucidation difficile, et c'est pourquoi, malgré ses dehors innocents, l'analyse moorienne est des plus compliquées. Pour en apprécier la force, scolastique parfois, il faut se référer aux essais, aux textes. Là, le style simple et lucide dissimule une extraordinaire subtilité répétitive.

Wittgenstein, lui aussi, était un philosophe pour philosophes. Il flottait au loin, ailleurs, au-dessus de Moore comme d'Ayer. On lisait des bribes du *Tractatus...* Il y avait une mystique wittgensteinienne, qui, avec le recul, me semble assez malsaine. Il était implicite qu'on ne pût complètement le comprendre, ce Maître. Il fallait avoir des connaissances mathématiques assez poussées pour suivre cet ingénieur, ce destructeur de la philo. Mais il fallait aussi être prêt à refuser toute philosophie. Au fond, la philo, pour Wittgenstein, était une longue maladie linguistique. Plus obscurément, plus subtilement, selon certains, il disait à voix basse ce qu'Ayer criait : la métaphysique était impossible.

A la fin des années 40, je ne demandais qu'à être

convaincu. Ayer fut pour moi la première vaccination antimétaphysique, Wittgenstein – ce que je voulais et pouvais en saisir – fut le rappel. Aujourd'hui, je pense que le wittgensteinisme est aussi une métaphysique. La fascination que Sartre exerça sur moi me permit, plus inconsciemment que consciemment, de ne pas me noyer dans cette forme d'empirisme. De ne pas devenir fou, en fait. Car j'ai vu certains étudiants devenir fous après une trop grosse dose d'empirisme. Fous à être internés, enfermés légalement. D'autres se sont enfermés en eux-mêmes.

Je garde les principes de la fin du *Tractatus*, gravement énoncés dans les dernières lignes :

6.54. *Mes propositions sont élucidantes à partir de ce fait que celui qui me comprend les reconnaît à la fin pour des non-sens, si, passant par elles – sur elles – par-dessus elles, il est monté pour en sortir. (Il doit, pour ainsi dire, jeter l'échelle, après être monté dessus.)*

Il faut qu'il surmonte ces propositions; alors il acquiert une juste vision du monde.

7. *Ce dont on ne peut parler, il faut le taire.*

Ce dernier coup de gong, avouons-le, est encore plus beau en allemand : *Wovon man nicht sprechen kann, darüber muss man schweigen.*

Cette phrase-là, je l'ai vérifié, peut étonner les chauffeurs de taxis à Berlin ou à Vienne.

A quel point l'empirisme, surtout écouté aux portes du positivisme logique façon Ayer, copie de Wittgenstein, peut dessécher ! A la fin de ma première année de Cambridge, je flottais dans une buée : avec les mots, rien ne paraissait possible. Il y avait la science, ou plutôt les sciences, les philosophes, qui, au mieux, scrutaient le langage scientifique, et puis, au-delà, le vague : de la littérature à l'Histoire. Les philosophes de Cambridge étaient lugubres. Pendant des heures, pendant un trimestre, ils examinaient *une* phrase.

« Voyons donc cette... phrase, me disait John Wisdom : " L'existence précède l'essence ". »

Il passait sa main sur sa superbe calvitie, plaçait la bouilloire sur le gaz, vidait la théière de ses feuilles humides et enchaînait :

« Cette proposi... cette phrase est curieuse, intéressante, *very interesting*... Que peut-on en dire ? En tirer ? *What can we make of it ?* »

Wisdom n'était pas un empiriste fanatique. Il avait le génie désinvolte et naïvement méprisant. Il n'avait pas été, disait-il volontiers, plus loin que la page 4 de la *Critique de la raison pratique.* Il mentait un peu, sans doute comme Harold Wilson lorsqu'il jure qu'il n'a pas dépassé la page 2 du *Capital.*

Wisdom n'avait pas envie d'aller, seul, plus loin que la page 1 de *L'Etre et le Néant.* Il adoptait aisément la méthode de Moore, pas celle d'Ayer, pour mettre Sartre en pièces. Non : pour le faire crouler, en minant les bases, les pilotis. Il suffisait, implicitement, selon lui, de montrer que les premiers alignements de mots n'étaient ni vrais ni faux pour n'avoir pas besoin de lire le reste. C'était pratique ! Cette méthode catégorique ne démontre pas cependant, *a contrario,* que l'ensemble de la pensée philosophique de Sartre tient debout. Vingt refus léthargiques de la parcourir ne prouvent nullement qu'elle est vraie.

Quand j'insistais un peu, Wisdom admettait volontiers qu'il y avait dans *L'Etre et le Néant* des passages dont la vérité psychologique sautait aux yeux. Il avait un faible pour certains développements sur le masochisme et le sadisme. La situation était paradoxale : John Wisdom était censé corriger mes dissertations. Il était payé pour cela. Je lui traduisais, plutôt mal que bien, des fragments de Sartre. Tout se terminait généralement par une brève leçon de français et un examen détaillé d'un vieux plan de Paris.

« Où sont les petits bals ? » demandait Wisdom avec un sourire de ludion.

Une heure de direction d'études ne dépassait pas trois quarts d'heure. Wisdom avait toujours hâte d'aller faire du cheval. Il lui arrivait aussi de surgir dans une salle enveloppé de sa toge noire. Il se mettait la tête entre les mains, puis écrivait une phrase au tableau noir :

Nous voyons les autres
Qui connaît le mieux mes sentiments ?

Ou il prenait un air d'intense souffrance pendant que la dizaine d'étudiants présents se figeaient dans un silence respectueux. Wisdom se levait, soupirant :

« Aujourd'hui, nous n'arriverons à rien... Ça ne vient pas. »

Il sortait. Quand, par hasard, on le voyait, peu après, galoper sur un cheval, on avait quelques doutes quant à sa panne d'inspiration. En Wisdom, talent et comédie s'équilibraient. Comme chez n'importe quel philosophe ?

La philosophie, dans ce contexte, m'apparaissait comme une activité parfaitement désespérée et, à la limite, inutile. Pour en faire, suggéraient la plupart des professeurs, il fallait être un peu névrosé, *out of your mind,* hors de votre esprit, dit un formidable anglicisme. Au plus, au mieux, la philo pouvait, et encore pour les meilleurs seulement, résoudre certains *puzzles* linguistiques. Elle devait ainsi remettre un peu d'ordre dans des phrases, au bout de quelques semaines, quelques mois, parfois. Avec de la ténacité et de la chance, on pouvait transformer les phrases élues en propositions. Enfin découverte, leur maigre signification ne paraissait pas une bien grande récompense, à peine une poire blette après cette traversée du désert.

A Cambridge, seuls étaient heureux ceux qui rejetaient totalement l'empirisme maison sous une forme ou une autre, ceux qui le considéraient comme un moment parmi d'autres de l'histoire de la philosophie. Ou ceux qui se spécialisaient dans les rapports de la logique et des mathématiques : à Cambridge, Russell et Whitehead avaient mis au point les *Principia mathematica,* dont les gros volumes traînaient dans la bibliothèque de philosophie. En Grande-Bretagne, la philo, discipline bizarre, n'a pas le statut et les débouchés qu'on lui connaît en France. Un diplôme de philosophie, en Grande-Bretagne, même orné d'une bonne mention, ne peut que servir à enseigner dans une université. On ne professe point dans les lycées. D'où un intérêt moins sensible pour les philosophes parmi le grand public et aussi un groupe de pression des enseignants beaucoup moins puissant. Dans la troupe, à cette époque, il n'y avait guère que le terrible Russell pour sortir de la zone la plus étroite, la plus étriquée de la philosophie. Il parlait aussi de l'Histoire. Il s'aventurait jusqu'à prendre des positions politiques qu'il ne déduisait pas de ses positions philosophiques – comme Sartre prétendait le faire –, mais qui devaient quand même avoir un lien repérable avec elles. En Grande-Bretagne, quand Ayer ou tout autre descendait sur la place publique, il le faisait en tant que citoyen, jamais armé de son titre de philosophe. Ayer penchait, à cette époque, vers les Travaillistes. Sa sympathie pour ces socialistes ne découlait pas de ce qu'il pensait sur le plan de la logique ou de l'épistémologie ou de l'éthique. Une certaine rationalité le poussait vers la gauche plutôt que vers la droite, vers le libéralisme au sens large plutôt que vers le conservatisme. Les intellectuels paraissaient souvent se situer plutôt à gauche, comme en France. Les philosophes semblaient être neutres : des observateurs non engagés devant le théâtre et la comédie politico-historique. L'ajustage n'était pas aisé.

Aujourd'hui, semble-t-il, les perspectives ont

changé à Cambridge. Vers la fin des années 40, entre les crocus au bord de la Cam et les clubs des collèges, je ne voyais aucune préoccupation politique chez les philosophes locaux. A la Faculté des sciences morales, personne ne parlait de Marx. Un seul homme y faisait allusion dans son cours, le professeur C.D. Broad, analyste, dépiauteur redoutable, qui n'avait pas d'égal pour présenter les dix-sept rapports possibles entre l'esprit et le corps, à partir du moment où l'on *supposait* qu'il y avait un esprit et un corps. Broad, ricanant, lisant deux fois chaque ligne de son cours, crachotait un exemple :

« Supposons que la nourrice de Karl Marx l'ait étranglé dans son berceau... »

Broad avait lu Marx. Il s'en remettait aux économistes pour trier ce qu'il pouvait y avoir à retenir chez cet auteur. En outre, Broad et d'autres enseignants moins venimeux estimaient que les résultats pratiques de la vision de Marx étaient parfaitement désastreux. Pourquoi donc s'y attarder ?

Depuis Burke et John Stuart Mill, les Britanniques n'ont pas apporté grand-chose à la théorie politique. En revanche, ils ont fourni du *pratique* – de la praxis ? – dans le domaine social quotidien. Nous devrions faire une pause, nous demander pourquoi. Pourquoi, aussi, la gauche britannique a-t-elle été au pouvoir assez souvent depuis 1945, alors qu'en France... ? Sartre a théorisé. Les sartriens n'ont jamais été et ne seront jamais au pouvoir. La gauche française en est revenue maintenant, mais son pseudo-radicalisme méprisa le parlementarisme, le suffrage universel, les fameuses libertés formelles trop réelles, le droit de parler, d'imprimer, de se réunir... En somme, en France, la gauche a eu les philosophes sans le pouvoir. En Grande-Bretagne, la gauche a été au pouvoir sans les philosophes. Y aurait-il une contradiction, une malédiction entre philosophie progressiste et pouvoir politique acceptable ?

En France, nous identifions la gauche avec la critique et la protestation permanente. Fort bien. Mais il faut aussi retourner à la pratique, à l'exercice du pouvoir, à la possibilité de le prendre.

Le sartrisme a eu sur la gauche non communiste un effet négatif, retardataire, diffus : il donna à trop d'intellectuels responsables la conviction que les changements, les réformes utiles et immédiates ne pouvaient vraiment passer que par une transformation radicale, générale, globale, totale. De l'U.R.S.S. au Cambodge, avons-nous vu assez de totalisations pour en finir avec ces louches tentations ?

Dernière raison de ma perplexité de 1948 à 1951 : Russell, que l'on voyait alors rarement à Cambridge, avait bien écrit des nouvelles et des romans, mais on n'établissait aucun lien entre littérature et philosophie en ce pays, dans cette région, à travers cette ville, pas plus qu'entre philosophie et politique. J'avais souvent des maux de tête, lesquels, trente ans après, me paraissent nettement névrotiques. Je me protégeais comme je le pouvais, c'est-à-dire assez mal. Sartre et quelques autres Français, dont Nizan, voulaient globaliser, expliquer le monde dans sa totalité, agir sur lui, passer de la réflexion à l'action, surtout politique. Au bord de la Cam, on me proposait de me méfier de tous les mots, de toutes les phrases, de tous les systèmes, et, avant tout, de ceux qui visaient à fournir des explications générales de type métaphysique. J'étais séduit, parce que la condamnation était une métaphysique, même si, à l'époque, je ne le distinguais pas. On m'offrait des raccourcis. La ligne droite, rapide et unique, a ses charmes face aux circonvolutions et aux détours innombrables. Des oukazes philosophiques décrétant l'impossibilité de la philosophie me remplissaient d'un plaisir apparent et d'un malaise caché. Ainsi, n'y avait-il aucun lien ferme, solide, entre la littérature, la politique et la philosophie ? Toutes semblaient être des activités accidentelles et dénuées de rapports évidents. Quant à la poésie, elle, je n'arrivais à la caser nulle part; tout au plus me bornais-je à scribouiller de petits textes en français et en anglais. Je n'étais, à ce moment-là, pas plus amarré à une langue qu'à une autre. Il s'ensuivait d'autres doutes et d'autres perplexités.

Je plongeai enfin dans *L'Etre et le Néant,* cherchant une sortie.

Eblouissement et fureur : ce type-là jonglait avec les mots ! Derrière chaque substantif il plaçait, inventait une substance. Puis, il insérait la substance-substantif dans une phrase qui, souvent, sonnait bien, endormant dans l'oreille et la tête tout sens critique. Ce n'était pas une proposition. Elle n'était ni vraie ni fausse. Elle était plus proche de la poésie que de la physique. On ne pouvait imaginer un procédé qui eût permis d'en vérifier la vérité ou d'en confirmer l'erreur. Cet homme voulait reconstruire le monde de son bureau, en empilant ces mots, ces phrases. Ambition de tous les philosophes, sans doute, mais démesurée et chatoyante chez lui. Parce que ce Sartre ne parlait pas seulement d'un monde clos, sentant le renfermé des philosophes universitaires. Il introduisait dans cet univers confiné le masochisme et le sadisme, des garçons de café, du concret.

L'Etre et le Néant avait des qualités incantatoires. On pouvait s'installer dans une plate, au bord de la Cam, et se lire des morceaux comme on eût chantonné des madrigaux élisabéthains :

Tout ce qui vaut pour moi vaut pour autrui. Pendant que je tente de me libérer de l'entreprise d'autrui, autrui tente de se libérer de la mienne; pendant que je cherche à asservir autrui, autrui cherche à m'asservir aussi... Cela ressemblait un peu à ces répétitions des *Upanishads,* citées par Eliot dans *La Terre vaine : Datta. Dayadhvam. Damyata. Shan-*

tih shantih shantih. Pouvait-on aussi obtenir « la paix qui passe tout entendement » avec du Sartre ? Car, enfin revenu sur la terre des choses, des humains et des situations réelles, que voulait dire très exactement *Tout ce qui vaut pour moi vaut pour autrui ?* Je tentais d'appliquer aux... comment dire sans préjuger la conclusion ? – aux suggestions de Sartre les méthodes proposées par Ayer, les techniques de Moore. Hélas ! il était lumineusement évident que tout ce qui s'appliquait à moi ne valait pas pour autrui. J'étais à demi anglais, à demi français. Pas les autres, pas autrui... Comme j'étais terre-à-terre ! Sartre me sommait de reconnaître que *nous éprouvons notre insaisissable être-pour-autrui sous la forme d'une possession.* A l'évidence empirique, la seule qui m'importât, c'était faux. Sartre nous racontait des choses fort intéressantes sur *sa* façon de regarder. Pourquoi, diable, tenait-il à généraliser brutalement ?

A côté de descriptions étonnantes, il y avait souvent, avec des chevilles grosses comme des cordes à bateau, des *en tant que* et des *dans la mesure où* qui deviendront les maladies d'une certaine prose française pendant des dizaines d'années – des passages borborygmesques : *C'est en tant que je suis l'objet qu'Autrui fait venir à l'être que je dois être la limite inhérente à sa transcendance même; de manière qu'Autrui, en surgissant de l'être, me fasse être comme l'indépassable et l'absolu, non en tant que Pour-soi néantisant mais comme être-pour-autrui-au-milieu-du-monde.* D'où il ressortait, clamait Sartre, que... *vouloir être aimé, c'est infecter l'Autre de sa propre facticité.* Il me semblait, au milieu des crocus, que c'était le vocabulaire qui infectait Sartre, qu'il se laissait aller à dire tout, n'importe quoi et le reste. On pouvait le paraphraser, le pasticher, reprendre ses alignements verbaux en les transformant sans que le résultat fût très différent :

« C'est parce que je ne suis pas objet qu'Autrui fait venir à l'être comme dépassable et relatif, précisément l'En-soi », etc.

Je replongeai dans *l'Etre et le Néant,* comme on doit aussi le parcourir, c'est-à-dire comme un roman. De même, le *Baudelaire* de Sartre et son triple *Flaubert* sont un petit et un grand roman inachevés.

Je lus aussi, pour emmagasiner des munitions, deux longs articles d'Ayer dans *Horizon.* Ils avaient paru en juillet et en août 1945, mais je les découvris à Cambridge, feuilletant une collection complète de la revue, en 1949. L'analyse d'Ayer, mon gourou de poche, était limpide et sommaire. Elle m'impressionna. Ayer admettait qu'on ne pût comprendre ou apprécier totalement les romans et les pièces de Sartre qu'à la lumière de sa philosophie. Refusant de s'embarquer dans les affinités historiques husserliennes et heideggériennes de Sartre, Ayer, en quelque vingt pages fines et fougueuses, liquidait Sartre philosophe. En fait, il réduisait sa variété d'existentialisme à une variation sur le verbe être. Ayer, qui lit et parle fort bien le français, disait justement que *L'Etre et le Néant,* comme tant d'ouvrages de philosophie célèbres, avait probablement été plus admiré que lu. Ayer ne prétendait pas qu'il le comprenait. Il en donnait seulement une description, analytique, critique et propre à séduire quiconque voulait tenir compte de Sartre ou le rejeter dans le même mouvement du menton. La première partie de l'essai d'Ayer s'appliquait surtout à ce que Sartre entendait par l'en-soi et le pour-soi. La deuxième cherchait à comprendre la temporalité sartrienne. La troisième examinait la manière dont Sartre envisageait l'existence des autres, thème abordé par Wisdom. Pour Ayer, les sorties de Sartre à propos de l'en-soi et du pour-soi aboutissaient tantôt à des tautologies, tantôt à des paradoxes gratuits, quoique parfois amusants. Dans les cabrioles de Sartre sur le Néant telles que *Pierre s'enlevant comme étant sur le fond de la néantisation du café* ou *Le Néant ne se néantise pas, le Néant est néantisé*, Ayer découvre une seule vérité : on ne peut, d'aucune façon, réduire les propositions négatives à des propositions positives. Aucune raison, donc, de se lancer dans une déroutante et interminable ontologie du non-être. Bravo! me disais-je.

A certains dévots sartriens, une critique de type ayérienne paraîtra souffreteuse. Le tout est de savoir si elle est vraie. Ne serait-ce pas la création philosophique sartrienne qui pécherait par ambition? Le pour-soi à la recherche de l'en-soi, sans sacrifier la conscience qu'il a de lui-même, n'est pas un phénomène vérifiable, même indirectement, qu'il débouche ou non sur d'excitantes descriptions de la mauvaise foi.

Partant de la liberté découverte dans l'angoisse, Ayer décrétait que le pessimisme métaphysique sartrien convenait assez bien à l'époque. J'étais rassuré. Hélas! il n'était pas logiquement fondé! Au mieux, c'était la logique d'Alice : « Je vois Personne sur la route », dit Alice. « Ah! si j'avais des yeux comme ça! remarqua le Roi. Etre capable de voir Personne! Et à cette distance aussi. » C'était simple, simple. Trop simple? Les mots comme « rien », « personne », « néant » ne désignaient pas quelque chose de non substantiel : ils ne nommaient rien du tout. Ayer enfonçait fermement ses clous : *Dire que deux objets ne sont séparés par rien revient à dire qu'ils ne sont pas séparés... Ce que Sartre fait, cependant, c'est d'affirmer que, séparés par le Rien, les objets sont à la fois unis et séparés...* « Le Néant est néantisé » et autres exercices de style peuvent avoir une valeur affective, mais très littéralement ce sont des non-sens...

Tout était à l'avenant : l'épopée de l'Etre et du

Néant était presque réduite à une galéjade linguistique. Ayer, tâcheron ou artisan de la philosophie, mettait en pièces Sartre pontife et artiste.

Ayer était un peu plus tolérant quant à Sartre face aux « autres » : les philosophes britanniques ont eu du mal à justifier l'idée que *d'autres* ont des expériences semblables aux miennes. En bref, malgré Rimbaud, *je* n'est jamais un autre. Pour Ayer, il s'agit là d'un phénomène linguistique plutôt que d'une constatation empirique. Ce n'est pas par manque de sympathie que *je* ne peux ressentir *ton* mal de dents ou les émotions du garçon de café. A un certain moment, les expériences d'autrui me sont inaccessibles, alors qu'elles sont observables. Pour justifier l'existence d'autrui, on retombe sur un argument analogique. Ayer souligne avec un certain plaisir que Sartre sacrifie au behaviorisme quand il s'efforce de démontrer que ces froncements de sourcils, ce bégaiement, ces regards en dessous ne sont pas des manifestations de la colère, mais qu'ils *sont* la colère.

Pour les autres analyses phénoménologiques de Sartre, à propos de l'amour ou de la mort, Ayer formulait clairement ce qu'il m'arrivait de penser ou de ressentir confusément : leur intérêt psychologique était incontestable. En aucun cas elles ne sauraient être prises pour des vérités générales. Des phrases comme... *Les amants demeurent chacun pour soi dans une subjectivité totale; rien ne vient lever leurs contingences ni les sauver de la facticité,* ou Ce *que je veux atteindre symboliquement en poursuivant la mort de tel autre c'est le principe général de l'existence d'autrui* ne correspondaient pas, vous m'excuserez, à une expérience vérifiée par moi. On ne pouvait entrer que difficilement dans ces gigantesques et verbeuses constructions sartriennes qui, un jour, dans vingt ou cinquante ans, feraient s'esclaffer les penseurs.

J'étais assez ennuyé puisque, d'autre part, j'avais relu *Huis clos* avec plaisir, comme *La Nausée*.

On était sommé – on l'est encore – de prendre Sartre avec tous ses bagages. Je ne le pouvais pas. Le balancement des phrases, lorsqu'elles ne me paraissaient pas tout simplement ridicules, tordues, se noyant elles-mêmes, me berçait autant qu'un poème aimé. Souvent, tentant de lire Sartre philosophe, je me récitais avec morosité des vers du *Burnt Norton* d'Eliot.

... Les mots se tendent,
Craquent, se brisent parfois, sous le poids,
Sous la tension, trébuchent, glissent, périssent,
Pourrissent d'imprécision, ne veulent pas rester en place
Ne veulent pas rester tranquilles...

Lisant ou relisant un morceau de Sartre philosophe, il est rare que ces vers ne soient pas revenus à ma mémoire :

... Under the burden,
Under the tension, slip, slide, perish
Decay with imprecision...

Là aussi ma situation se compliquait à plaisir : contre Sartre et pour Ayer je m'en remettais à Eliot, un poète fort influencé par Bradley et les idéalistes d'Oxford. En dehors des classiques comme Hume, Sartre fait rarement allusion à un philosophe anglo-saxon contemporain. Une fois, je crois, il a parlé de Bosanquet et de Bradley.

Les mots de Sartre étaient trop imprécis, ceux d'Ayer trop précis. Faisant exploser Sartre et toute la métaphysique avec les grenades terrestres et les charges sous-marines d'Ayer, je donnais sans doute des alibis et des excuses à ma paresse. Mais, du fond de l'intellect comme des tripes, il me semblait qu'en fin de course Ayer avait raison.

L'Etre et le Néant, qui eut plus d'audience et de lecteurs, sans doute aussi plus d'influence que la

Critique de la raison dialectique, me paraît encore un livre impossible au sens où l'on dirait qu'il est impossible d'aller sur Vénus.

Ce qui, pour moi, sauvait Sartre ? Il débordait de morceaux de bravoure qui auraient pu s'insérer dans des romans. Contre vents et sartriens je le maintiens, c'est un roman, *L'Etre et le Néant,* une grande ébauche. Prenez-le, ou reprenez-le, en supposant que le Pour-soi et l'En-soi, la Mauvaise Foi, la Négation, la Transcendance sont des personnages moyenâgeux : avec Avoir et Faire et, le plus redoutable de tous, Etre, qui s'insinue partout. Ils sont lancés sur le circuit de l'Ipséité. Ils franchissent l'écueil du Solipsime, atteignent le Regard, ayant contourné bien rapidement Husserl, Hegel, Heidegger, pour parvenir enfin auprès de Liberté et de Responsabilité, deux bien jolies personnes. Roman de la Rose, Roman de l'Etre. Alors, puisque rien n'a besoin d'être démontré, que tout n'a qu'à être senti, comme dans un autre roman, sur une toile, à travers un film, on roule en roue libre... Lorsque, après avoir parcouru plus ou moins les six cent quatre-vingt-dix pages, vous arriverez au dernier chapitre sur les perspectives morales, vous pourrez respirer. *L'onto-logie ne saurait formuler elle-même des prescriptions morales,* dit Sartre avec la solennité qu'implique un si long parcours. Dans la perspective de Cambridge, c'est une manière assez lourde d'affirmer que de propositions de la forme « x est a » on ne saurait en aucun cas déduire des injonctions morales du type « y doit être a ». Curieusement, Ayer lui-même aurait pu ratifier la phrase suivante : *... Il n'est pas possible de tirer des impératifs de ses indicatifs.*

A tort ou à raison, il m'apparut très tôt à Cambridge, avant même de rencontrer Sartre, qu'une des grandes tâches qu'il se fixait, un de ses grands projets, était tout à fait impossible à réaliser : on ne pouvait déduire le monde des mots, surtout en ayant aussi peu que lui le respect des sciences. Qu'on ne l'oublie pas : Sartre fut un adversaire de la pensée scientifique. Il insistait toujours pour souligner le fait que sa pensée était philosophique, et non pas scientifique. Du moins, ne prétendait-il pas, comme beaucoup de ses confrères français, que la philosophie était une synthèse supérieure des diverses sciences. Cet aspect incontestable reste masqué pour deux raisons : il est de l'intérêt de tous les philosophes français de laisser une large zone d'ombre brumeuse sur la nature de leurs activités et de prendre leurs distances avec les « scientistes ». Alors Sartre peut devenir une sorte d'allié. D'autre part, dans ses mésaventures innombrables avec le marxisme, Sartre a pu faire semblant d'être parfois scientifique, agitant même, ici et là, quelques grelots d'économie. Son scientisme ne va pas plus loin. Cela reste un mystère, qu'un homme intelligent et subtil comme lui se soit cantonné dans certaines attitudes aussi bornées. Empêché de mettre la philosophie au-dessus de toutes les autres activités intellectuelles, il en conclut bizarrement qu'elle devait les englober, les dépasser toutes.

L'Etre et le Néant était, et reste pour moi, une prodigieuse métastase verbale, un éboulis de noms et de verbes croulant les uns sous les autres. On l'explore comme une montagne. On l'attaque par ce versant, glissant vers ce glacier, remontant cette pente.

Une marche, courte ou longue, à travers l'œuvre philosophique de Sartre, fait passer par tous les stades de la perplexité et du plaisir. C'est une ripaille étrange, un pur et impur produit d'un génie en chambre au XXᵉ siècle.

Ce livre ne procède pas par preuves successives, même si le ton soutenu est celui de l'hypothèse déjà vérifiée. On est emporté ou non par sa fonte des neiges. Il ne *montre* pas. Pas plus qu'un tableau, ou qu'un poème. Il fait sentir. C'est sa force, mais aussi sa faiblesse fondamentale. Il s'en démonétise d'autant plus vite. Aujourd'hui, quarante ans après sa conception, c'est peut-être de l'assignat philosophique, comme d'ailleurs la plupart des textes à prétentions philosophiques. Nous sommes dans une curieuse période : moins un texte a d'ambitions philosophiques avouées, plus il a de chance d'avoir une part de contenu philosophiquement intéressant, et inversement.

Sartre a souffert de cette démesure qui est celle de toute la tradition française : il voulait pouvoir tout dire sur tout. D'abord sur la science, qu'il rejette : c'est facile de s'en débarrasser mais ridicule. Car les vérités seulement « probables » de la science sont l'équivalent de certitudes : je ne peux démontrer à 100 p. 100 que le soleil se lèvera demain. Mais la probabilité de cet événement est l'équivalent d'une quasi-certitude. Elle n'est simplement pas du type logique : $2 \times 2 = 4$. Sartre a aussi, toute sa vie, procédé comme s'il pouvait, en théorie, tout dire sur Flaubert et l'Histoire, Baudelaire et l'économie, le socialisme, les groupuscules, les partis, les dictateurs... Il tablait sur son omniscience pour mieux dénoncer son manque d'omnipotence.

Il n'avait pas le complexe de Jupiter : il savait qu'il était Zeus.

J'ai toujours détesté, je déteste encore le jargon avec lequel Sartre infecta une partie de l'intelligentsia, ou, plutôt, la lumpen intelligentsia : *s'assumer, se dépasser, les sens des signifiants,* l'*être* et le *faire* présentés comme des variétés de crustacés, faire n° 1, l'être n° 2, l'authentique...

Derrière les constructions théoriques de Sartre, au-delà d'obscurités inexcusables, il y a aussi des naïvetés énormes et quelques bêtises encore plus grosses. Lui et le Castor suivaient souvent le chemin le plus long pour parvenir au but entrevu. Comment s'empêcher de sourire, quand on les aime, en lisant dans *La Force des choses* : ... *Après Heidegger, Saint-Exupéry, lu en 1940, le convainquit* (Sartre) *que les significations venaient au monde par les entreprises des hommes : la pratique prenait le pas sur la contemplation.* Passer par Heidegger et Saint-Ex pour trouver que le sens de la vie peut se *faire* dans les entreprises des hommes! C'est transiter par l'Etoile ou la Nation pour se rendre de la place de Rennes à Saint-Germain-des-Prés.

La passion des mots, ici, retombe sur le lanceur.

Dans le troisième volume de ses Mémoires, Simone de Beauvoir dit un peu trop froidement : *Sartre avait esquissé dans « L'Etre et le Néant » et comptait poursuivre une description totalitaire* (sic) *de l'existence dont la valeur dépendait de sa propre situation...*

Veut-elle dire « totale », « globale », *all-embracing* ? Sans doute. Mais elle écrit *totalitaire* : et il y a de cela. Le Castor ne voulait sûrement pas affirmer que la philosophie de Sartre était policière ou dictatoriale, encore qu'elle le fût, intellectuellement, par ses ostracismes et ses prétentions : il s'agissait d'une entreprise totalisante.

Elle m'a toujours semblé démesurée, en 1981 comme en 1948, même si, aujourd'hui, je n'invoquerais sûrement plus contre elle trop d'arguments tirés d'Ayer ou de l'empirisme au sens large. Quelle ambition inouïe, quelle prétention de vouloir résumer, refléter entièrement le monde dans ses livres! S'il ne s'agissait que d'une partie, soit. Mais le ton hautain de Sartre, en toute saison, ne trompe pas : il sait quasiment tout par déduction. Au commencement était le Verbe, son verbe, ses mots. Tout en découle, tout coule facilement : l'Histoire, la peinture, l'économie, le roman... Sartre n'aura pas été le dernier métaphysicien, mais il aura été l'un des plus doués pour illustrer et populariser ses thèses – c'est-à-dire ses options et ses préjugés. Sur ses lancées hautement théoriques il s'approuvait, bien sûr, et le Castor l'approuvait.

Il n'avait pas besoin d'autres partisans.

Je crains qu'il n'ait ébloui plus que convaincu beaucoup de sartriens au petit pied : matraquant ses lecteurs de concepts soudés les uns aux autres par son habileté verbale beaucoup plus que par un renvoi aux faits, sans le vouloir il pratiquait, brutalement, pas malhonnêtement, non pas tant la littérature que la philosophie à l'estomac.

V

LE TÉMOIN DE LA MARIÉE

En juin 1948, Rirette me donne l'autorisation de repartir avec sa fille pour Cambridge. Décision doublée d'un brusque accès de conformisme : elle tient à me présenter à la famille. Au sens large, celle-ci comprenait, selon Rirette, au-delà des vrais cousins du côté Alphen, les oncles spirituels du côté Nizan : en priorité Jean-Paul Sartre et Raymond Aron.

La visite à ce dernier, dans un appartement sur les quais du XVI⁰ arrondissement, fut compassée. Le temps était comme une lourde pâte sans levain. Ses énormes oreilles perpétuellement à l'écoute des idées fausses, Aron était fait pour être caricaturé par David Levine. Son sourire, fort doux, contrastait avec sa manière de marteler certains mots. L'habit était bourgeois. Des bretelles maintenaient son pantalon nettement au-dessus du nombril. Il me faisait un peu penser à Eyeore, l'âne de Winnie le Pooh. S'il constatait que le monde tournait mal, il admettait volontiers, comme aujourd'hui, qu'il aurait pu aller encore plus mal. Analytique, froide, presque glaciale, sa pensée pouvait être stimulante; pas réchauffante. Pour moi, alors, elle manquait de lyrisme. Je me souviens d'être parti en me disant que cet homme-là pensait « comme une dissertation ». Je préférais la forme lâche de l'essai à l'anglaise. Aron me rappelait certains des professeurs les moins à la mode de Cambridge, Broad et Ewing. Je crains que, malgré toute sa gentillesse, il ne soit resté entre nous quelque chose de cette première rencontre, comme une pellicule de défiance, de part et d'autre. Aron, je crois, ne discernait pas très bien le motif de cette visite. De mon côté, qu'avais-je à lui dire ? J'étais non pas communiste, mais progressiste. Aron symbolisait pour moi la droite et la réaction. Il était d'abord – abomination ! – l'éditorialiste du *Figaro*. L'œil bleu, narquois, il me posa quelques questions distraites et distantes sur mes études. Il ne m'invita pas à repasser le voir. En fonction de mon agressivité juvénile mais brutale – je me souviens de l'avoir traité de *wicked,* méchant, presque pervers – « au sens russellien ». Il aurait pu me mettre à la porte. Il attendit patiemment que la tasse fût vidée et le dernier biscuit croqué.

A froid, maintenant, j'ai la conviction d'avoir manqué une extraordinaire occasion. Si j'avais écouté et lu plus soigneusement Aron, je me serais, avec tant d'autres, épargné beaucoup de temps perdu face au communisme. D'autant plus qu'Aron était un des rares penseurs français à s'être nourri d'abord de philosophie, surtout allemande, puis d'économie, surtout anglo-saxonne. Il aurait pu m'aider tellement mieux que Sartre à concilier des contradictions pressantes et mal digérées. Aron est un scientifique assez pessimiste. Sartre fut toujours, avant tout, un littéraire plutôt optimiste.

Pour me garder à bonne distance d'Aron, il y avait aussi en lui ce côté bourgeois, complet trois-pièces, un je-ne-sais-quoi de trop parfaitement convenable qui me rebutait. Peut-être parce qu'il n'en parlait guère, il me sembla alors, comme longtemps après, que, tenu par les idées générales, il ne s'intéressait pas à la vie, aux malheurs quotidiens et particuliers des hommes, des opprimés de tous les continents. Aron y pense, mais il écrit d'abord pour les gouvernants, pas pour les gouvernés. Hormis deux rencontres je ne le revis plus avant de le retrouver à *L'Express* en 1977.

Dans les années 50 et 60, on ne pouvait être dans la mouvance de Sartre *et* dans celle d'Aron. Pour ainsi dire, il fallait choisir.

Les présentations à Sartre furent très différentes. Ce dernier, adroitement, décida de nous inviter à déjeuner, Anne-Marie et moi. Il sentait que la présence de Rirette fausserait un peu les cartes. Le Castor, précisa-t-il, se joindrait à nous. Il disait parfois en riant : « Attention au Castor, elle pourrait dévorer Anne-Marie... »

Avec amusement, Anne-Marie appelait Sartre « Mon bon tuteur ». Il ne veillait pas de près aux études des enfants Nizan. Mais, en cas de coup dur, on savait qu'il serait là : qui fera plus que lui pour défendre la mémoire de l'homme Nizan et pour faire rééditer et relire l'écrivain dans les années 60 ?

En 1948, à quarante-trois ans, Sartre baignait dans la célébrité. C'était l'année des *Mains sales* et de *Situations II*. Il était, sans aucun doute, le penseur français le plus connu, le plus influent dans le monde littéraire. Même ses adversaires le reconnaissaient avec toute la fureur de leur incompréhension. L'œuvre de Sartre, et même après deux années passées en Grande-Bretagne, à Londres et à Cambridge, j'en étais conscient, avait une plus ample variété que celle de n'importe quel autre homme de lettres : on trouvait déjà à son actif un traité de métaphysique, des études de psychologie, des nouvelles, des romans, des pièces, des essais littéraires et politiques. Pour illustrer sa pensée, il employait tous les genres, la poésie exceptée. Il y avait de quoi intimider un garçon de dix-neuf ans peu sûr de lui.

La passion de Sartre pour le mot imprimé rappelait celle de Voltaire. Je classais Voltaire parmi les empiristes et Sartre avec les rationalistes. Les ressemblances ne tenaient pas tant aux présupposés théoriques de leurs écrits qu'à leurs attitudes devant la chose écrite. Russell leur ressemblait, de loin. Sartre et Voltaire avaient en commun la conviction que la littérature était une partie de la vie, et non pas l'inverse, encore que Sartre mît bien vingt ans à s'en convaincre. Ils avaient une haine fondamentale, arrogante parfois, de l'hypocrisie, surtout littéraire. Quoi qu'en dise Sartre, qui variera sur cette question, ils étaient humanistes, en ce sens qu'ils détestaient la cruauté et la stupidité aussi bien que le sentimentalisme et les sentiments pompeux. Ils avaient, l'un comme l'autre, un immense talent de polémiste servi par un superbe humour. Conservant toutes mes méfiances philosophiques, je ne pouvais pas ne pas admirer en Sartre, au-delà du philosophe dont je fuirais toujours la pensée, l'artisan des mots. Insidieusement, quand Olga disait sans dureté à Hugo, dans *Les Mains sales : Tu parles trop... toujours trop. Tu as besoin de parler pour te sentir vivre,* Sartre me parlait. Il me semblait déjà – ce sera ma permanente conviction, ma monumentale erreur selon les sartriens – que Sartre n'était pas d'abord le successeur, réussi ou dévoyé, de Hegel, de Marx et de Heidegger, le critique de la psychologie classique et de la psychanalyse. Il était avant tout, mot atroce pour les sartrologues, un artiste. Ceux qui écrivent *sur* Sartre l'oublient neuf fois sur dix, mais non pas ses lecteurs.

Donc, nous allâmes chercher Sartre chez sa mère, Mme Mancy, au 42 de la rue Bonaparte. L'appartement, petit, donnait sur la place Saint-Germain-des-Prés. Des fenêtres, on apercevait l'église et le Café des Deux Magots. Sartre finissait de recevoir un visiteur. Nous attendîmes un quart d'heure avec Mme Mancy. Charmante, elle était grande, se tenait droite sur ses chaises Louis XV, répandant autour d'elle un parfum de poudre de riz dans une lumière violette et bleue. Il me fallut quelques minutes pour saisir qu'en parlant de « Poulou » elle s'intéressait à son fils. Je crois que, jusqu'à la fin de sa vie, heureuse d'avoir mis au monde ce prodige, elle garda quand même l'étonnement de la poule qui a couvé un canard. Pour elle, il restait un éternel étudiant. Elle s'amusait de ses frasques. Elle sentait bien que le Castor serait l'ancre durable. Aux yeux de la mère de Sartre, Simone de Beauvoir était la stabilité. En prime, cette céleste épouse laissait au fils toute liberté de voir sa mère longuement. L'œuvre de Poulou dépassait un peu Mme Mancy, mais elle comprenait assez bien l'homme. Plus tard, elle aurait une mine attendrie pour expliquer comment Poulou s'était embrouillé dans le paiement de ses impôts. Elle dut lui donner ou lui prêter une dizaine de millions pour payer son percepteur, ce qui lui fit extraordinairement plaisir.

Nous passâmes dans le bureau, minuscule, tapissé de livres, enfumé par les Boyards sur lesquelles Sartre tirait avec constance quand il ne suçait pas sa pipe. Ainsi, c'était lui le grand homme. J'étais méfiant, mais je fondais. Je n'étais pas prévenu : j'avais vu des photos de lui, mais je n'imaginais pas à quel point il était petit. Tout, en lui, était rapide, chaleureux. On me l'avait assez dit chez les Nizan : il louchait comme Paul-Yves, qui avait un strabisme convergent. Celui de Sartre était divergent. Il dira plus tard, coquettement, que son strabisme faisait de son visage une terre en friche, alors que celui de Nizan était agréable. Pour Nizan, je ne sais. Celui de Sartre n'a jamais gêné que certains journalistes de *Minute.*

Il avait dans tout le visage une intelligence et une malice qui supprimaient le reste, la peau froissée, les boutons lorsqu'il en avait, les coupures. Pour certains, Sartre était laid comme un crapaud. Pour d'autres, beau. Lui, ne se trouvait pas beau, mais il connaissait assez bien son charme, qui était l'essentiel. La bouche était sensuelle et très mobile. Ce jour-là, il portait un complet sombre croisé et une cravate club. Il soulignait certaines de ses phrases, fendant l'air après avoir sorti sa main, courte et même courtaude, de sa manche, lançant entre deux bouffées de cigarette de fréquents :

« Absolument ! »

Il savait mettre à l'aise son interlocuteur, parlait de tout avec naturel ou faisait admirablement semblant. Il serait le témoin d'Anne-Marie à son mariage. Elle y tenait : il avait été celui de son père. Sartre nota le lieu et l'heure. Il devait, de temps en temps, penser que ce mariage était au mieux imprudent, mais il n'en dit rien. Quelques années plus tard, quand nous en reparlerons, il me dira qu'il le comprenait, et même l'approuvait malgré toutes les difficultés prévisibles.

« A des familles difficiles et compliquées comme les vôtres, à vous et à Anne-Marie, affirmait-il, on n'échappe qu'en créant une autre famille, sans remords. »

Sartre, éternel vieux garçon célibataire, gai polygame, ne chercha jamais à ériger son mode de vie en système universel. Il admettait fort bien, même si lui n'en éprouvait ni le besoin ni l'envie, qu'on veuille se marier et avoir des enfants. Là, il était tout à fait tolérant. Alors qu'Aron avait, selon moi, laissé paraître son scepticisme sur l'opportunité de ce mariage qui devait quand même durer vingt-trois ans, Sartre eut le bon goût ou l'élégance de prendre ce projet pour une excellente idée.

Simone de Beauvoir arriva vers treize heures trente. Je la trouvai belle, un peu sévère : presque malgré elle, elle semblait souvent être membre d'un jury. Il m'aura fallu du temps pour m'apercevoir qu'elle est timide, même si elle ne veut pas toujours le reconnaître. Elle portait joliment son chignon et un tailleur de tweed. Elle avait décidé que nous déjeunerions dans un restaurant breton, vers Saint-Placide. Nous dévalâmes le petit escalier, traversâmes la place. Pour gagner du temps, Sartre voulut qu'on y allât en taxi. Il n'y avait que quelques centaines de mètres à faire.

Au restaurant, Sartre s'étonna : je ne buvais pas de vin. Qu'est-ce que ça signifiait ? Je n'en avais pas la moindre idée. Sartre décréta que cela avait un sens profond, qu'il ne trouva d'ailleurs pas sur-le-champ. J'hésitai, je crois, sur le choix d'une andouillette. Sartre était courbé, souple. Le Castor, droite, raide sur sa chaise. La commande prise, la conversation tomba sur Malraux. Pour me défendre, j'avais fort envie avec Sartre, comme avec Aron, de me montrer agressif. Je n'y parvins pas vraiment. Ou Sartre savait-il très bien désamorcer mes tentatives ? J'étais fasciné par Malraux. Donc, de lui aussi je voulais me débarrasser. Il me semblait qu'il avait eu une certaine influence sur Sartre. N'y avait-il pas une filiation directe entre *La Condition humaine* et *L'Etre et le Néant* ? Malraux n'abordait-il pas les thèmes de l'amour, de la sexualité et de la mort comme Sartre ? Je me souvenais de certains fragments sur le *faire* et l'*être* dans Sartre et de quelques échos de *La Condition humaine* : *Un homme est la somme de ses actes, de ce qu'il fait, de ce qu'il peut faire.*

Je venais de lire *La Tentation de l'Occident.* Je me mis à attaquer Malraux.

« Ce n'est pas son meilleur livre, dit Sartre, indulgent. Le genre épistolaire, surtout quand on est des deux côtés, n'est pas d'une sincérité absolue. »

En effet, les échanges entre Ling et A.D. ont une tonalité aussi grandiose que fausse. Je lançai :

« Il y a un élément fascisant chez Malraux, en tout cas dans ses personnages, son occidental et son oriental indifférenciés...

– Vous allez un peu vite, dit Sartre. Malraux aime les aventures, mais il n'est pas fasciste. Il aime les héros, ce n'est pas la même chose. »

Je jugeais agaçante la manière fort cryptique dont A.D. et Ling parlaient de l'Europe, de l'Asie, de la Grèce, de Rome, de la Chine, du christianisme, du bouddhisme, de l'art et des femmes. Que voulaient dire ces discours sur la *Barbarie soigneusement ordonnée de l'Europe...* ?

« Pas grand-chose, dit Sartre. Malraux est meilleur sur l'art que sur la politique. »

Bien sûr, c'est le contraire. Mais nous étions en 1948.

Je citai Trotski : il avait vu en Malraux un sophiste travaillant pour des clients exaltés.

« Il a l'aphorisme facile... et pas toujours clair ou convaincant », dis-je.

Délicatement, Sartre me fit remarquer qu'un aphorisme était rarement d'une aveuglante clarté. Un peu avant les crêpes du dessert, nous parlâmes de l'Angleterre. Le Castor la connaissait mieux que Sartre et s'intéressait plus à sa littérature. Elle posa des questions au sujet des poètes des années 30, Spender, Auden, MacNeice. Ni l'un ni l'autre n'aimait *Meurtre dans la cathédrale,* pourtant la meilleure pièce d'Eliot. Je découvris que ni Sartre ni le Castor n'avait lu la poésie d'Eliot. Ils ne s'intéressaient guère, me sembla-t-il, à la poésie.

Pour moi, il y avait pis : à l'évidence, Sartre n'avait pas la moindre idée de ce qui se passait en Angleterre dans le domaine philosophique. A peine avait-il entendu parler de Wittgenstein. J'en parlai. Sartre disait : « oui », « oui », avec la politesse qu'il aurait eue face à une vieille dame. Au demeurant, Sartre n'était pas plus insulaire que la plupart de ses compatriotes : l'énorme pavé de *L'Etre et le Néant,* paru en 1943, fut traduit et publié à Londres en 1957, alors que le *Tractatus* très court, paru en 1922, attendra 1961 pour sortir à Paris. Paris est près de Londres. Londres, Oxford et Cambridge sont fort loin de Paris.

C'était l'occasion de commencer à placer la critique d'Ayer. Sartre en avait entendu parler. Du moins, le dit-il. Toujours courtois !

Le Castor s'agitait sur sa chaise, manifestant un je ne sais quoi d'impatience outragée. On devinait que, pour elle, c'était une perte de temps d'évoquer Ayer, ce vermisseau ! Joyeusement, lui, Sartre me déclara plus tard :

« Ayer est un con ! »

C'était Descartes parlant des commentaires de Hobbes. Dans le langage plus poli de l'époque, Descartes disait simplement que ce monsieur Hobbes n'était pas philosophe. « Con », « pas philosophe » : deux méthodes pour ne pas répondre à des arguments. Sartre a rarement lu ses critiques ou ses commentateurs. Quand on le lui reprochait, il objectait qu'il n'avait pas le temps de les lire, ou que, en les lisant, il découvrait des paraphrases de sa pensée ou des déformations. Il n'avait besoin ni des uns ni des autres. Qu'il s'agît d'Aron ou du plus lointain critique américain, il avait la même réponse. Une fois, j'ai essayé, mais en vain, de lui faire parcourir un petit livre d'Iris Murdoch qui, avant de devenir romancière, fut philosophe. Je l'avais rencontrée à Cambridge. Elle établissait des parallèles originaux entre phénoménalistes anglais et phénoménologues français, mais Sartre n'avait pas de minutes à perdre. Et moi, je reste convaincu qu'il avait du mal à lire l'anglais, certainement beaucoup plus que le Castor. Enfin, si disposé qu'il fût à changer ses points de vue *dans son système,* il n'était sûrement pas prêt à entrer dans celui des autres, encore moins à y incorporer une portion de l'empirisme.

Simone de Beauvoir se montra nettement plus distante ou réservée que Sartre pendant cette première rencontre, mais je fus frappé par leur inégalable complicité. Ils semblaient penser simultanément même lorsqu'ils me paraissaient se tromper. Ils étaient comme de bizarres coureurs d'idées qui n'avaient pas besoin de se repasser le témoin pour poursuivre la course. Ils embrayaient, enchaînaient l'un sur l'autre comme je ne l'ai jamais vu faire par aucun couple au monde. Ce frère-sœur siamois pouvait être un peu terrifiant. Chaque fois que je les verrai ensemble, mon étonnement resurgira. A la limite, Simone de Beauvoir était capable de terminer une phrase commencée par Sartre, et inversement. Il y avait même une sorte de phénomène de mimétisme dans leurs voix éraillées. Sartre était plus aventureux qu'elle dans ses jugements. Il finissait presque toujours par entraîner le Castor. Elle se taisait souvent en sa présence, car il avait tendance à monopoliser la conversation, machistement. A quoi bon intervenir, d'ailleurs, puisqu'elle reconnaissait sa propre voix dans la sienne ? Impressionnant. Comme était touchante leur manière de se vouvoyer en public jusqu'à la mort de Sartre.

Une phrase surnage de cette première rencontre. Sartre, toujours rapide, parfois imprudent dans ses jugements, m'avait dit :

« Vous, vous fuyez votre subjectivité. »

Quelques jours plus tard, Sartre arriva sagement, et à l'heure, devant la mairie du VIe arrondissement de Paris, place Saint-Sulpice. Il s'installa dans son fauteuil. Ebloui par ce témoin, le maire se lança dans un discours grandiloquent qui cherchait à résumer la pensée littéraire contemporaine. Le regard de Sartre devait se perdre vers le buste de Marianne. De plus, le maire commettait une gaffe : mon témoin était Claude Sernet, un peu moins célèbre que Sartre. Lui n'inspirait pas le maire. Dans mon dos, je sentais le regard désapprobateur et vexé de mon témoin. Je l'avais recruté pour tenter de me concilier ma mère. Bonne communiste encore, elle désapprouvait toujours ce mariage avec la fille du traître Nizan : le Parti communiste, avec Aragon, transformait le père d'Anne-Marie en flic. Jusqu'au dernier moment, ma mère me refusa le ticket de métro dont j'avais besoin.

Le discours et les formalités terminés, il y eut une bousculade. Beaucoup d'assistants, comme mon témoin, tenaient à se faire présenter... au témoin de la mariée. Sartre s'exécuta avec l'amabilité qu'il montrait lorsqu'on lui quémandait des autographes, ou, plus bizarrement, si on lui demandait, dans la rue ou ailleurs, s'il était bien Sartre. D'avance il avait prévenu qu'il n'allait jamais dîner ou déjeuner chez les gens, ce qui était exact. Ayant bavardé un temps raisonnable sur le palier du premier étage de la mairie, il s'esquiva, non sans avoir glissé à la mariée une enveloppe. Elle contenait un chèque de 50 000 anciens francs. Une fortune pour des étudiants ! Sartre nous a toujours dit qu'il ne fallait pas hésiter à le taper. Je ne l'ai jamais fait. J'en garde une vaine fierté. Je voulais bien lui être redevable de beaucoup de choses, mais pas de l'argent.

« Quand vous reviendrez d'Angleterre, venez nous voir aux *Temps modernes,* dit-il. Vous pourrez nous faire des articles sur ce qui se passe là-bas. »

Lorsqu'il s'agissait d'affaires de ce genre, Sartre disait souvent « nous ». Bien entendu, je ne savais pas que ce Sartre allait jouer un certain rôle dans ma vie. Mais j'étais assez content de mon petit grand homme.

Je passai trois années à Cambridge. De retour en France, ne sachant plus si j'étais britannique ou français, je préparai l'agrégation d'anglais après avoir rédigé un diplôme d'études supérieures sur le thème de la mort chez T.S. Eliot. Pas une seconde, alors, il ne me vint à l'esprit que l'obsession de la mort chez Nizan pût avoir un lien, même ténu, avec ce curieux sujet.

Pendant quelques années, de 1951 à 1969, j'allais rencontrer Sartre de deux manières. En tête-à-tête, de préférence au cours d'un déjeuner auquel Simone de Beauvoir, hiératique et à peine souriante, assistait souvent en partie. Et pendant certaines réunions des *Temps modernes*.

Ces dernières, du moins celles qui m'y voyaient, se tenaient dans le bureau de Sartre, rue Bonaparte. J'étais heureux d'y participer. Sartre restait derrière son bureau surchargé de manuscrits, plaisantant beaucoup, sollicitant en apparence des avis dont il n'avait que faire. Devait-il se rendre au congrès de Vienne des Combattants de la paix ? Les arguments s'alignaient. Sartre fumait ses Boyards. Il approuvait. Il contrait. Mais, au fond, il savait fort bien à quoi s'en tenir. Sa décision était prise. Il irait, avec les résultats désastreux que l'on sait.

Il y avait au moins une dizaine de personnes dans cette pièce minuscule, pas toujours les mêmes.

Maurice Merleau-Ponty, profil romain, hautain, affectait le genre je-ne-parle-pas-pour-ne-rien-dire et comment-se-fait-il-que-je-sois-ici-moi-à-égalité-avec-ces-larves ? Important, il en imposait à beaucoup et à Sartre lui-même. Sartre le respectait plus qu'il ne l'aimait. Un jour, il me dit qu'il n'avait pas déjeuné avec Merleau-Ponty depuis dix ans. C'était quand même un « signe ». Cela n'empêchera point Sartre, après avoir avalé beaucoup de tubes de Corydrane, d'écrire un article fort louangeur sur Merleau-Ponty : il avait en effet de l'inconstance dans l'amitié et des constances dans l'inimitié. Avec Merleau-Ponty, il fut très ambigu. Ils connaissaient leurs communes ficelles. Complices en phénoménologie, ils se tenaient, se marquaient comme de vieux amants, toute passion éteinte. Ils se tutoyaient. Je crois bien que Merleau-Ponty était le seul dans ce cas. Sartre a écrit : *Nous étions des égaux, des amis, non pas des semblables...* Telle était donc l'image qu'il souhaitait laisser.

Entre eux, il y avait un je ne sais quoi de parfaitement honorable, qui n'a pas encore été éclairci. Je soupçonne Merleau-Ponty d'avoir été jaloux de la gloire littéraire de Sartre comme de la notoriété du Castor. Merleau-Ponty, jouant volontiers les surhumains, s'accommodait mal des éclats de ces deux-là, et préférait se réfugier dans des silences épais ou de sombres abstractions. Sartre termina sa très longue nécrologie en refusant justement de terminer :... *Il est vrai aussi que c'est nous, nous deux qui nous sommes mal aimés. Il n'y a rien à conclure, sinon que cette longue amitié ni faite ni défaite, abolie quand elle allait renaître ou se briser, reste en moi comme une blessure indéfiniment irritée.*

Merleau-Ponty, en tout cas, était beaucoup moins bavard dans les réunions des *Temps modernes* que dans ses livres, qui me paraissaient, tous, insupportables. Il lui arrivait, me semblait-il, d'être moins tolérant que Sartre avec les communistes. Je ne lui voyais aucun autre mérite. Merleau-Ponty me déplut vite, aussi, par sa manière condescendante de parler de l'école empiriste pour laquelle il professait un mépris qui n'avait d'égal que son ignorance. Son insularité, à lui, n'avait pas l'excuse de l'originalité littéraire.

Après la mort de Merleau-Ponty, Sartre écrivait : *La mort est une incarnation comme les naissances. La sienne, non-sens plein d'un sens obscur, réalise, en ce qui nous concerna, la contingence et la nécessité d'une amitié sans bonheur.* Voilà bien du Sartre. Qu'est-ce, cette amitié sans bonheur, sinon une allergie mêlée d'intérêt ?

Il y avait également chez Merleau-Ponty un côté

officier de réserve qui accomplirait avec conscience toutes les périodes légales dans l'espoir de finir colonel. A l'époque, il m'irritait. Dans cette assemblée plutôt bohème de francs-tireurs, il détonnait par son aspect conventionnel.

Aussi ampoulé que Merleau-Ponty, mais encastré dans des silences professionnels, Pontalis, psychanalyste, ponctuait des pauses trouées de remarques brèves et floues qui évoquaient les interventions à l'endroit de ses patients : Ce qui vous fait penser à quoi ? Et puis ? Oui et alors... ?

Jean Cau, alors secrétaire de Sartre, visage et brosse aigus, se taisait le plus souvent. Depuis que Sartre et lui se sont séparés, convenant de ne rien dire de leurs rapports, il est de bon ton de couvrir Cau d'insultes politiques : il a pris des positions jugées « de droite » par la plupart des sartriens. Cau est assez grand (et méchant) garçon pour se défendre seul, le jour venu. Je voudrais seulement dire ici qu'il était un secrétaire d'une extraordinaire discrétion : *secret*-aire, dirait un lacanien. Il ne daubait pas dans Paris. En privé, Sartre lança contre lui de nombreuses accusations dont certaines étaient peut-être légères.

« Cau s'est mis à la porte lui-même. Je ne l'ai pas mis à la porte, disait-il. Je ne suis pas un patron. »

Cau n'était pas traité comme un membre de la famille. Mme Mancy, parlant de lui, disait non pas « Jean » ou « Cau », mais « le secrétaire ». La famille ne le trouvait pas assez intellectuel et philosophe. Il ne jargonnait pas. Beaucoup de sartriens lui en veulent aujourd'hui parce qu'il avait du talent. Et parce qu'il eut aussi le courage de quitter l'orbite sartrienne. Entre Sartre et Cau, il y a une page de la petite histoire littéraire qui ne sera peut-être jamais écrite. Pour ma part, si je n'ai jamais entendu Cau dire des choses déplaisantes sur Sartre, l'inverse n'est pas vrai. Sartre a, je crois, profondément blessé Cau. Il fut un temps où il semblait que, sur n'importe quel sujet, il suffisait de savoir ce que Sartre en penserait et de prendre le point de vue diamétralement opposé pour imaginer d'avance l'article de Cau dans *Match*. Plus l'un était « progressiste », plus l'autre devenait « réactionnaire ».

Affaire de fils rejeté par son père ? En tout cas, Cau a eu le mérite de s'affranchir totalement de Sartre, de couper entièrement le cordon ombilical.

Ce que ne fit jamais Jacques-Laurent Bost. A cette époque, il avait de l'humour, écrivant dans *Les Temps modernes* des papiers féroces. Il se passait déjà du beurre de cacao sur les lèvres, souriant gentiment – ce qui était étrange, puisque Bost n'était pas gentil. D'où cette veine boudeuse, maussade, hargneuse, chez lui. Elle peut, à vingt ans, conférer un côté beau ténébreux, mais, passé la trentaine, elle devient lassante. A cinquante ans, elle n'est plus supportable. Bost sombra dans l'admiration illimitée, sans frontières, de Sartre et du Castor. Il avait transféré son protestantisme au communisme : le P.C.F., comme le Dieu de Calvin, était bon, même lorsqu'il paraissait fort méchant. Avec Bost, pendant vingt ans, toute discussion serait impossible.

Déjà, il consommait beaucoup d'alcools, de poire ou de mirabelle. Les verres circulaient entre les cendriers pleins de mégots du bureau de Sartre. Bost avait l'affection des uns et des autres, à en étouffer : ce qui se produisit pour son talent.

J'ai toujours été convaincu que Bost a été non pas tué, mais pulvérisé par Sartre et le Castor. Sartre protestait. En 1980, il expliquait :

« Pas du tout. Bost avait envie d'être écrivain, d'avoir écrit. Pas d'écrire. Ce n'est pas du tout la même chose. Il n'aime pas écrire. Il faut aimer ça. »

Je n'en suis pas convaincu. Membre de la famille, morose, timide et agressif, Bost, éternel quarante-huitard râleur qui tolère toujours mal qu'on dise le moindre mal du P.C.F. s'il n'a pas commencé lui-même, Bost, bourré de talent à trente ans, de doute à quarante, d'amertume à cinquante, vécut trop près de Sartre pour lui échapper. Je l'imagine se disant au fil des jours : « Je ne pourrai jamais faire mieux que Sartre ou aussi bien que le Castor. » Merveilleux alibi pour ne rien faire du tout. O le nombre des petites ou des moyennes planètes de la taille de Bost qui se sont écrasées sur le soleil Sartre ! Non, pas du tout, pense le Soleil, sincèrement. Elles ont été réchauffées. Puis elles ont fondu. C'est tout. Au nom de leurs libertés, si vastes et si douillettes. Sartre était aussi un homme formidablement dangereux. Paris est plein de ses cadavres, de ses blessés. Les meilleurs, du moins les plus doués, de Camus à Cau, se sont presque tous éloignés de lui. Bost me paraît un assez bon exemple de l'influence contestable que Sartre et le Castor pouvaient avoir dans certains cas : après avoir été l'élève de Sartre, après avoir écrit un petit livre distrayant, *Le Dernier des métiers,* et, sous des pseudonymes, quantité d'ouvrages de commande, Bost écrivit aux *Temps modernes.* Puis il devint critique de cinéma à *L'Express,* avant de rejoindre *Le Nouvel Observateur,* en 1964. Là, il ne cessa de geindre. Il avait été engagé comme reporter. Il termina dans le rewriting, se plaignant, en permanence, de la direction et des orientations du journal, toujours trop à droite à son sens.

Pour l'action, Bost me semble surtout marqué par deux faits. Il n'a pas été en Espagne, dans les Brigades internationales, comme il se le proposait. Il n'a pas vraiment participé à la Résistance. Au fond, il est négation perpétuelle. Il est existence parvenant au néant. Il fut aussi, étrangement, le contraire de Sartre, l'optimiste, qui eut pour lui, jusqu'à la fin de sa vie, une tolérance infinie et amusée. Bost, me semble-t-il, aurait dû fuir Sartre dès son arrivée à

Paris. Bost ou le fils tué par son père ? Je le croirais volontiers.

Francis Jeanson était plus attirant, même si, lui aussi, versait, comme Merleau-Ponty, dans les concepts mal définis. Il avait déjà l'auréole du spécialiste de la pensée de Sartre que, depuis, Sartre lui a un peu retirée. Il avait une passion communicative pour le tiers monde. Je ne fus pas surpris de le voir débarquer chez moi plus tard, à l'époque de son réseau d'aide aux Algériens.

Parmi les militants, Colette Audry, J.-H. Roy et Claude Lefort ressortaient, tranchant, la première par une conviction féministe, le dernier par une rigueur critique qui égratignait et agaçait Sartre. Le plus virulent ou vigoureux sur cette lancée était Roger Stéphane. Sa voix était encore plus rouillée que celles de Sartre et du Castor. Déjà anticommuniste et potentiellement gaulliste, il devait se séparer de Sartre, qui aura avec le Général une espèce de querelle personnelle dépassant de loin le mépris que l'écrivain vouait aux militaires.

Sans le connaître, j'aimais Jean Pouillon qui, entre la questure de l'Assemblée nationale, l'ethnologie et *Les Temps modernes,* menait une vie modeste et, semble-t-il, fort méditative. Il n'avait pas, comme tant d'autres, des opinions à l'emporte-pièce. Ainsi, François Erval, tête renversée en arrière, menton altier, distribuait des bons points avec l'assurance de Dieu le Père : « Graham Greene n'est pas un romancier. Le seul, le vrai roman, c'est le Nouveau Roman. Orwell ? Qu'est-ce qu'il y a d'important chez Orwell ? »

Plus tard vinrent le chaleureux Claude Lanzmann, et le toujours étrange Gorz, sa trinité : de son vrai nom, Gérard Horst; à *L'Express,* puis, plus tard, au *Nouvel Observateur,* Michel Bosquet; et, en littérature, André Gorz. Déjà, chaque jour, il annonçait la fin du capitalisme mondial et français pour le surlendemain, à 3 h 33 précises. Il influençait Sartre, lâchant des chiffres, tous braqués dans la bonne direction. Comme personne, absolument personne, à l'exception de Lefort, peut-être, n'avait les plus élémentaires connaissances d'économie, Gorz-Horst-Bosquet pouvait pratiquer librement un terrorisme économique d'autant plus accepté qu'il correspondait au progressisme et aux vœux ambiants. Gérard m'a souvent étonné. En refusant, malgré ses positions de principe, d'accepter des valises à l'époque du réseau Jeanson, ce qui introduisait une regrettable fêlure entre la pratique et la théorie. En refusant toujours d'offrir et de payer un café, où que ce fût. Récemment, en faisant ses adieux au prolétariat, mais, sans jamais vraiment le dire, au marxisme aussi.

Si Bost était, en fin de compte, une coquille vide, une tendresse desséchée, Horst, à l'usage, paraissait presque trop plein, ramassant tout au passage pour se remettre des petites déceptions que nous causèrent aussi bien le bolchevisme russe que le stalinisme vietnamien. Gérard, avec sa tête d'œuf et cet étrange sourire qui coupe en deux son long visage d'inquisiteur, a récupéré pour la gauche non communiste classique, qui avait besoin d'un lifting, aussi bien l'écologie qu'Illitch ou les médecines douces. Gérard, s'il était, lui, médecin, parviendrait à supprimer son propre mal de dos, mais jamais celui de ses malades.

Quand la Bombe tombera, le seul survivant sera Horst-Gorz-Bosquet. Je ne sais comment. Lui, il le sait.

Renée Saurel et René Guyonnet assuraient les chroniques de théâtre et de cinéma. Il fallait quand même bien parler de cinéma, de théâtre et de littérature. Hélas ! aux *Temps modernes,* on évoquait beaucoup plus les questions de géopolitique.

C'était fort amusant. Dans ses Mémoires, Simone

de Beauvoir dit : *Nous passions le monde en revue et nous faisions des projets.* Sans doute, mais comment ? Pour les projets, Sartre et elle en avaient, et de très sérieux ou productifs. En moins de dix ans, Sartre écrira *Le Diable et le Bon Dieu, Saint Genet comédien et martyr, L'Affaire Henri Martin, Kean, Nekrassov,* presque toute la *Critique de la raison dialectique,* une large tranche des *Mots...* En dehors de la politique, sa vie était bien remplie. Celle du Castor aussi.

Au cours de ces réunions des *Temps modernes,* comme ailleurs, presque comme au restaurant, Simone de Beauvoir gardait une attitude en retrait : elle savait ce que valait l'aune des bavardages. Sans elle, qui lisait presque tous les manuscrits, rien ne se serait fait. Elle interrompait parfois les sorties des uns ou des autres :

« Allons... Qu'est-ce que nous faisons ? Il faut mettre ceci... »

Elle était le concret, le pratique, le lendemain : elle était vraiment le Castor. Sartre aurait eu tendance à remettre, à flotter. S'il avait été le seul à s'occuper des *Temps modernes,* la revue serait sortie une fois par trimestre, rythme insuffisant pour un mensuel.

Simone de Beauvoir – toujours le Castor pour la famille et quelques autres qui employaient ce surnom timidement, comme on entre dans la mer pour un premier bain – nous a laissé une somme incomplète sur Sartre : son portrait multiple, vivant, à travers ses volumes de Mémoires, peut-être ce qu'elle a écrit de plus satisfaisant, de plus achevé. Sartre n'a pas fait de même pour elle.

On a trop tendance à la comparer à Sartre : elle est moins romancière, moins philosophe, moins femme de théâtre – moins tout que lui, en somme. Il y a là une certaine injustice qui n'est pas seulement subjective. C'est une femme hors du commun. Qui en doute, même chez ses détracteurs? Elle me donnait une impression de raideur. Sartre avait toujours le temps. Elle semblait pressée. Elle le fut parfois pour lui. Rien d'étonnant qu'elle évoque souvent l'institutrice, l'inspectrice, l'examinatrice. Elle a veillé sur Sartre, passant avec lui de la rage, de l'angoisse et de la colère à une espèce de sérénité. Avant la mort de Sartre, elle eut, il y a longtemps, cette phrase si touchante : *D'une manière plus générale, je savais qu'aucun malheur ne me viendrait jamais par lui, à moins qu'il ne mourût avant moi.*

Elle donnait, sans cesse, le sentiment qu'elle allait d'un travail à l'autre. Sartre, lui, s'élançait dans un grand coup de collier, qui pouvait d'ailleurs durer des mois. A y bien regarder, le Castor s'intéressait aux gens peut-être plus en profondeur que Sartre. Elle s'arrangeait pour que cela ne se vît pas. Sa tendresse est tranquille, froide, pour certains. Jamais agitée, elle va et vient, pressée mais pas pressante. Elle surveille Sartre du coin de l'œil. Comment? Comme une mère, une sœur? Sûrement pas. Comme ce qu'elle fut : la première, la femme la plus importante de sa vie.

Attendant Sartre, un jour, avec elle dans un restaurant de la rue Saint-Benoît, je lui demandai ingénument :

« Considérez-vous que Sartre et vous, vous formez un couple ? »

Elle se redressa comme piquée par la question et son absurdité :

« Mais bien sûr! »

Sévère et libre avec lui, tendre et rugueuse, unique, ayant toujours le sens de sa place et de son importance dans l'univers sartrien, ne le coupant pas des autres, mais, parfois, l'encourageant à donner suite à des demandes, ou le décourageant de le faire, ce qui parfois revient au même. Mélange de souplesse dominatrice et de violence rentrée, d'admiration et de critique pointillistes, dans les années 50, Simone de Beauvoir, face à Sartre, évoquait pour moi la femme, l'épouse parfaite du couple bourgeois au XIXᵉ, acceptant toutes ces comètes féminines autour de son mari, parce qu'elle savait qu'elle survivrait à toutes. Dans ses Mémoires, avec beaucoup de silences, de pudeurs et de discrétions, le Castor a fait le point sur leurs rapports. On a souvent cité sa phrase sur leur amour nécessaire qui autorisait des amours contingentes, ce contrat signé entre eux quand ils étaient très jeunes. On a moins cité un passage où le Castor montre, plus que Sartre ne l'a jamais fait, les difficultés de cette politique : *Il y a une question que nous avions étourdiment esquivée : comment le tiers s'accommoderait-il de notre arrangement ? Il arriva qu'il s'y pliât sans peine; notre union laissait assez de place pour des amitiés ou des camaraderies amoureuses, pour des romances fugaces. Mais si les protagonistes souhaitaient davantage, des conflits éclataient. Sur ce point, une discrétion nécessaire a compromis l'exactitude du tableau peint dans " La Force de l'âge "; car si mon entente avec Sartre se maintient depuis plus de trente ans, ce ne fut pas sans quelques pertes et fracas dont les " autres " firent les frais.*

Je ne veux pas ragoter. J'étais trop loin pour avoir en main les différentes données. Mais, souvent, lorsqu'on déjeunait avec Sartre, le Castor, X et Y, on avait la sensation désagréable, que n'avaient sûrement pas les quatre autres, qu'il existait du côté de la famille provisoire deux classes de personnes, les « Sartre » (Jean-Paul et Simone) et les deux autres... Vieux, vrai, ancien couple, qui aurait eu la grâce de réunir les provisoires du moment. Sartre aimait souvent les bécasses. Le Castor, me semble-t-il, était plus sélective. Sartre avait une aptitude toute particulière pour éviter de se poser trop de problèmes en parcourant ses circuits. Il en souffrira une fois, durement :

quand une jeune actrice frémissante, l'une de ses longues amours contingentes, se suicida. Pour des raisons qui, je le crains, ramènent souvent à Sartre : leurs rapports s'éteignaient, elle ne jouait plus, ayant surtout eu des rôles dans les pièces de Sartre. Chavirée, bouleversée, les yeux rentrés dans des orbites creuses, elle m'expliqua tout cela dans un bistrot de la rue de l'Université quelques semaines avant sa mort :

« Sartre ne se rend pas compte », répétait-elle.

Oui, il y eut des failles, des dégats dans le système.

J'admirais Sartre qui naviguait malgré tout avec autant de bonheur et d'adresse sur ses eaux polygames.

« Comment faites-vous ?

– Je leur mens, dit Sartre. C'est plus simple et plus honnête.

– Vous mentez à toutes ? »

Sourire :

« A toutes.

– Même au Castor ?

– *Surtout* au Castor ! »

Simone de Beauvoir a écrit pieusement : *Nous conclûmes un autre pacte : non seulement aucun des deux ne mentirait jamais à l'autre, mais il ne lui dissimulerait rien.*

Il y eut, au-delà des merveilleux baux renouvelés, des mensonges nécessaires et d'autres plus contingents.

Plus que Sartre, Simone de Beauvoir a fait de la littérature un absolu. Pendant la guerre elle pensait *qu'il n'y a rien de mieux à faire sur terre que d'écrire.* Malgré qu'ils en aient, l'un et l'autre, ils l'ont toujours pensé. Mais Simone de Beauvoir a tendance à se comporter comme si elle devait, toujours, débarrasser le prochain, et, parfois, toute l'humanité, de ses idées fausses, alors que Sartre s'y prend moins rudement. Son côté rapport-de-l'expérience-individuelle-à-la-réalité-universelle était parfois fastidieux.

Ses Mémoires, quant à ses relations avec Sartre, surtout, donnent à voir, à entendre, mais nous laissent sur notre faim : sa pudeur, ici, est trop grande. Pour les partisans du dévoilement complet et de la transparence, il est même excessif.

J'ai, malgré tout, toujours été un peu gêné par Simone de Beauvoir. Pourquoi ? Je suis certain que le Castor, comme la psychanalyste Anne des *Mandarins,* a plus d'estime pour une institutrice que pour une duchesse ou une milliardaire. C'est bien et juste. Mais – comment dire ? – elle le fait trop sentir, impliquant, malgré la liberté accordée à pleines poignées à tous, qu'on n'a pas le droit d'être amusé par une duchesse ou une milliardaire. Non sans une pointe de machisme modéré et un peu de mauvais snobisme, il est encore de bon ton de la comparer défavorablement à Sartre : qu'aurait été Simone de Beauvoir sans lui ? Rien. Renversons la question : et lui sans elle ? Sans cette ancre, cette permanence ? Sartre quand même, sûrement. Mais un autre Sartre.

Jamais elle ne l'encombra. J'ai toujours, et assez facilement, séparé Sartre de ses livres. J'ai du mal à distinguer Simone de Beauvoir de son « œuvre ».

Il est difficile d'être juste avec elle sans être injuste avec Sartre. Horrible machisme, encore : on se dit que si Sartre ne l'y avait poussée, elle n'aurait point écrit. Sans doute veut-elle démontrer le contraire. Sa bonne foi est totale, mais elle n'y parvient pas vraiment. J'ai aimé *Tous les hommes sont mortels, Le Deuxième Sexe,* les *Mémoires d'une jeune fille rangée.* Mais dans la suite des *Mémoires,* ce qui m'intéressa avant tout, ce fut Sartre et Nizan. *La Force de l'âge* et *La Force des choses* faisaient, font encore Journal intime trop délayé, tournant au catalogue des scènes du trio, des déboires de Bost, au Guide vert ou bleu des voyages et des excursions de deux profs. Je n'ai rien contre, rien pour non plus. Sartre et le Castor ont voulu se faire excuser d'avoir vieilli très tard. Parfait. Etait-il indispensable de raconter ce lent mûrissement par le menu ? Parfois Simone de Beauvoir s'y emploie sur un ton défensif ou apologétique souvent irritant.

Sartre affirme, en théorie, au moins, qu'on peut tout dire, qu'on doit tout dire. Ecrivain et gourou de l'époque, il a fait de lui-même un personnage qui ne pouvait plus avoir une vie publique et une autre privée. Non seulement il a accepté que le Castor le décrivît longuement, mais il l'y a vivement encouragée. Je crois qu'il était convaincu que ces *Mémoires* étaient ce qu'elle avait réussi de mieux. Ainsi, il a laissé faire indirectement, en pointillé, sa biographie, tandis qu'avec *Les Mots* il composait la sienne, mais sous une forme rhétorique très belle et assez peu historique. D'une certaine manière, Sartre se dérobe. Parfois, même, il fuit. Oubliant, ici, dans un hôtel, des paquets de lettres intimes, ailleurs, dans un camp de prisonniers, des carnets, là, des manuscrits ébauchés. Ce n'est pas uniquement l'agitation et le désordre d'un génie occupé. Sartre se cache ou veut se cacher.

Qu'on comprenne bien : je ne tiens pas particulièrement à savoir comment il aimait faire l'amour. Je dis qu'il y a *peut-être* une contradiction dans sa façon de proclamer que tout peut être conquis, dévoilé, et dans sa pratique qui consista à demeurer discret. Il reportait ses confessions au jour où, dans un monde enfin socialiste et réellement humain, *tous diraient tout à tous.* Pour lui, le corps et la conscience ne font qu'un et la vie sexuelle n'est pas sans importance. On peut légitimement se demander si le fameux pacte de l'*amour nécessaire* et des *amours contingentes* n'était pas, finalement, le déguisement moderne, avec léger drapé philosophique, d'une fort ancienne formule. En tout cas, elle privilégie le mâle d'un couple : ici, Sartre aux dépens du Castor.

Assez vite, j'ai exposé à Sartre qui, d'ailleurs, m'y poussait avec son habituelle gourmandise psychologique, mon petit problème : mon père avait abandonné ma mère avant ma naissance. Elle était anglaise, lui, austro-judéo-hongrois. J'étais né à Neuilly, à l'hôpital américain. Donc, j'étais français. Ma bâtardise grouillait en moi comme chez la plupart des enfants à demi légitimes. Les autres, les surnaturels, les légaux ont encore, en 1981, tendance à sous-estimer la déchirure bizarre que cet état, cette situation créent, dans le crâne des bâtards, curieusement appelés « enfants naturels ».

A vingt ans encore, je n'aimais guère soulever ce problème, même devant des intimes. Sartre eut le bon sens de débrider la plaie sans y verser de l'alcool pur. Il percevait que je me sentais fendu. Il m'aidait à recoller les morceaux. Ce genre de service, qui consiste autant à savoir écouter qu'à expliquer, il l'a rendu à combien de jeunes et de vieux ? Qu'on cesse donc de dauber sur sa vieillesse qui aurait été la gâteuse victime de quelques dizaines de gauchistes puérils.

« Votre singularité est d'être un enfant naturel », disait-il.

Mais il insistait toujours sur un fait :

« Cette situation est moins importante pour vous que vos tiraillements entre la France et l'Angleterre.

Je ne savais s'il avait raison. Mais il avait raison de me faire regarder d'un peu près les multiples bâtardises possibles.

J'en profitais, bien sûr, pour m'en prendre, brutalement, aux interprétations de Sartre lui-même sur la bâtardise, en particulier dans les brillantes mais pirouettantes exégèses de Jeanson. Jeanson s'avançait un peu vite, un peu loin. Pour Jeanson, la bâtardise symbolisait la contradiction vécue par Sartre entre sa naissance bourgeoise et son choix intellec-

128

tuel. Où était la bâtardise ? Simone de Beauvoir usait aussi de cette image, qui ne me semblait pas un simple exercice de style. Elle écrira que *le problème personnel de Sartre* était *celui du Bâtard, de l'Imposteur et du Traître, c'est-à-dire de l'Intellectuel.*

Ils jouaient avec un mot plus acéré pour moi que pour eux.

« Vous n'êtes pas bâtard du tout ! disais-je rageusement à Sartre, tenant à conserver ce titre, ce privilège.

– J'entends bien, pas au même sens, certes », disait Sartre doucement.

Il ne tenait pas particulièrement à l'interprétation de Jeanson. Pas plus à celle-là qu'à d'autres, d'ailleurs. L'amitié, chez Sartre, permettait aux amis tous les excès et tous les abus.

Sartre, le bâtard métaphysique au croisement de la lutte des classes, flic fliqué ? Je trouve encore cet éclairage totalement faux.

Sartre me paraissait dépourvu des méfiances et des tournis intérieurs caractérisant souvent, me semble-t-il, les intellectuels quand ils sont illégitimes. Les silences même sur ce sujet peuvent être tortueux : voyez Louis Aragon. Ou les hurlements : voyez Violette Leduc.

Sartre, bon enfant, bon subrogé père, plutôt, s'intéressait de temps en temps à moi en tant que bâtard. Moi, je m'intéressais plus aux personnages de bâtards chez Sartre qu'à un Sartre enrobé d'une pourpre imaginée par Jeanson, et surtout au puissant personnage de Gœtz, si bien rempli par Pierre Brasseur, tonitruant, vocalisant quand il le fallait. Nous étions tellement pris par ce chef de guerre qui, dans l'Allemagne de la Renaissance, voulait choisir librement le Bien comme le Mal ! Quand il cherchait à créer la Cité du Soleil, il échouait. Il se voulait saint et répandait la Mort. Il ne faisait que des gestes. Et nous ? Quand sortit *Le Diable et le Bon Dieu,* je n'avais pas la moindre idée des taux d'illégitimité au Moyen Age ou aujourd'hui : j'aurais été plus à l'aise dans ma peau, sachant que tant d'autres avaient le même bronzage. Je fus, comme par hasard, séduit par le personnage de Gœtz. Je l'aimais parce que je m'identifiais à lui. Je m'identifiais à lui parce que je l'aimais. J'avais vingt et un ans. Je buvais ce petit lait amer, glorieux, désenchanté, mais non dénué d'espoir. Les répliques pleines d'humour claquaient, résonnaient en moi. Je me disais : « Parmi ces spectateurs, combien peuvent comprendre ? »

J'avais le masochisme de mon âge à mon époque. J'avalais, comme si c'était moi, quasiment, qui les avais écrites, les longues phrases agressives : ... *J'ai besoin qu'on me juge. Tous les jours, à toutes les heures, je me condamne, mais je n'arrive pas à me convaincre parce que je me connais trop pour me faire confiance. Je ne vois plus mon âme parce que j'ai le nez dessus : il faut que quelqu'un me prête ses yeux...*

Comme j'étais disposé à prêter mon âme, pour examen et rafistolage, à l'auteur ! A moi seul, j'étais un mont-de-piété. Comme tout un chacun, repérant le *Mal*, je cherchais le *Bien*.

Je ne poussais quand même pas trop loin l'identification. Gœtz, disait l'archevêque, était *un bâtard de la pire espèce : par la mère.* Je me tapotais le menton. Intérieurement, je m'insurgeais quand le prélat ajoutait, comme si cela allait de soi : *Il ne se plaît qu'à faire le mal.*

Où étaient le Mal et le Bien, ces années-là, pendant la guerre de Corée ? On nous expliquait à nous, valeureux petits progressistes, qu'il faisait nuit en plein jour. Nous regardions à l'est les étoiles en carton. Gœtz avait raison de clamer qu'*au crépuscule, il faut avoir bonne vue pour distinguer le Bon Dieu du Diable.*

J'étais un peu troublé par le problème des deux

camps. Devant l'affaire de Corée, je me posais, oh ! bien vaguement, quelques questions sur les communistes. Quand Heinrich, prêtre, disait à Nasty, chef paysan, que je voyais en commissaire de l'autre côté du 38e parallèle : *Si tu veux libérer tes frères de l'oppression et du mensonge, pourquoi commences-tu par leur mentir ?*

J'en remettais dans l'interprétation : *Bien sûr que les bâtards trahissent : que veux-tu qu'ils fassent d'autre ?* Moi aussi, le Franco-Anglais, j'allais être *un agent double.* Comme j'étais fait *de deux moitiés qui ne collent pas ensemble !* Ce n'était pas moi qui allais avaler la distanciation ! J'oubliais un instant qu'il s'agissait du Moyen Age, pas des Français ou des Coréens.

C'est un des avantages des grandes machines de Sartre, de son théâtre, en somme très classique – certains diraient pompier : quand il ne colle pas à aujourd'hui, on replonge dans le passé qu'il décrit, et, s'il y tient, on est ravi. Sartre joue sur les deux tableaux, s'il ne gagne pas toujours sur l'un comme sur l'autre. Ses pièces de théâtre, du moins celles à grand spectacle, *Le Diable et le Bon Dieu, Kean, Les Séquestrés d'Altona* furent un peu, toutes choses inégales, d'ailleurs, mes westerns.

Je dégustais les répliques, entendues, ou imprimées, comme on savoure un grain de piment dans un couscous :

Catherine (maîtresse de Gœtz).
Et pourquoi faire le Mal ?
Gœtz
Parce que le Bien est déjà fait.
Catherine
Qui l'a fait ?
Gœtz
Dieu le Père. Moi, j'invente...
Qu'est-ce que ça voulait dire, au juste ? Qu'impor-

tait ! Qu'importe ! C'était drôle et rapide. Je n'allais pas me gâter mon plaisir.

Gœtz m'expliquait que le bâtard était un traître. Ça ne me convenait pas. Puis cela me convenait, un instant. Trahirais-je l'Angleterre avec la France ou vice versa ? Les deux. Parfait !

Je dégustais encore mieux les longues tirades sur la bâtardise. Je n'allais pas jusqu'à vouloir faire le Mal. En quoi aurait-il consisté ? A qui pouvait-on le faire ? Comment ?

Je glissais de la morale à la littérature. Pour voir *quelques bains de sang* j'allais attendre quelques années. Cela viendrait quand je serais journaliste. Le ketch-up sur la scène du Théâtre Antoine ne me trompait quand même pas.

Printemps de 1952. Nous avons rendez-vous avec Sartre chez lui. Entre Anne-Marie et moi, il pose un exemplaire de *Saint Genet comédien et martyr*. Il reprend le livre, le soupèse à plat sur une main.

« Ça fait près de six cents pages », dit-il fièrement, d'un ton presque enfantin, en nous l'offrant.

Il précise :

« Ça devait être une courte introduction aux œuvres complètes de Genet. Quand Gallimard a vu le manuscrit... ! Ils ont failli avoir une syncope. »

Polisson qui a fait une farce réussie, Sartre est content d'avoir choqué son éditeur, ravi d'avoir terminé un livre de plus, heureux qu'il soit si gros. Il dira même :

« ... Et c'est serré ! »

En effet, à quarante-cinq lignes de soixante-cinq signes multipliés par cinq cent soixante-dix-huit pages, cette courte étude est épaisse.

Sartre aimait aussi ses gros livres – justement parce qu'ils étaient gros : *L'Etre et le Néant, Saint Genet*, la *Critique de la raison dialectique,* les *Flau-*

bert... Mais si c'étaient les plus courts, et d'abord *Les Mots,* qu'on lira encore en 2050 ?

Il tenait beaucoup à la formule : « Saint Genet comédien et martyr, tome premier des Œuvres complètes de Jean Genet ». Cette semi-biographie imaginaire, variation sur une *malédiction ontologique,* est remplie de vues percutantes, de passages radicalement arbitraires, et d'autres, insignifiants. Que Genet ne s'y soit pas reconnu, Sartre ne s'en étonna pas. Enfin, pas trop. Genet, que voulez-vous, était sûrement plus poète que philosophe.

Je lirais ce monstre inclassable comme un supplément de psychologie morale à *L'Etre et le Néant.* Ou mieux, comme un autre roman. Après tout, Sartre disait :

« Pourquoi s'encombrer de catégories trop précises pour décrire une œuvre : roman, reportage, récit... Ce sont des facilités d'éditeur. »

Dès le départ, il y a les passages de défonce verbale, paraphilosophiques : *Le Mal c'est l'Autre et c'est lui-même en tant qu'il est pour lui-même Autre que soi, c'est la volonté d'être autre et que tout soit Autre, et c'est ce qui est toujours Autre que ce qui est...*

Et il y a les coups de projecteur dans la biographie reconstruite d'un très grand écrivain : *Dirai-je qu'il est malheureux ? Pas encore. Il faut signaler au contraire l'optimisme et la volonté de bonheur qui caractérisent cet enfant au plus profond de lui-même. Pas un instant il n'a voulu croire que sa situation était sans issue. Pas un instant il n'imagine qu'il est condamné à la pauvreté et à la bâtardise...*

Parce qu'il y a cette veine-là, et ces variations, ces fugues autour de la bâtardise, je traverserai péniblement ce livre, comme on laboure un champ de terre glaiseuse, mais dure, avec une mauvaise charrue. Il faut lire les œuvres monstrueuses de Sartre dans un état second, comme on fume du hasch.

Sartre est tout simplement certain d'avoir compris Genet mieux que Genet, Flaubert plus que Flaubert, Baudelaire ô combien plus que Baudelaire! En tout cas, c'est, au minimum, son ambition. Sartre explique pourquoi, selon lui, *les ouvrages de Genet sont de faux romans écrits en fausse prose*. Son étude est une fausse biographie, écrite en fausse prose critique. On ne se meut pas entre le vrai et le faux, le confirmé et l'infirmé. On flotte sur l'invérifiable : ça vous fait (ou non) des gargouillis de plaisir dans la tête et le ventre.

J'aurai la tentation de penser de Sartre ce qu'il écrit de Genet... *Il use du langage comme d'une drogue pour se plonger dans des enchantements secrets... Il est prisonnier d'un verbe truqué,* en l'occurrence d'un emploi du langage, de phrases sans mode d'emploi autre qu'émotif. On trouve chez Sartre, à la ville et à la table de travail, face à un ami ou à une connaissance, devant un personnage historique vivant ou mort, ou affrontant un de ses héros, une formidable imagination : tellement vaste qu'elle dépasse souvent, de loin, son objet et le sujet qu'elle traite. Avec une bonne foi totale, fondée sur sa conviction philosophique.

Sartre sait être provocateur et pervers avec son lecteur. Il faut attendre, atteindre la page 536 pour apprendre ce qu'il a voulu faire dans cette introduction. Le chapitre intitulé « Prière pour le bon usage de Genet » commence ainsi : *Montrer les limites de l'interprétation psychanalytique et de l'explication marxiste et que seule la liberté peut rendre compte d'une personne en sa totalité, faire voir cette liberté aux prises avec le destin, d'abord écrasée par ses fatalités puis se retournant sur elles pour les digérer peu à peu, prouver que le génie n'est pas un don mais l'issue qu'on invente dans les cas désespérés, retrouver le choix qu'un écrivain fait de lui-même, de sa vie et du sens de l'univers jusque dans les caractères formels de son style et de sa composition, jusque dans la structure de ses images, et dans la particularité de ses goûts, retracer en détail l'histoire d'une libération : voilà ce que j'ai voulu...*

Sartre savait qu'il fallait, pour lui, commencer par la fin et inversement. Il aimait une histoire que je lui rapportai après un Festival de Cannes :

Un journaliste : Monsieur Godard, un film ne doit-il pas avoir un début, un milieu et une fin ?

Godard : Oui, mais pas nécessairement dans cet ordre.

Hors littérature, quand il parlait de Genet, Sartre se montrait visiblement très attaché à l'homme, à la manière dont s'était fait cet écrivain. Pour Sartre, Genet, au-delà de ses phrases somptueusement parées, était le contraire de l'emphase et du noble drapé.

Genet consolait un peu Sartre d'être un bourgeois.

VI

SUR QUELS AXES DANSER ?

Pour Sartre, personne n'était obligé d'écrire. Il pensait pourtant que n'importe qui, ou presque, pouvait faire son salut en écrivant. Cette drogue lui réussissait. Alors, pourquoi ne soignerait-elle pas n'importe qui ? Il n'était pas loin de supposer qu'un jour viendrait où tout le monde scribouillerait. Ce serait cela, le Royaume de Dieu sur Terre : des êtres vraiment humains, s'épanouissant dans des formes littéraires anciennes et nouvelles, renaîtraient de leurs cendres. Sartre avait dans le Verbe, la parole écrite et orale, une merveilleuse confiance. Elle n'était rien, elle était tout. Par elle, le monde pouvait être conquis comme une armée se répand sur un pays. Il aima les mots par-dessus tout. Puisque les mots l'aimèrent et que les foules de lecteurs apprécièrent ses mots, il fit une bonne affaire. Je parle de sa vie, il n'aimait pas l'argent. Sa confiance dans les mots lui joua quelques tours, surtout en politique : il croyait ce que lui racontaient Mao et Castro, Togliatti et le Che. Il prenait leurs mots pour de bon pain.

Il m'encouragea donc à écrire, comme tant d'autres qui se confiaient à lui :

« Vous parlez beaucoup d'Eliot. Faites-nous un article sur lui. »

Naturellement, pervers ou me sentant tenu de l'être, j'écrivis pour *Les Temps modernes* un éreinte-

ment de mon poète préféré. Je m'attaquai à ses pièces. Je les trouvais médiocres, à la seule exception de
Meurtre dans la cathédrale. J'intitulai cela pompeu-
sement « T.S. Eliot contre l'humain ».

J'attaquai en déclarant : « T.S. Eliot n'est plus
dangereux : le roi d'Angleterre l'a officiellement
reconnu en lui accordant le suprême prix de vertu de
la bourgeoisie britannique, l'Ordre du mérite.
Comme Bertrand Russell, ex-enfant terrible de la
philosophie, Eliot, ex-prodige de la poésie, est rentré
au bercail. La bourgeoisie internationale lui a donné
le prix d'excellence d'un Nobel. Les revues, les universités et les salons anglais qui, depuis plusieurs
années, avaient pris l'habitude de vivre dans un perpétuel et tacite « Qu'en penserait M. Eliot? » peuvent être rassurés. Malgré ses allures de rebelle, le
défenseur en titre de l'étrange Ezra Pound, le directeur du *Criterion,* l'antimiltonien, n'était révolutionnaire que dans le vers libre.

« Comme Henry James, autre Américain trans-
planté, Eliot est devenu un monument historique
d'outre-Manche. Au cœur de la jungle culturelle de
la Grande-Bretagne, gloire consacrée, il est un
curieux mélange de Samuel Johnson et de Words-
worth. Du premier, il a les prérogatives et les attitudes mandarinales, imposant à la majorité du public
et des écrivains les thèmes de la critique et de la
création littéraire. Comme le second, parti d'une
esthétique nouvelle, il a développé une poétique
d'avant-garde et, auréolé du prestige de cette dernière, il termine sa carrière sur une position poéti-
co-politique d'extrême droite. Dans la course au
conformisme idéologique, il laisse loin derrière lui le
Poet Laureate le plus réputé. Libérateur de la forme
de la poésie anglaise il y a trente ans, Eliot est
aujourd'hui le policier pas tout à fait involontaire de
son contenu. »

J'aimais trop la poésie d'Eliot pour ne pas convenir que, malgré tout, « sous un symbolisme excessif, avec une raillerie féroce, *The Waste Land* était la superbe révolte d'un esthète. Les jeunes poètes des années 30, Auden, Spender, Day Lewis, MacNeice, devaient y trouver un ton et une diction dont ils se servirent pour exprimer un militantisme politique de gauche, plein de lyrisme et d'humour (certains de nos réalistes socialistes devraient lire les premiers textes de ces poètes anglais pour comprendre qu'il est possible d'éviter le ridicule en écrivant une poésie à la fois riche en images et socialement efficace.) ».

Dialectique, dialectique ! Je me croyais obligé de souligner qu' « Eliot, infiniment moins naïf qu'eux, ayant conservé ses prodigieuses qualités de versificateur, est le pharmacien-chef de cette potion d'hindouisme las et de froid anglicanisme qui, dans les milieux littéraires anglais, a remplacé le vieil évangélisme charitable et le simpliste, mais malgré tout progressiste, radicalisme hérités du XIXᵉ siècle. (Ouf !) Les poèmes des *Quartets* d'Eliot, publiés de 1935 à 1942, représentent l'aspect savant de ce rejet des notions libérales de confiance de l'homme. Le théâtre d'Eliot, *Murder in the Cathedral* (1935), *The Family Reunion* (1939), *The Cocktail Party* (1949) en est la langue vulgaire et la vulgarisation ».

Masochiste, j'ajoutai avant de disséquer les pièces de mon poète préféré : « Il faudrait en finir avec l'idée qu'Eliot est surtout l'auteur de *The Waste Land*. Il est, de plus en plus, un dramaturge réactionnaire – si l'on veut bien admettre qu'on fait sa première communion réactionnaire lorsqu'on refuse *a priori* tout ce que porte notre planète, et lorsqu'on s'acharne à en dégoûter les malheureux qui se contentent d'être des humains, ce qui n'est ni aussi facile ni aussi ignoble que le croit Eliot. »

Quand Sartre eut parcouru mon article, il me dit : « Pourquoi démolissez-vous autant quelqu'un que vous aimez ? Pourquoi commencer précisément avec les parties de son œuvre qui vous semblent les moins fortes ? Vous fuyez toujours votre subjectivité ! »

Il avait raison. Je ne sus que répondre. Je recommençai, cette fois avec Evelyn Waugh, dont Sartre n'avait jamais entendu parler. J'aimais son style, comme celui de Greene et d'Orwell. Enseignant à Louis-le-Grand, puis plus tard au lycée international de Saint-Germain-en-Laye, je recommandais toujours ces trois écrivains à mes meilleurs élèves.

Je n'accuserai pas Sartre d'être responsable de ces sacrifices. Mais il les regardait avec un œil, disons, intéressé. Dans « Evelyn Waugh ou le faux ennemi », mettant entre parenthèses le plaisir répété que me donnaient la lecture et la relecture de *Scoop* ou de tant d'autres livres, je m'attaquais surtout à la vision sociale de Waugh. Elle était fort conservatrice, mais moins réactionnaire que je ne me plaisais à l'imaginer. Avec la bénédiction du Castor, j'expliquais solennellement que le goût de Waugh était « un stade important de la sophistication progressive » (pour qui ?). Passer de Priestley à Waugh était une véritable intronisation, aussi importante que le passage en philosophie de Russell à Wittgenstein. J'avançais froidement que Waugh n'avait été véritablement satirique qu'une seule fois, dans sa tragédie anglo-américaine, *The Loved One*. Waugh, c'était de la tauromachie avec des toros en carton, de vieilles recettes, un ordre sanctifié par le rire, l'ordre des riches ou de leurs parasites, les oisifs drôles. Je décrétais que Waugh avait perfectionné *une* des fonctions de l'humour (je ne disais plus *la* fonction) dans la société britannique : faire rétrospectivement approuver ce qui fut, accepter ce qui est, jusqu'à un certain point, et condamner toute tentative révolutionnaire. Curieusement, je croyais à ces bêtises, et d'autant plus qu'avec une confiance non dénuée de légèreté Sartre et le Castor leur donnaient une nette approbation. Tout n'était pas faux dans ce que je disais de Waugh, mais le ton était insupportable. J'admettais quand même que Waugh avait élaboré une littérature « splendide », mais « bourgeoise » et splendidement « vaine ». Avec ces tirades contre la bourgeoisie, comme tant d'autres, j'agissais en perroquet. Dans la conversation de Sartre, le mot « bourgeois » revenait assez souvent, toujours avec une connotation négative : je faisais même le singe.

Je donnai aussi quelques articles plus positifs sur les « jeunes gens en colère », vantant les mérites de Kingsley Amis et de John Braine, démolissant Colin Wilson et Stuart Holroyd. J'aimais par-dessus tout John Osborne, dont une pièce, *La Paix du dimanche*, venait d'être représentée à Paris. Je m'accordais enfin le droit de dire du bien de ceux que j'aimais! Sartre attribua un bon point à ma subjectivité. *Les Temps modernes* publièrent aussi une nouvelle de moi, par erreur, je crois, car Sartre ne l'aimait pas. Il s'agissait d'un monologue : un vieillard gâteux demandait à un médecin de le reprendre à l'hôpital, seul endroit où il était heureux.

Vers la fin de 1953, au cours d'un déjeuner, je laissai à Sartre et au Castor une sorte de long poème d'une trentaine de pages, à moitié en français, à moitié en anglais. Il correspondait assez bien à ce que je ressentais, à cette division linguistique qui m'empêchait de me faire mes propres soudures.

Sartre me répétait :

– Votre problème, ce n'est pas votre bâtardise. Il vient d'abord de votre division, de votre partage entre l'Angleterre et la France.

Je le croyais. Je remettais, hélas! au lendemain la solution de la question la plus importante pour moi.

Ce poème-fleuve était intitulé *Axes*. En épigraphe, je citais aussi bien Aragon et Auden que le Larousse.

Axe : ligne droite qui passe ou est censée passer par le centre du globe, et sur laquelle il tourne. Pièce de fer ou de bois qui passe par le centre d'un corps et qui sert à faire tourner ce corps sur lui-même. Axe d'une voie, ligne idéale qui tiendrait le milieu entre les deux bords extérieurs de la voie.

Je cherchais mes axes, autour de deux héros, Cyril et Clémence. Les morceaux anglais étaient peut-être meilleurs que les français. J'écrivais :

> *Truly, you're hard to please.*
> *To get away from Audenese*

Sur quels axes danser ?

> *and to avoid Aragonese*
> *is not easy* [1].

et

> *If you don't give us a chance*
> *and refuse to join the dance,*
> *you'll forget the News and the Romance.*
> *It's not easy* [2].

Je me voulais sarcastique :

> *En vérité les temps sont purs.*
> *Pas de Nobel de la guerre,*
> *pas de Goncourt de l'adultère*
> *se dit un jeune homme blond*
> *suçant une paille et un vichy-vin blanc,*
> *feuilletant le dernier Pulitzer.*
> *Il pense qu'il pense.*

Je dissimulais à peine mon autobiographie :

« Ah ! ces Anglais ! Avec eux, on ne sait jamais... » On ne sait jamais les Russes, les Américains, les Italiens, les Allemands, les Chinois, les Indiens, les Estoniens, les Grecs, les Hongrois, les Espagnols, les Cubains, les Siamois, les Zoulous, les

---

1. Il est difficile de vous plaire/s'éloigner du style d'Auden/et éviter celui d'Aragon/n'est pas facile.
2. Si vous ne nous donnez pas une chance/si vous refusez d'entrer dans la danse/vous oublierez les Informations et l'Idylle/Ce n'est pas facile.

Péruviens, les Australiens, bref, ni les Européens ni les Africains ni les Asiatiques, un, deux, trois, il en manque deux, ni les Américains, ni les... ni les... ni les Australiens une fois de plus. On ne les sait jamais. Même si l'on sait que les Australiens sont aussi ennuyeux que les Suisses qui sont aussi ennuyeux que les Parisiens qui les trouvent ennuyeux, qui perdent leur temps, leur honnêteté, leur temps... perdent leur temps, perdent leurs années, leurs mois, leurs semaines, si précieux. Le temps ça n'est justement pas de l'argent. Ainsi pour lui, né à Neuilly, par accident, à l'hôpital américain, la semaine ça n'est pratiquement rien. »

Autobiographie réelle et « imaginaire », comme me le fit remarquer Sartre. Je prenais des distances qui l'amusaient parfois. Mais comment pouvait-il apprécier les vers anglais :

> Jaguar, Jaguar, Jaguar roll
> No one here is on the dole
> If she hollers let her go
> If she's fast pretend you're slow
> Jaguar, Jaguar, Jaguar roll [1].

J'étais assez incertain, en somme :

Dans leur jeunesse nos fils s'égarèrent,
militant à gauche et tenant leur droite,
saluant poliment le médaillé qui boite.
Nous comprenions. Quand nous étions adolescents
cherchant la France et le franc.
Si nous sommes Français nous sommes aussi parents,
nous qui, nous que les plus, nous ne permettons
*   à, nous anciens combattants,*
contribuables, membres de la banque du sang,
nous dont, la patrie en danger. Nous répondons
*   « présents »,*

---

1. (Sur une comptine connue.) Jaguar, Jaguar, Jaguar roule/Personne ici n'est au chômage/Si elle hurle, lâchez-la/Si elle est trop allumée, prétendez que vous êtes éteint/Jaguar, Jaguar, Jaguar roule.

*Maréchal, mon général, certainement monsieur
le Président,
à tous les sacrifices, nous sommes heureux et fiers,
monsieur le Président, mon général, Maréchal,
Dieu sauve le Roi, Dieu sauve la Reine et tous
les petits princes.*

Les attitudes de Sartre face à la poésie n'étaient
pas claires pour moi. Il n'eut jamais, me semble-t-il,
la tentation, comme tant d'auteurs ou de penseurs
français – ce n'est pas nécessairement la même chose
– de croire que la poésie était un raccourci vers la
découverte de vérités essentielles. Rien du Char, du
Rilke ou de l'Eliot chez lui. On pouvait expliquer les
rapports d'un poète à ses poèmes. On n'expliquait
pas vraiment, au-delà de l'explication de texte, le
sens d'un poème. Ou l'on en expliquait plusieurs.
Sartre, à mon avis, préféra aussi la musique à la
poésie parce que, lui, il pouvait la recréer – ce qu'il
ne pouvait ou ne voulait faire avec la poésie.

Quelques jours après leur avoir abandonné mon
texte, le Castor et Sartre me dirent :

« On va publier *Axes* dans le numéro de décembre.

– Pourquoi ?

– Mais parce que nous aimons cela, répondit le
Castor avec ce ton légèrement scandalisé lorsqu'il
lui semble que son interlocuteur vient de proférer
une énormité inadmissible. Des amis américains qui
l'ont lu trouvent cela très bon. »

Je crus comprendre qu'il s'agissait de Richard
Wright et de sa femme.

Ce texte, accessible au moins à dix lecteurs, parut
donc, le seul dont je ne sois nullement honteux,
dans *Les Temps modernes*. Sartre, qui ne pouvait le
lire ou en saisir les allusions, l'avait aussi publié,
par gentillesse thérapeutique : c'était toujours sa
confiance en la valeur curative de la chose écrite et
imprimée.

Ma collaboration aux *Temps modernes* me valut quelques remarques désagréables en Sorbonne. J'y avais quelques professeurs assez épais. A côté du charmant mais distrait Emile Pons trônait Raymond Las Vergnas, qui n'avait vu en Sartre qu'un auteur pornographique. Louis Landré, personnage absurde qui régentait le monde anglo-saxon de l'Université française, vantant les mérites des normaliens partout et en toute circonstance, distribuait les postes d'assistant après l'agrégation. Ce personnage grotesque, qui bégayait un anglais ridicule, faisait savoir qu'il avait vu des « choses du petit Todd dans *Les Temps modernes* ». Ce garçon, assurait-il, tournait mal. « Quel dommage, ajoutait Landré, sa femme est si charmante ! D'ailleurs, son père était normalien. »

Je tournais si mal, de fait, que lorsque j'eus été collé pour la deuxième fois à l'agrégation d'anglais, en 1954, je décidai, réaction courante, de faire mon service militaire.

VII

CONTINGENT 54/2/A

Je fus incorporé avec le contingent 54/2/A à l'été de 1954.

C'était la tradition à gauche : on ne devenait pas officier. Au 93ᵉ R.I., cantonné au camp de Frileuse et à Courbevoie, je m'arrangeai donc pour rater les petits examens qui sélectionnaient les candidats aux E.O.R. Je n'y eus aucun mal. Le désordre, le climat de l'organisation militaire jouèrent aussi leur rôle, comme les exemples conjugués de Nizan et de Sartre : ils n'avaient pas voulu être officiers. Plus tard, Sartre (et moi comme lui) rejoindra le point de vue des communistes : autant que les officiers soient de gauche; ou, dans une perspective plus libérale, un bon cadre civil peut aussi faire un bon cadre militaire. Sartre mit longtemps à se délivrer de l'idée qu'il s'était forgée pendant l'exode de 1940 : l'officier foutant le camp, ou comme étant-ce-qu'il-n'est-pas-et-n'étant-pas-ce-qu'il-est, bref, lâche et fanfaron. Les problèmes militaires n'ont jamais intéressé Sartre, et encore moins la psychologie des troufions et de leurs chefs, une fois sortis du roman. Comme n'importe quel étudiant bourgeois homme de troupe, Sartre a fréquenté plus de paysans et d'ouvriers durant son service militaire, la drôle de guerre et sa captivité, qu'au cours de tout le reste de son existence. Qu'on ne vienne pas dire qu'il a bien connu le prolétariat français en montant à Bruay, dans le Nord, ou le prolétariat immigré en manifestant à Ivry. Pas plus qu'il n'a sondé les reins et les cœurs de l'armée portugaise en déjeunant avec quelques soldats et quelques officiers à Lisbonne. Sartre eût été bien en peine de démoraliser Billancourt, parce que, à Billancourt, personne, hors quelques faux ouvriers, ne savait qui était Sartre.

Le prolétariat que je vis au camp de Frileuse et sur les champs de manœuvre de Mourmelon me rappelait les héros des *Chemins de la liberté,* Moulu et Blondinet, Lambert et Charpin, Clapot et Pinette. Mes camarades, comme ces héros secondaires de Sartre, étaient indifférenciés : malaxés par la machine militaire. Je ne pouvais en aucun cas voir en eux l'avenir de l'humanité. Tout au plus étaient-ils des êtres aliénés, souffrant, comme moi, de l'insondable médiocrité du capitaine de notre compagnie d'appui, analphabète sorti du rang mais resté analphabète. Je mis assez longtemps à rencontrer un officier intelligent, plus longtemps encore à l'admettre.

Je décidai vite de m'extraire du 93ᵉ R.I. Je cherchai une filière. On me proposa de me faire pistonner pour entrer au service de presse du cabinet du ministre de la Défense nationale. J'acceptai avec empressement, recouvrant sans trop de mal mon essence bourgeoise. Je fus affecté au service de presse, section étrangère.

Un ordre urgentissime parvint au camp de Frileuse. Un lieutenant m'accompagna immédiatement en jeep à Paris, me laissant entendre qu'on n'aimait pas ces procédés : gare à moi si je revenais en compagnie !

Au ministère, je retrouvai un ami, Michel Oriano, que j'avais rencontré à la Sorbonne, et je pris la place d'Alain Prévost, fils de Jean. Michel et moi travaillions sous les ordres d'une P.F.A.T.,

Mlle Godard. Nous la terrifiions, criant toutes les deux heures :

« La quille, bordel ! »

D'une voix triste et douce, Mlle Godard disait :

« Oriano ! Todd ! Voyons ! »

A la section française, il y avait aussi Christian Millau et Jean-Claude Larrivoire. Tout ce petit monde faisait partie du 1er train, le « régiment des fils d'archevêques » : tous les recommandés de France passaient par là.

Arrivant à la Défense nationale, je ne me fis pas muter au 1er train, comme la plupart des pistonnés. Par négligence ou frivolité, simplement parce que je préférais mon écusson rouge du 93e R.I. à celui du 1er train, vert ? Parce que je ne voulais point qu'on farfouillât dans ma biographie ? J'avais signé quelques appels du Mouvement de la paix à la Sorbonne. Au ministère, on racontait que l'enquête de la Sécurité militaire était pointilleuse. Découvrant dans le fauteuil que j'allais occuper le jeune Prévost, que je savais communisant, voire communiste, je ne m'inquiétai pas.

Ce service de presse est pittoresque. Son activité principale consiste à sortir une « synthèse », bref, un résumé de citations, d'extraits de journaux. A la section française, on tente de *sortir* avant l'A.F.P. Chez nous, à la section étrangère, avant la B. B.C. En pratique, il s'agit, remontant la voie hiérarchique, de signaler rapidement aux membres du cabinet du ministre quels articles vont « faire problème ».

Le colonel de Gastines dirige le service de presse. C'est un assez brave homme, sans aucune compétence particulière, sorti des chevaux et des chars. Parfois il hurle :

« La République, je l'emmerde ! »

Des attroupements se forment alors sous ses fenêtres, rue Saint-Dominique.

Au-dessus du colonel, au premier étage, siège le

capitaine de vaisseau Boutron. Naturellement, il m'engueule la première fois que je le vois parce que je lui lance :

« Mon capitaine...

– On ne vous a pas appris que tous les officiers de marine...

– Oui, *commandant*. J'avais oublié.

– N'oubliez plus ! »

Boutron est un libéral sceptique. Officier de Vichy, il sera l'un des rares à rallier la France libre. Je ne crois pas qu'il apprécie nos aventures nord-africaines. Mais il est discipliné comme un marin.

Nos rapports avec lui sont bons : nous lui fournissons des renseignements qu'il transmet au ministre. Ainsi, sa bête noire est-elle Tom Brady, correspondant du *New York Times* : il passe son temps à donner des informations exactes concernant les divisions françaises en Allemagne. Grosse affaire, un jour : Brady, ayant invité à déjeuner et soûlé quelques officiers supérieurs, révèle que la France prélève des unités *et des armes* en Allemagne pour les expédier en Afrique du Nord. Les Américains, sénateurs et représentants à Washington, sont très chatouilleux sur ce chapitre.

Curieux : Boutron est souvent content quand nous lui apportons de mauvaises nouvelles. Plus la synthèse de la presse anglo-saxonne, dont je suis chargé avec Oriano, est critique et même féroce, plus nous sommes félicités. A la limite, nous pourrions fabriquer quelques citations méchantes pour nous faire mousser. Je ne suis pas certain que nous ne l'ayons pas fait.

Je vois Sartre de temps en temps. Je le rencontre un après-midi – j'ai des libertés, partagées avec Michel Oriano – sur le boulevard Saint-Germain. Il me trouve tellement démoralisé, mal à l'aise dans mon uniforme, qu'il m'invite à prendre un verre. J'apprécie d'autant plus que je sais Sartre économe de ses heures. Nous parlons de l'Armée. Au fond, lui, il a assez aimé son temps en Allemagne et dans son camp de prisonniers. Il se demande si j'ai bien fait de me faire planquer à la Défense nationale. Je ne crois pas qu'il y aurait eu plus d' « authenticité » à rester au 93e R.I., à participer aux défilés, prises d'armes et enterrements dont ce régiment, « la putain de Paris », est spécialiste. Sartre me console :

« Vous n'en avez plus pour longtemps. »

Je ne sais pas encore que, parti pour douze mois, je vais être maintenu et faire plus de deux ans.

Au ministère, nous allons passer de la consommation à la fabrication claire de mauvaises nouvelles. En effet, les affaires de la France vont assez mal en Afrique du Nord. La guerre du Maroc n'est ni populaire ni impopulaire, sauf chez les soldats maintenus, dont je suis.

Avec quelques copains d'autres unités, Michel et moi, nous décidons d'organiser des manifestations contre la guerre, contre les guerres. Des soldats du 93e R.I. défileront sur les Champs-Elysées en criant : « Papa à la maison ! » D'autres se révolteront à Rouen, dans des casernes cernées par les gendarmes. Quoi que les communistes aient pu raconter, l'appareil du Parti s'opposa à ces manifestations : il fallait savoir les terminer, comme les grèves... Au cours d'une réunion des représentants autodésignés de différents régiments, nous assistâmes à un spectacle étrange : les simples soldats communistes voulaient manifester, se rebeller. Les officiers communistes prêchaient la soumission, pas du tout l'insoumission.

Un service religieux de protestation fut organisé à l'église Saint-Séverin. Y participeront tous les trotskistes de la région parisienne. Pour prévenir les journalistes français et étrangers, nous nous servons des facilités du ministère. Nous n'allons pas toujours téléphoner au bistrot et n'hésitons pas à utiliser les lignes du bureau de la presse étrangère. Ainsi, cette manifestation sera-t-elle largement couverte par les correspondants étrangers à Paris. Quand Michel et moi tendons au capitaine de vaisseau Boutron le dossier assez important des coupures de presse, il dit :

« Ils sont bien organisés. Comment ont-ils su ? »

Je ne crois pas qu'il se doute que deux organisateurs sont devant lui. Je raconterai cette affaire à Sartre, qui la trouvera amusante. Il a toujours aimé les canulars. Il est aussi obligé d'admettre que la surveillance policière dans l'Armée française n'est pas fasciste.

Comme nous étions vertueux ! Comme notre monde était manichéen ! D'un côté il y avait les colonialistes français infâmes, et de l'autre les indépendantistes nord-africains qui représentaient l'avenir... On ne pouvait faire d'autre choix que le nôtre. Si Michel, moi et tous nos copains protestataires et militants avions été pris et condamnés pour tentative de démoralisation de l'Armée, nous aurions été fort étonnés.

Sartre fut toujours, depuis 1945, radicalement anticolonialiste, du moins lorsqu'il s'agissait de l'Occident. Il mettra longtemps à s'en prendre à l'expansionnisme, au néo-colonialisme russe et soviétique. Son texte le plus brutal, le plus littéraire aussi, le plus fascisant, écrira justement Aron en 1980, sera sa préface aux *Damnés de la Terre* de Franz Fanon. Elle est de 1961, mais exprime bien les attitudes de Sartre vers la fin des années 50. Il ne s'intéresse guère à l'économie, en quoi il est toujours de sa génération. Il a des simplifications inouïes. Sentez le ton, d'attaque : *Il n'y a pas si longtemps, la terre comptait deux milliards d'habitants, soit cinq cents millions d'hommes et un milliard cinq cents millions d'indigènes.*

Pour le Sartre d'alors, les peuples colonisés accouchent l'Histoire. Ce texte typiquement sartrien, plus lyrique que réaliste et critique, situait son auteur dans le camp des inconditionnels, des révoltés, à travers une apologie de la violence qui dépasse de très loin la seule violence révolutionnaire. Sartre, ces années-là, dénonce toujours en public et en privé *les durs de durs de la gauche molle.* Selon lui, on peut être partout à gauche sauf dans cette gauche molle, respectueuse. Il n'attendra pas Victor et d'autres pour se gauchiser.

A la Défense nationale, donc, nous attendions la fin des maintiens et des rappels, la fin de la guerre du Maroc, alors que celle d'Algérie se dessinait. Au premier étage, notre colonel palabrait avec d'autres officiers. Parmi eux, il y avait Godard et quelques activistes à venir. Boutron surveillait tout ce joli monde. Les ministères sautaient, trop vite pour moi : un matin, arrivant au bureau – de chez moi, bien entendu – je trouvai un ordre de marche sans ambiguïté. Je devais rejoindre le 93ᵉ R.I., mon régiment, à la caserne de Courbevoie, avec, comme destination ultime, le Maroc. On avait d'abord pris les célibataires, les hommes mariés sans enfant. Mon tour arrivait : je n'avais qu'un fils. Comme il n'y avait plus de ministre ce matin-là, on ne pouvait me faire pistonner et conserver mon poste. Quand survint le ministre suivant, il trouva, toute prête, une feuille qu'il n'avait plus qu'à signer : elle certifiait que j'étais indispensable au bon fonctionnement du service. Il était trop tard, j'étais sur le *Pasteur*, aménagé pour le transport de troupes.

Cette affaire de départ pour le Maroc me causa des soucis. Ce n'était pas aussi anodin que de participer à l'effort militaire de la France en dépouillant des journaux. Il était question non plus de machine à écrire, arme assez peu redoutable, quoi qu'en pensent beaucoup d'intellectuels, mais de fusils. Cela me troublait. Y avait-il une issue ? Que faire ? Mes principes et mes actes allaient être en opposition. Je ne voyais pas comment transformer tout cela en contradiction enrichissante.

Je téléphonai à Sartre. C'était urgent :

« Retrouvons-nous chez le Castor, ce soir », dit-il.

Sans doute pour souligner le caractère de gravité de la situation, je me présentai en uniforme. Sartre était là, seul avec Simone de Beauvoir, le chignon toujours en ordre, rassurante, tête droite, la mine sévère, comme d'habitude. Sartre était plutôt copain, complice, rigolard, entre sa Boyard et son verre de whisky. J'exposai mon drame : ou je partais ou je filais en Suisse.

Sartre adopta immédiatement une ligne qui me sembla fort léniniste :

« Il faut y aller et faire du travail, de l'agit-prop parmi vos copains soldats. »

C'était bien dans le goût d'un communiste-fait-toujours-son-travail-dans-la-vie-civile-et-au-sein-de-l'Armée. C'était, en gros, la position de repli des responsables du P.C.F. à l'époque, quand des appelés, des maintenus ou des rappelés allaient leur exposer leurs hésitations et leurs tourments. Les apparatchiks disaient, avec un sens profond du réalisme : une fois au Maroc, expliquez à vos petits camarades que c'est très mal d'être là et de se battre contre les gens qui veulent leur indépendance. Les communistes étaient retors. Sartre, lui, était naïf. Aucun de nous ne rit à l'idée du soldat de première classe Todd agit-propant au 93ᵉ R.I.

Le Castor était plus réservé. Bien sûr, il ne se passait pas grand-chose au Maroc. On tirait quand même de part et d'autre. J'avais deux problèmes :

« Je ne veux ni tirer sur les indépendantistes marocains ni me faire tuer. »

A vingt-cinq ans, c'était assez naturel. Riant, Sartre dit :

« Je comprends fort bien ces deux positions. Mais si vous désertez, vous êtes hors jeu, vous n'êtcs plus rien. »

Je crois qu'il a ajouté quelque chose dans le genre : « Vous sortez de l'Histoire. » C'était terrorisant : je ne voulais ni sortir de l'Histoire ni de ma peau. Je voulais bien, à la rigueur, me faire tuer pour une cause qui me paraissait juste, mais pas pour celle, inacceptable, de la décolonisation. Je n'envisageais pas non plus, franchement, de passer de l'autre côté, comme le feront Maurice Maschino et Noël Favrelière. Déserteur ? A la rigueur. Traître ? Non. J'avais mes pudeurs et mes réserves. Au fond, le service militaire, c'était aussi pour moi une manière d'estampiller ma francitude. Il n'était pas question d'y échapper, surtout de cette manière. Cela, Sartre le comprenait fort bien, à demi-mot.

Le Castor avait plus de sympathie pour mes préoccupations. Elle fit remarquer à Sartre qu'il tranchait un peu vite. On a trop souvent décrété que Sartre était plus chaleureux, plus compréhensif, plus humain que le Castor, pour que je ne dise pas : « Pouce ! » C'est à voir et à revoir.

J'arrivai vite à une conclusion qui, plus de vingt-cinq ans après, me paraît juste, trop étroitement juste :

« Si j'y vais et si j'en reviens, j'aurai eu raison d'y aller. Si je me fais tuer, j'aurai eu tort... Je n'envisage pas de situation intermédiaire.

– Il y a de ça », dit le Castor, raisonnable pour trois.

Sartre, lui, expliquait qu'une désertion n'a de sens que si elle est massive, s'il s'agit d'unités qui mettent la crosse en l'air. Que ferais-je, seul ?

En fin de compte, Sartre n'eut pas beaucoup de mal à me convertir. Moi, qui n'avais pas l'habitude de boire, j'ingurgitai une bonne rasade de whisky. J'avais donc l'impression d'agiter des idées aiguisées. Peut-être ai-je imaginé tout un bataillon du 93ᵉ R.I. en train de refuser de marcher. Je me voyais sans doute criant : « Camarades prolétaires français, ne tirez pas sur vos frères marocains ! » On trouve des excuses phantasmatiques faciles à ses petites et grandes lâchetés.

Je suis parti pour le Maroc, avec, en somme, la bénédiction de Sartre. Donc, plus facilement. Je ne suis pas en train de dire qu'il est responsable de ma décision. Il m'a aidé à l'accepter, ou à la prendre. Je ne m'expliquerai jamais pourquoi il fut *contre* la désertion en 1955, à propos du Maroc, et *pour* plus tard, à propos de l'Algérie, quand il signera le Manifeste des 121. Nous en reparlerons au cours de mes dernières rencontres avec lui en 1980.

« Au Maroc, ce n'était pas comme en Algérie : il n'y avait pas la torture, dira-t-il.

– Qu'en savez-vous ? Qu'en saviez-vous ? Au Maroc aussi, il y a eu des tortures, mais pas une campagne de presse en France comme à propos de l'Algérie. D'ailleurs, en quoi la guerre du Maroc aurait-elle été plus juste, en supposant qu'il n'y eût pas de tortures, que celle d'Algérie ? »

Sartre, péremptoire :

« La torture fait toute la différence... »

En 1955 je partis, en tout cas, la conscience morale tranquille, mais la conscience physique inquiète. Cette anecdote illustre assez bien la manière dont Sartre procédait quand on le réduisait au rôle de conseiller. Il était tout à fait disponible, laissant venir à lui jeunes ou vieux, les gens en peine ou en panne. De lui-même il n'allait pas à eux. Il écoutait l'intéressé exposer son problème. Puis, avec une vertigineuse rapidité, il le théorisait et tranchait, finissant souvent par être lourd sur la théorie et léger sur la pratique.

La déclaration à propos du droit à l'insoumission dans la guerre d'Algérie circula à Paris à partir de juillet 1960. Elle était ouverte « aux artistes et intellectuels de toute discipline ». Sartre fut certainement le plus célèbre des 121 premiers signataires, qui comprenaient plusieurs collaborateurs des *Temps modernes*. Elle précisait que « beaucoup de Français en sont venus à remettre en cause le sens des valeurs et des obligations traditionnelles. Qu'est-ce que le civisme lorsque, dans certaines circonstances, il devient soumission honteuse ? N'y a-t-il pas des cas où le refus de servir est un devoir sacré, où la « trahison » signifie le respect courageux du vrai ? »

La déclaration se terminait sur trois affirmations :
« Nous respectons et jugeons justifié le refus de prendre les armes contre le peuple algérien. Nous respectons et jugeons justifiée la conduite des Français qui estiment de leur devoir d'apporter aide et protection aux Algériens opprimés au nom du peuple français. La cause du peuple algérien, qui contribue de façon décisive à ruiner le système colonial, est la cause de tous les hommes libres. »

En 1955, on aurait pu dans la première déclaration remplacer « algérien » par « marocain ».

La gauche entretenait beaucoup d'illusions quant aux régimes qui remplaceraient le système français. Reste que le combat pour l'indépendance était juste, au Maroc comme en Algérie, comme en Tunisie, en Indochine, à Madagascar... Je ne vois toujours pas en quoi une désertion justifiée en Algérie se voyait condamnée au Maroc. Faut-il en conclure que Sartre n'influençait pas une partie de l'opinion, mais qu'il la suivait, la cristallisait quand elle était mûre ? Conséquent, inconséquent ou parfois brouillon ?

« Ecrivez-nous, me dit Sartre en 1955. Tenez-nous au courant. »

Sartre n'a jamais été un très bon correspondant. Je lui écrivis une lettre de Boured, dans le Rif. Il ne me répondit pas. Mais plus tard il me dit qu'il ne l'avait pas reçue. Peut-être la censure l'avait-elle retenue.

Je passai quelques mois au Maroc, me faisant rapatrier sous un fallacieux prétexte : je devais me présenter à l'agrégation et au CAPES d'anglais.

Le résultat de cette promenade militaire fut double. J'y pris le goût de la guerre même à travers ces petites expéditions parsemées de quelques coups de fusil et de mitrailleuse, le goût de la solidarité aussi avec les soldats : ah ! le chocolat chaud vers 3 heures du matin avec du gros pain et du camembert, les gardes de nuit communes, la fraternité virile !

J'en rapportai aussi mon premier livre, dont Sartre était en partie responsable. Je ne sais s'il a eu tort ou raison de m'encourager. Il l'a fait. Voici comment.

J'avais été de garde pendant quarante-huit heures au quartier réservé de Meknès, c'est-à-dire au bordel. De ma vie je n'avais mis les pieds dans un bordel, même en Europe. Je fais partie de la génération « sans ». Effaré, je pris quelques notes.

De retour à Paris, libéré finalement après vingt-six mois de service, nommé professeur à Saint-Germain-en-Laye, j'écrivis un texte sur ce week-end au quartier réservé. Je sortais de l'hiver, du Rif, de l'Armée, de la fréquentation des Bénédictins de Tioumliline, au-dessus d'Azrou : ce fut mon dernier rendez-vous, manqué une fois de plus, avec Dieu. J'émergeais de ces vingt-six mois de service militaire : à mes yeux, j'avais beaucoup à me faire pardonner, d'autant que j'avais, somme toute, trouvé excitante cette miniguerre du Maroc. Je préférais laisser filtrer mes respectables indignations anticolonialistes. Donc, je militais à la Nouvelle Gauche et j'écrivais un peu. Quand je lui parlai des moines de Tioumliline, Sartre comprit fort bien pourquoi ils m'avaient attiré. Il n'a jamais eu la tentation de Dieu. C'était drôle de voir à quel point Mauriac voulait lui mettre ce grelot : plus vous dénoncez l'absence de Dieu, plus vous Le cherchez. Sartre, athée très compréhensif, tolérant même, parlait toujours avec respect et une espèce d'affection des prêtres qu'il avait connus pendant sa captivité en Allemagne. Entre la condition de soldat, combattant ou prisonnier, la recherche et la possibilité de la rencontre avec Dieu, il y a un lien qui n'échappait pas à Sartre. Il n'aimait pas l'Eglise. Le Castor était peut-être encore plus anticléricale que lui, sans doute à cause de son enfance bigote. Mais Sartre appréciait ceux qui, dans cette Eglise, accordaient leurs principes et leurs actes.

Au Maroc, les ultras militaient pour maintenir la « présence française ». C'était leur illusoire slogan. J'avais pris cette expression comme titre de la vingtaine de feuillets que je présentai à Sartre. Pour ce morceau d'un réalisme sans exagération mais cru, je m'étais servi de mes notes et de souvenirs encore précis : c'était vraiment l'atmosphère d'une journée de garde dans cet ensemble de maisons aux noms d'un classicisme rassurant ou à l'exotisme garanti, de *La Tangéroise* à *Chez Salha* et du *Panier fleuri* à *La Lune.* J'étais plutôt en deçà qu'au-delà de la réalité que j'avais connue. Les vingt-quatre heures de garde avec mon groupe d'un bataillon du 93ᵉ R.I. étaient décalquées sans poésie mais sans fioritures. Ces heures avaient été mouvementées, puisque nous devions faire respecter les règlements ridicules des autorités. Ecrivant, je déguisai seulement les noms.

Au restaurant, avec le Castor, nous échangeâmes quelques politesses sur l'enseignement et la famille. Puis nous en vînmes à mon texte.

« Eh bien, c'est bon ! dit Sartre. Mais c'est un peu rude... »

Le Castor se redressa sur la banquette.

« Ah ça, alors, Sartre, vous avez du culot, vous ! »

Le vocabulaire employé était réaliste. Il était question, bien sûr, de tirer un coup ou de baiser, de champignons verts sur les couilles et de couilles coupées, de putains, de bander, de se faire enculer, de chtouilles, de pompiers, de con étroit... Mais quoi ? Il ne s'agissait pas d'une journée de garde devant un pensionnat de jeunes filles dans la ville européenne, à Meknès. Avec un goût peut-être excessif du document, j'avais même fidèlement recopié les notes de service : *Après rapport sexuel, réclamer de l'eau chaude à l'infirmier de garde... Enduire les parties génitales de pommade de calomel par l'infirmier de garde...*

Sartre s'expliqua :

« Comprenez-moi *(sourire large)*. Les histoires de cul et de bordel ne me choquent pas *(il se tourna vers le Castor assise à côté de lui)*. Vous admettrez que je ne suis pas un puritain... *(moue du Castor)*. Je suis certain que ça se passe tout à fait de cette manière...

— Ça se *passait,* dis-je. Le gouvernement marocain a fermé les quartiers réservés.

Je devais voir là, à l'époque, un signe exemplaire de la marche en avant vers le progressisme du gouvernement royal.

Sartre poursuivait :

« ... Je veux dire qu'il faut aller plus loin. Remarquez qu'on publiera ce texte dans *Les Temps modernes* quand vous voudrez. Vous voyez, il n'y a pas de censure chez nous *(rire)*. Même pour pudibonderie. Non, vraiment pas...

— Aller plus loin ?

— Oui : on ne peut réduire les derniers sursauts du colonialisme au Maroc à une journée colorée dans un bordel. »

J'attendais un conseil.

« Alors ?

— Eh bien, dit Sartre, vous n'auriez pas envie d'écrire plus longuement là-dessus ? De faire un livre ? Racontez toute votre histoire, un peu roman-cée si vous voulez. Je suis totalement pour le roman-reportage, surtout aujourd'hui. »

Dans ma tête, j'avais commencé à écrire *Une demi-campagne,* que Julliard publiera quelques mois plus tard, après que des extraits auront paru dans *Les Temps modernes* sous le titre « Les Paumés », titre repris dans l'édition de poche que Sartre préfaça. Sur-le-champ, Sartre me donna d'autres conseils, sous le regard approbateur du Castor :

« Gardez la langue des soldats. Ils *sont* leur argot. Ils pensent comme ils parlent. Ici, on ne sait pas comment ils parlent, donc comment ils pensent. Ils *sont* leurs paroles, leurs gestes... »

Avant que j'eusse écrit plus de vingt pages, Sartre voyait déjà la « singularité » du livre que je devais faire : le destin commun de ces troufions vouerait leurs actes à n'être que des gestes. Sartre me conseillait d'éviter d'être « abstrait ». Il fallait me laisser aller – une manie chez lui ! – à ma subjectivité.

Il ne fallait surtout pas en remettre. Bizarrement, comme exemple d'escalade à éviter, il désigna une anecdote que j'avais rapportée :

« Votre ancien de Corée... sa soupe, c'est un peu gros... »

Un caporal-chef rempilé, rencontré au poste de garde de la cité El-Mers, nous avait régalés de bières et de souvenirs des combats sur le 38ᵉ parallèle. J'avais repris ses propos, lui faisant dire : « Forcément, fallait boire l'alcool à brûler, sans ça on aurait clamecé de froid. Ça nous travaillait un peu. Un jour qu'on se faisait chier, on a fait de la soupe chinoise. On a pris un Chinois, on y a coupé la tête proprement et on l'a fait bouillir avec des oignons. » Comme pour se faire excuser, ce vétéran du bataillon français de l'ONU en Corée avait ajouté pour nous, soldats du contingent peu aguerris : « On avait rien d'autre. »

Puis : « On a bu la soupe et bouffé les oignons. On a pas mangé la viande, la tête, quoi... »

Ce cabot-chef enjolivait-il ou inventait-il une histoire corsée pour étonner les bleus et les simples conscrits ?

Sartre trouvait cela peu plausible. Je lui demandai :

« Vous ne croyez pas qu'ils faisaient ça, nos soldats, en Corée ? Ou trouvez-vous que cette... incidente n'a pas sa place dans le récit, à cet endroit ?

— Je crois qu'il vous fabriquait une histoire qui devait faire la preuve de sa virilité. Sa soupe chinoise, c'était autre chose que vos bières, quand même !

J'étais ébranlé. Mais je conservai l'anecdote. Depuis, je crois que ce soldat de métier disait la vérité. Les Cambodgiens seraient-ils seuls à pouvoir arracher des foies humains pour les faire bouillir ? Enveloppée dans une plaisanterie, la récupération de l'élan vital d'un ennemi, sous la forme de la soupe chinoise, me paraît plausible. L'intéressant est que Sartre, lui, en doutait. La soupe chinoise n'était vraiment pas plus atroce que les fours crématoires ou le ramassage des graisses humaines par les nazis.

Mon manuscrit terminé, Sartre le donna vite à René Julliard, qui l'accepta et me convoqua. Sartre, on le voit, était souvent d'une généreuse loyauté dans l'amitié. Il ne prenait sûrement pas mon témoignage pour une œuvre impérissable. Mais, puisqu'il m'avait encouragé à l'écrire, il en suivit le sort. Je crois qu'il savait aussi que, pour moi, rédiger ce bouquin, c'était faire un contre-acte, une action niant un peu la facilité avec laquelle j'étais parti pour chasser ceux que l'on appelait déjà « les bougnoules ».

Il critiqua ma façon de décrire les prolétaires français engagés qui se révélaient racistes, incontestablement. Sartre acceptait volontiers qu'ils le fussent. Il s'interrogeait sur la nécessité de le dire sans fard. Ce racisme, que j'avais retrouvé jusque chez des soldats juifs que leurs copains taquinaient ou insultaient, cette agressivité à l'endroit des indigènes, Sartre l'expliquait, sans l'excuser : selon lui, ce racisme sadique était la meilleure manière qu'avait le groupe de se refermer sur lui-même, de s'affirmer Français de la métropole. Pour le combattre, toujours d'après lui, il aurait fallu établir des rapports humains, vrais et profonds, avec la population. C'était impossible. Les soldats délaissés, ces jeunes « paumés », en un sens, ne pouvaient pas ne pas être racistes dans ces circonstances.

J'avais écrit et publié ce petit livre pour me soulager, pour me dédouaner à mes propres yeux et participer à la campagne contre la guerre d'Algérie qui, en France, engouffrait tout, y compris les institutions républicaines existantes. Mais pas la République : de Gaulle n'était pas le fasciste qu'attendaient avec gourmandise des partis dits de gauche, incapables d'analyser la situation politique et encore moins d'influer sur elle.

J'avais mauvaise conscience. Je ne suis pas certain de ne pas avoir été, à demi, un salaud sartrien : j'avais voulu, d'un bureau de la Défense nationale, empêcher le contingent d'embarquer. Non seulement mes copains et moi n'avions pas réussi dans notre entreprise, mais, moi, en particulier, j'avais campé dans le Rif, tiré, en l'air, certes, mais tiré quand même. Revenu en France grâce à un coup de piston, j'avais écrit un livre. Belle confession, étrange manière de se donner l'absolution ! A la limite, en somme, j'aurais pu tuer, violer, comme certains de mes copains voulaient le faire à Boured, dans le Rif, puis revenir, écrire un ou deux essais masochistes ou cette *Demi-campagne* plus fiévreuse. Les légionnaires, Allemands, Espagnols, métèques plus anonymes que les soldats du contingent, étaient ceux qui marchaient devant dans le Rif, se faisant tuer à l'occasion. Agir, puis écrire en dénonçant ses actes, cela pouvait à la rigueur passer quand, au départ pour l'Indochine, le Maroc ou l'Algérie, on n'était pas conscient. J'avais vingt-cinq ans : je n'étais pas un innocent. Je savais que cette guerre, ces opérations étaient injustes. Pourtant, j'avais suivi. Il n'y avait pas de quoi être fier, dis-je à Sartre tout en goûtant le petit succès que me valut mon livre.

Sartre n'en démordait pas :

« Vous ne pouviez pas faire autrement.

– J'aurais pu déserter, même dans le Rif. »

Des Marocains me l'avaient aimablement proposé, désignant la frontière toute théorique entre le Maroc espagnol et le Maroc français.

« Alors ? disait Sartre, bon prince consolateur. Supposez que vous soyez parti, que vous ayez disparu à Tanger, en Suisse, ailleurs... Vous n'auriez pas écrit ce livre.

La rédaction d'un livre avait vraiment à ses yeux une valeur sacrée, ou du moins supérieure. Devant la littérature, bonne, moyenne ou mauvaise, il s'apprêtait toujours à entrer en religion. Néanmoins, il calmait mes inquiétudes sans me convaincre. En somme, c'était la deuxième absolution.

Il fallait effacer la tache du Maroc sur mon blason. Le 93ᵉ R.I. était en Algérie. J'adhérai à la Nouvelle Gauche, la suivant jusqu'au P.S.U. Ce militantisme faisait sourire Sartre. Selon lui – il évitait assez soigneusement de le dire à trop haute voix en public – ce militantisme-là ne pouvait qu'être « con » et « abrutissant ». Il y avait d'autres qualificatifs. Je retiens surtout ces deux-là. Sartre affirmait que, dans un parti, tout descend d'en haut, d'une direction presque toujours bureaucratique malgré ses excellentes intentions :

« A la Nouvelle Gauche qui veut n'avoir aucun

des défauts du P.C. ou de la S.F.I.O., ce sera la même chose. »

D'après Sartre, peut-être n'y perdrait-on pas totalement son temps.

« Au mieux, disait-il, les divergences et les discussions s'incarneront dans une multiplicité de tendances qui paralyseront le Parti et le rendront totalement inefficace. »

La prédiction de Sartre s'accomplit entièrement. Secrétaire de la section du P.S.U. de la région de Saint-Germain-en-Laye, je songeais aux commentaires de Sartre lorsque, vers deux heures du matin, nous discutions, en toute amitié et fraternité, les motions F, G, H... par rapport aux motions A, B et C.

Ayant ce point de vue sur les partis, *tous* les partis, pourquoi Sartre s'était-il lancé dans les aventures et les mésaventures du R.D.R. ? Ce Rassemblement démocratique révolutionnaire qu'il avait rejoint en février 1948 devint « le parti de David Rousset et de Sartre ». Sartre démissionna en octobre 1949, sans que ce rassemblement – parti de gauche comme le R.P.F. du Général fut un parti-rassemblement à droite, mais plus efficace – eût vraiment marqué la vie politique française.

Sartre expliquait lorsqu'on lui posait la question, à cette époque, qu'il serait bizarre de tant parler d'engagement, mais de refuser d'être dans le coup si l'occasion se présentait. Il répondait moins clairement quand on lui demandait pourquoi, si souvent, il ne votait pas. Il n'était pas le seul, parmi les intellectuels de gauche non communistes, qui se désengagèrent avec frivolité, tout en défendant la démocratie parlementaire, « le moins mauvais des systèmes ».

Sartre disait volontiers :

« Il n'y a personne pour qui j'aie envie de voter.

– Si vous vous abstenez, cela fait un vote de plus à droite...

– Tant pis. Je ne vais pas voter pour des communistes staliniens ou des socialistes sociaux-démocrates. »

Sans beaucoup s'en expliquer, Sartre garda toujours son hostilité manichéenne à l'endroit de la social-démocratie. Cela relevait plus de la tradition gauchiste et de la mode littéraire que de l'argumentation.

Sartre fut à vingt, trente, cinquante et soixante-dix ans, un anarchiste. Il ne croyait ni aux institutions électives ni aux appareils de parti ou d'Etat. Mais il ne proposa jamais un système alternatif, à moins que l'on ne retienne, fort vague, celui qui émerge des interminables bavardages sur l'autogestion.

Allons, finalement, Sartre aurait aimé une société gérée par les jeunes – les vieux (y compris lui) ayant tout au plus une voix consultative après avoir été sommés de faire des autocritiques en semi-public, des séminaires d'autocritique si l'on veut, avec droit de réponse et de contre-réponse. Il était très honnêtement opposé à de nombreux, voire à tous les aspects pénibles ou insupportables de nos sociétés, inégalités, aliénations, frustrations individuelles et collectives. Il n'avait pas grand-chose à proposer pour les supprimer et les résoudre. Mais les intellectuels sont peut-être d'abord là pour présenter des critiques. Aux politiques de construire. D'où, en politique, le radicalisme globalisant de Sartre : on supprimait tout. Pour la substitution des détails et des rouages, on verrait après. Le règne d'une fin était souhaitable. Pour les moyens, on attendrait. Ces idées, ces embryons d'idées peuvent être charmants à dix-sept ans. Chez un homme mûr, intelligent et influent, elles sont légères. Je commençais à m'en douter. Je restais fermement dans mes partis groupuscules dont les activités ne me paraissaient pas aussi négligeables que le disait Sartre.

« Que faites-vous dans votre parti ? demandait-il parfois avec amusement.

– Nous discutons de l'implantation de l'électricité en France », disais-je, pensant à une soirée de la section de Saint-Germain-en-Laye.

Notre camarade ingénieur d'E.D.F., fort démocrate de tempérament, avait pourtant avoué qu'il était difficile de remettre au peuple assemblé les décisions d'implantation des centrales.

J'ajoutais aussi :

« Beaucoup de militants, surtout les chrétiens de la Nouvelle Gauche, aident les Algériens.

– Ça, c'est utile », disait Sartre.

Le romantisme de l'action l'attirait. Comme Malraux, mais sans jamais y avoir autant participé, Sartre aimait l'action héroïque et aussi les chefs, oubliant que les actions et les chefs grandioses sont des catastrophes. Pour le bonheur d'un peuple, qui choisiriez-vous : Mao, Castro, si l'on veut prendre deux anciens « amis » de Sartre, ou tel Premier ministre danois ou vénézuélien inconnu, et modéré ?

Comme la plupart des intellectuels littéraires, Sartre a donné toute sa vie dans l'admiration des chefs pourvu qu'ils fussent de gauche. Quelle différence, hélas ! entre *Führer* et *Leader maximo,* entre *Duce* et *Grand Timonier* ? Soyons juste : il n'était pas, comme d'autres intellectuels, fasciné par les hommes du pouvoir, ou par *le* Pouvoir. Il lui répugnait plutôt, qu'il s'agît de celui du professeur de lycée ou du ministre. Mais il était naïf : il suffisait que le chef se présentât comme révolutionnaire pour que Sartre fût conquis. De ce que l'homme au pouvoir, Mao ou Castro, ou l'homme demandant le pouvoir, Togliatti, déclarait représenter les opprimés et la classe porteuse d'Histoire, Sartre paraissait en déduire qu'il était effectivement ce médiateur. Et que, de plus, il défendait à long terme toute l'humanité. Sartre ne fut pas le seul à commettre cette extraordinaire erreur plus affective que logique. On décèle ce penchant dans le texte ému qu'il a consacré à Togliatti, après sa mort, en 1964. On voit là comment il a, pour une fois, admiré un parti, le P.C.I. : *Un parti d'hommes durs et libres.* Libres, c'est discutable. Mais que vient faire ce « durs » ? Quel machisme pousse Sartre ?

Comme tant de littérateurs, Sartre préfère les partis communistes ailleurs, *d'ailleurs,* à ceux de son territoire. Un certain exotisme joue, même si Sartre comprenait infiniment mieux l'italien que l'anglais.

Je ne pouvais partager son mépris pour l'activité militante. Mais, à l'évidence, toutes les nouvelles gauches de France ne pesaient pas lourd.

Quand il vint me rendre visite à Saint-Germain-en-Laye, je reçus avec sympathie Francis Jeanson, engagé aux côtés du F.L.N. Il constituait son réseau, cherchait des planques, pour des Algériens ou pour des valises, s'inquiétait de trouver des voitures, des appartements. Disposé à l'aider, je consultai Sartre. La tentative lui paraissait utile. Il remarqua que la collecte d'argent parmi les Algériens en France était une activité symbolique dans la mesure où, en dix minutes, les responsables égyptiens pouvaient remplir d'autant les coffres du F.L.N. Mais, qu'importe, il était bon que des Français et des Européens fussent liés à de telles actions.

« Et si Jeanson se mêle de trafic d'armes ? » dis-je avec inquiétude.

Sartre me renvoya la question :

« Quelle serait votre réaction ?

– J'y serais opposé. Je suis contre le terrorisme. Si les Algériens de France doivent se défendre contre la police ou d'autres forces de l'ordre, c'est leur affaire. Pas la nôtre. »

Sartre tomba d'accord. Au départ, le Castor était

nettement moins portée à approuver l'action du réseau Jeanson. Elle estimait qu'il y avait beaucoup de pseudo-romantisme dans cette histoire.

Au sujet de certains membres, elle n'avait sûrement pas tort. On rencontrait dans ce réseau, dans les branches avec lesquelles je fus en contacts épisodiques, un grand nombre d'écrivains qui n'écrivaient pas, d'acteurs qui ne jouaient pas, de peintres qui ne peignaient pas. Parfois, on y mélangeait volontiers, Jeanson en tête, la politique et le sexe. Tel ami qui avait prêté son appartement pour une « importante réunion d'organisation » – c'est ce qu'on lui avait annoncé – y retrouvait les traces d'une indéniable fiesta.

Je fus un peu décontenancé quand on me somma de venir à La Closerie des lilas pour participer à un voyage en Suisse. Les conjurés buvaient des cafés. Ils étaient tous penchés sur une carte Michelin, lorsque la dame des lavabos, émergeant de sa grotte, cria :

« La communication pour Genève ! »

On me présenta une femme d'un âge respectable et l'on m'exposa la manœuvre :

« Elle est infirmière. Vous avez une aventure. Vous êtes partis pour passer deux jours en Suisse. »

Je n'étais guère convaincu. Et pourquoi m'octroyer une maîtresse aussi peu plausible, compte tenu de son âge ? Cette fable n'aurait pas été acceptée par un paysan du plateau de Millevaches entré la veille dans la police.

A Genève, je tombai dans une fourmilière de convulsionnaires, tous engagés dans l'action pour l'action. Il y en avait d'autres, je le sais, plus efficaces. Je ne les vis pas.

Ma voiture devait être la voiture pilote. Elle dégageait la route. Nous étions suivis par un autre véhicule, transportant le responsable algérien qui avait franchi la frontière à pied, comme un promeneur.

Chaque voiture téléphonait toutes les heures à un numéro à Paris. Chevau-légers, nous dégagions le chemin, faisant savoir qu'il n'y avait pas de barrages. Tout cela était peut-être utile, très enfantin aussi. Je ne doute pas que le réseau ait eu d'autres activités plus sérieuses et mieux organisées.

J'eus l'occasion de rencontrer non seulement quelques hommes et quelques femmes chaleureux, totalement dévoués à la cause de la fraternité algéro-française, mais aussi un personnage étrange. On l'appelait parfois « le Grand », parfois « Guillaume » : c'était Henri Curiel. Il aidait Jeanson. Quand il fut ignoblement assassiné, en mai 1978, j'ai écrit qu'il était un peu sommaire d'accuser Georges Suffert d'être responsable de sa mort à cause de quelques articles. Mais, surtout, que l'on ne pouvait, même à titre posthume, décerner à Curiel un brevet d'angélisme pacifiste. Les propos qu'il me tint à l'époque du réseau Jeanson me font penser que Curiel, en tout cas, était d'une profonde sincérité. Il avait des facultés caméléonesques : il était capable de dire à son interlocuteur ce que celui-ci souhaitait d'entendre. Curiel, c'est une hypothèse, cadre bien entraîné par plusieurs années de luttes clandestines, en Egypte comme en Europe, devait savoir tenir des propos pacifistes et non violents à des chrétiens de gauche comme à des pères jésuites. Et exposer des théories révolutionnaires violentes à des trotskistes ou autres marginaux politiques de l'extrême gauche. A un moment, j'eus l'impression qu'il me demandait jusqu'où j'irais dans le transport pour le F.L.N. avec ma 304. Au-delà des tracts et des valises... Je coupai :

« En aucun cas je ne transporterais des armes. »

Curiel répondit vite :

« Il n'en était pas question. »

De quoi était-il question ?

J'inclinais à penser que, finalement, le travail des professeurs militants devait être plus intellectuel. Je préférais écrire des articles dans différentes revues anglaises auxquelles je collaborais et faire des émissions de radio pour la B.B.C., en particulier sur la question algérienne. Je passai beaucoup de temps à préparer pour le Troisième Programme un script sur les travailleurs algériens en France. Des connaissances faites grâce au réseau m'aidèrent à examiner les choses de près. L'émission annoncée, l'ambassade de France à Londres se démena pour qu'elle fût censurée.

Ce type de combat me paraissait plus sûr. Lâcheté de ma part ?

« Pas du tout, m'assura Sartre. A chacun son truc.

Dans sa bouche, l'expression m'étonna, mais, en l'occurrence, me ravit et me rasséréna. Ainsi, l'action ne devait pas toujours être la sœur du rêve... »

Une fois de plus il me donnait sa bénédiction.

VIII

L'ANTICLARTÉ

Je n'avais pas, Dieu merci, que des questions politiques à soumettre au père Sartre. Au cours des déjeuners rituels – j'en voulais deux ou trois par an, pour rester en forme un peu comme si la lumière émanant de sa personne m'éclairait – nous parlions de lui et de moi. Il a affirmé qu'il préférait la conversation des femmes : elle permettait de parler des gens qui passaient dans la rue. Il ne faudrait pas en conclure qu'avec un homme Sartre prenait un air ennuyé, se taisait ou philosophait en permanence. Les sujets dits sérieux, il ne les chassait pas, il les traitait avec gaieté.

Au début de 1957, il m'expliqua qu'il travaillait à une biographie. Il parlait du marxisme, de Flaubert, et d'un gros ouvrage qu'il intitulerait *Critique de la raison dialectique.* Je lui demandai s'il accepterait d'évoquer tout cela devant les micros du Troisième Programme de radio pour la B.B.C. :

« Pourquoi pas, si c'est en français. »

L'émission fut enregistrée vers la fin de mai et diffusée le 6 juin. Je ne suis pas sûr d'avoir été conscient du fait que Sartre, là, évoquait assez tôt, très tôt, même, trois livres à venir fort importants. Il était tellement gentil qu'il faisait semblant d'oublier qu'il était Sartre.

Il débarqua de son sempiternel taxi, à la fin de

l'après-midi, dans les studios parisiens de la B.B.C., qui se trouvaient alors avenue Hoche. Je reproduis cette interview brute, rocailles et maladresses comprises, parce qu'elle dit deux ou trois choses intéressantes pour la compréhension de Sartre à cinquante-deux ans. La voici d'après le script fourni par la B.B.C. lorsqu'elle voulut reproduire l'interview de Sartre dans son journal, *The Listener* :

– *Vous êtes en train d'écrire votre biographie. Dans la mesure* (on attrapait facilement les tics sartriens !) *où il ne s'agit pas d'une entreprise anecdotique, de quelque chose qui rappellerait le Journal intime, pourquoi éprouvez-vous le besoin de le faire maintenant ?*

J.-P. S. : D'abord, c'est un essai de méthode. Parce que j'ai écrit un certain nombre d'ouvrages où j'ai essayé de déterminer le sens d'une vie et le projet qui l'habite, avec les modifications qu'ils subissent à l'expérience – par exemple sur Genet, sur Baudelaire, et d'autres études qui n'ont pas été publiées. On m'a reproché... que cette manière de reconstituer du dehors, sur les absents, sur les morts, exclut une espèce de sympathie. Il devrait y avoir dans la méthode une espèce de sympathie. On ne pourrait certainement pas reprocher à un auteur de se trouver sympathique lui-même. Par conséquent, je pourrais bénéficier en appliquant ma méthode sur moi-même du minimum de sympathie que je peux avoir pour mes propres projets.

– *Eprouvez-vous beaucoup de sympathie pour vous-même à toutes les époques de votre existence ?*

J.-P. S. : Il y a certainement des transformations. Il y a des époques que je n'aime pas. Mais, enfin, il y a certaines continuités. Du moment que ce sont des continuités, du moment que je peux retrouver aujourd'hui chez moi des désirs ou des volontés que j'avais il y a quinze ou vingt ans, je peux penser que je ne risque pas d'être trop injuste. Je dis trop injuste parce que, si je parlais simplement de moi, je pourrais risquer de tomber dans le défaut commun de tous les gens qui parlent de soi, c'est-à-dire d'être trop indulgent pour moi. Mais, comme la méthode elle-même est très sévère, j'imagine qu'il doit y avoir une sorte de correction. Autrement dit, il s'agit de retrouver un sens du vécu, tel qu'il m'est apparu quand je le vivais, puisque le reproche qu'on m'a fait, c'est que ce sens du vécu-là a pu m'échapper quand j'ai travaillé sur d'autres que moi.

– Même s'il y a continuité dans votre vie telle que vous la voyez, n'y a-t-il pas aussi des ruptures assez nettes, qu'on peut retrouver dans vos livres? Ce qui me frappe dans les articles et les livres vous concernant, c'est que les critiques ne soulignent pas la rupture entre des préoccupations subjectives et d'autres objectives, comme la politique.

J.-P. S. : C'est la seconde raison pour laquelle j'écris cette biographie et pour laquelle je l'écris maintenant. Parce qu'il y a deux manières de concevoir ce qu'on écrit. Ce que personne ne sent et ne pense : c'est de l'aristocratie littéraire. On peut, au contraire, penser qu'on écrit ce que tout le monde pense, simplement parce qu'on est comme tout le monde. C'est mon deuxième point de vue, un point de vue démocratique. Dans ces conditions, il me semble que ma propre expérience peut être significative dans la mesure où elle peut être celle d'une foule de gens qui me ressemblent. Mettons, par exemple, des intellectuels français de la IIIe et de la IVe République. C'est ce passage du subjectif à l'objectivité qui me paraît frappant, non pas seulement dans ma biographie, mais dans celle d'une foule de gens que je connais. Aussi bien chez d'anciens surréalistes que d'anciens analystes ou chez beaucoup d'autres qui ont à peu près le même âge. Ce qui m'intéresse quand j'écris cette biographie, ce n'est pas seulement de retrouver le sens propre d'une vie parmi d'autres, mais de retrouver l'évolution assez curieuse d'une génération. C'est-à-dire que je suis né en 1905 dans un milieu de petits bourgeois intellectuels et que je me suis développé dans une époque où les maîtres étaient malgré tout Gide et Proust, dans une époque, en effet, de subjectivisme et d'esthétisme. Nous étions tous pareils, à cette époque-là. Nous nous retrouvons aujourd'hui avec pour préoccupation majeure le rapport avec des thèses, des thèmes politiques objectifs et des idéologies objectives comme le marxisme. C'est une curieuse modification. Et qui a pour effet, en particulier, je pourrais dire de disqualifier à nos propres yeux certains épisodes de notre vie. Je prends, mettons, l'ensemble des événements intimes de ma vie subjective et privée entre 1930 et 1939. Ce sont des événements semblables à ceux de toutes les vies, mais auxquels je devrais attacher une certaine importance, une certaine tendresse, comme tous les gens qui vieillissent devant l'âge de leur jeunesse, de leur maturité. Eh bien, précisément, parce que, à mon point de vue, nous avons tous une sorte de dissolution de l'objectivité ! Dans ce que vous voyez comme quelque chose de riche, d'original, je suis contraint de ne plus voir qu'une manifestation parmi d'autres d'un certain genre d'intellectuel d'un certain type. Des relations auxquelles je tenais, auxquelles je trouvais une certaine originalité, ne m'apparaissent maintenant plus que dans un certain cadre qui, lui, est beaucoup plus intéressant, qui est le cadre d'une époque. De cette époque qui se figure qu'elle glisse vers une idée perpétuelle, mais qui, en réalité, n'est qu'un résidu d'une guerre qui se prépare à l'autre.

Autrement dit, ce que je voudrais essayer de rendre, c'est l'évolution d'une génération qui avait entre dix et quinze ans pendant la Première Guerre, et qui, donc, l'a connue à travers ses parents, mais qui n'avait pas l'âge de la faire, qui a abordé la Seconde encore avec l'âge de la faire, mais déjà parmi les plus âgés de ceux qui la faisaient... Pour cette génération-là je crois bien que la rupture s'est faite en 1940, d'abord au moment précis où on a constaté que nous avions vécu une époque totalement truquée, puisque, justement, nous la voyions comme une espèce de progrès un peu indéfini vers la paix. Nous la visions comme telle. Nous considérions ce que nous faisions comme une espèce d'apport minime, puisque ce sont des apports personnels – chacun le sien – à cette évolution pacifique. Nous retrouvions donc l'espèce d'optimisme progressiste que les marxistes attribuent aux bourgeois. Et pendant que nous visions cela, en fait, tous nos actes appartenaient à une autre réalité, la vraie, qui était une réalité qui devait conduire à cette guerre à la fois militaire et civile qu'a été la guerre de 1939. De sorte que nous avons été les dupes, en un certain sens. En même temps, en 1940, nous avons senti que nous avons vécu une situation de violence, de contradictions et de conflits qui est une situation proprement marxiste dans son allure, comme une situation progressive relativement douce et modérée. C'est à partir de ce moment-là qu'il y a eu changement chez tous ceux de mon espèce, c'est-à-dire tous ceux qui ont environ cinquante ans...

– *Vous avez parlé de marxisme. Beaucoup de gens prétendent qu'il y a trois types de marxisme, le bon, le mauvais et le vôtre. Vous venez de donner une interprétation marxiste de l'époque pendant laquelle vous avez mûri. Sur le plan de l'analyse psychologique, en quoi le marxisme vous éclaire-t-il ? Il y a des gens qui contestent au marxisme sa valeur psychologique...*

J.-P. S. : D'abord, il faut comprendre ce que c'est qu'une philosophie. A mon idée, c'est un phénomène d'ensemble qui ne se produit que très rarement et lorsque certaines circonstances très particulières sont réunies, c'est-à-dire que c'est un objet total totalisant, qui reflète à la fois le point de vue de la classe montante sur le monde, la manière dont cette classe se représente et se peint elle-même, sa prise de conscience, une méthode pour résoudre d'autres problèmes concernant la vie, la vie réelle, et en même temps une arme de combat de cette classe contre les autres classes qui peuvent s'opposer à elle. Une philosophie de ce genre reste indépassable tant que les conditions qui l'ont produite ne l'ont pas elle-même dépassée. Par exemple, le cartésianisme me paraît être une philosophie. Et c'est lui qui, sous des formes diverses, est la base de toute la critique révolutionnaire du XVIIᵉ siècle. C'est lui qui est derrière Rousseau et Robespierre aussi bien que Voltaire ou Diderot. Il n'a pu vraiment être dépassé que lorsque, à la fois, la science a pris une autre forme, et la classe qui le soutenait, et qui fut d'abord une bourgeoisie de capitalistes mercantiles, a commencé vraiment à devenir autre chose, c'est-à-dire une classe qui est à la tête de l'industrialisation du pays. A ce moment-là nous trouvons autre chose qui exprime à la fois les événements du XVIIIᵉ siècle, à la fois la nécessité de revenir et de refonder le sens de la nature à la base des techniques et à la fois un autre type de lutte. Parce qu'il ne s'agit plus pour la bourgeoisie de lutter contre une aristocratie à peu près hors de combat, mais contre d'autres classes qui naissent *dans* et *par* l'industrialisation. A ce moment-là, vous avez une autre philosophie : d'abord un idéalisme et enfin une philosophie qui correspond à un degré supérieur de développement du prolétariat, le marxisme.

C'est vous dire que je considère le marxisme comme indépassable à notre époque : parce que les vrais problèmes qui se posent à la philosophie sont encore des problèmes qui sont dans le cadre du marxisme. En particulier tant que le problème de la rareté restera un problème concret aussi bien pour les démocraties populaires que pour nous, le problème de l'exploitation de l'homme reste un problème vivant lui aussi. Et par conséquent les grands problèmes et les grandes solutions marxistes restent indépassables. De sorte que, pour moi, il n'y a pas de bon ou de mauvais marxisme. Il y a le marxisme.

– *Alors le marxisme d'aujourd'hui ne peut pas être dépassé ? Il s'agit simplement de l'approfondir ?*

J.-P. S. : Il s'agit qu'il se développe, c'est-à-dire qu'il soit vivant, et que sous toutes les formes qu'il doit prendre, comme le cartésianisme, il continue à vivre par lui-même : c'est un ensemble qui reflète toute l'époque que personne ne peut dépasser, parce que si vous croyez le dépasser ou vous retombez dans un concept prémarxiste ou vous travaillez avec un concept implicite dans le marxisme. Dépasser le marxisme, c'est un pseudo-problème. Le problème est simplement de le laisser se développer librement. Il y a tout un drame politique ou historique qui a fait que le marxisme, pendant des années, est resté serré, figé. Il ne s'est pas libéré. C'est pour ça qu'on a pu croire dans le monde qu'il y avait un mauvais marxisme.

Je suis marxiste. Pour être précis, cela signifie que je ne peux pas essayer de ne pas l'être sans retomber sur de vieilles notions comme la liberté abstraite ou l'égalité des droits.

– *Là vous avez changé, parce que, à lire « L'Etre et le Néant »,* on ne devinerait pas que vous êtes marxiste.

J.-P. S. : Oui, il y a eu des changements, encore que j'accepte à peu près aujourd'hui toutes les thèses de *L'Etre et le Néant*. Mais le problème n'est pas là : ce que je veux dire, c'est que toutes les pensées que l'on forme aujourd'hui ont un fond, une détermination, une profondeur, si vous voulez, qui est une profondeur marxiste...

Vous me demandez l'usage que l'on peut faire du marxisme dans l'approfondissement d'un individu. Vous avez dit « psychologique ». Je n'aime pas beaucoup le mot « psychologique ». Je n'y crois pas. Disons, si vous voulez, approfondissement d'une biographie de la personne... La seule profondeur d'un homme lui vient justement de ce que l'on saisit un regard, qui va toujours plus profond, des structures objectives vers lui. Autrement dit, je ne pense pas qu'un homme soit autre chose qu'une certaine manière de vivre, un ensemble de circonstances qui elles-mêmes sont objectives. Et dans ces circonstances-là, si je veux comprendre Flaubert, par exemple, il est absolument nécessaire, pour comprendre sa profondeur, que je comprenne son attache avec sa famille, ce qui nous renvoie à la psychanalyse. Mais aussi ce qu'était elle-même cette famille, ce qui me renvoie à l'étude de certains groupes sociaux, de l'évolution de la famille petite-bourgeoise depuis la Révolution jusqu'au second Empire. L'évolution de la propriété, ce qui amène à un genre de dissolution particulière de la famille domestique. On apprend, par exemple, que la famille de Flaubert est d'un drôle de type. Que, justement, elle est à cette époque où les petits-bourgeois sont voltairiens comme les industrialistes. Le père de Flaubert était chirurgien, mais le vieux fond paysan parlait... il achetait des terres. De sorte que la famille de Flaubert est une famille domestique dont le père a une autorité non questionnée sur les enfants. D'autre part, elle a quelques contradictions. Elle est scientifique, cultivée, amie de l'industrie naissante... Si l'on ne voit pas comment Flaubert a pu vivre à travers ceci dès l'enfance, ses rapports avec la mort, avec l'amphithéâtre de dissection où son père disséquait des cadavres, ses rapports avec le monde, ses rapports avec sa classe, alors même la profondeur même de Flaubert n'existe plus.

– Cette profondeur, vous essayez de la toucher, de la refléter verbalement. Comment votre psychanalyse existentielle peut-elle vous aider à la ressusciter ?

J.-P. S. : Il faudrait bien préciser que, pour moi, il n'y a aucune opposition réelle entre marxisme et psychanalyse.

– Les marxistes le contestent sans arrêt...

J.-P. S. : Ils le contestent sans arrêt ou ils l'ont contesté. Mais ils le contesteraient peut-être moins si l'on arrivait à leur montrer deux choses : la première, c'est que la psychanalyse est une méthode, une thérapeutique, et aussi une méthode de découverte sans bases théoriques et que, par conséquent, elle ne peut en aucune façon gêner le marxisme... On donne des résultats. On dit qu'il y a chez l'homme des complexes de telle ou telle sorte. Mais il n'y a pas – sauf dans des ouvrages particuliers de philosophie qui n'engagent pas vraiment la psychanalyse comme mouvement – il n'y a pas de théorie qui explique comment l'homme est fait.

– On ne peut jamais prouver qu'une cure a guéri un malade...

J.-P. S. : En effet. Surtout : il n'y a pas de principes. Ce qui est gênant pour le marxisme, c'est une philosophie qui s'oppose au nom de certains principes à sa propre pensée : par exemple, le christianisme, quoi qu'on fasse, sera toujours en opposition avec le marxisme parce que, là, il y a des principes aussi. Il y a par exemple le principe : Dieu est. Tandis que le marxisme pose l'aliénation de l'homme à la religion. Ici, vous avez une contradiction absolue. Ce qui n'empêche pas les marxistes d'être souvent beaucoup plus amis des catholiques que des freudiens. Mais comme il n'y a pas de base en ce qui concerne la psychanalyse, il n'y a au fond aucune raison pour que le marxisme à titre de méthode ne puisse l'intégrer.

– Les marxistes voient dans la psychanalyse une fausse science s'opposant à une vraie science...

J.-P. S. : Il y a un point qu'il faut marquer : les marxistes n'ont pas ce qu'on pourrait appeler le point d'insertion de l'individu dans le social. Il est entendu que Flaubert est un petit-bourgeois et il est entendu, par conséquent, qu'il réagira en petit-bourgeois. Mais pourquoi est-il petit-bourgeois ? Pourquoi réagit-il en petit-bourgeois ? Pourquoi est-il toujours conditionné ? Par quelle caractéristique et par quelle bourgeoisie. Tout cela, le marxisme ne peut pas nous le donner parce qu'il manque de ce que j'appelle les médiations... On voit que Flaubert est un petit-bourgeois pour toujours. Parce qu'il a vécu son appartenance à une certaine petite-bourgeoisie dans l'obscurité de l'enfance, dans les efforts tâtonnants et aveugles de l'enfant pour se connaître. C'est là qu'on lui a limité son horizon. Là qu'il a fait l'apprentissage de contradictions très particulières : par exemple, celle de la science, représentée par son père, et la foi... dont il s'entourait de tous côtés... Cela l'a toujours mis dans une étrange contradiction : en même temps il reproche à la religion de ne pouvoir y croire. Si l'on ne voit pas que cela a été vécu dans le particulier, dans une famille particulière qui habitait les annexes de l'hôpital de Rouen, alors on perd la médiation qui permet d'affirmer justement que Flaubert est un petit-bourgeois. Mais si, par contre, on s'y intéresse, on s'aperçoit qu'au fond, lorsque Flaubert vit sa condition de petit-bourgeois, il voit en particulier la généralité. Autrement dit, s'il vit dans cette famille, s'il a cette histoire enfantine, cette expérience enfantine, c'est qu'il apparaît au cours d'un certain développement de désagrégation de la famille domestique, avec un moment où la mère commence à prendre une autorité différente, qui vient de ce que la famille domestique est remplacée lentement, à cause des transformations de la production et de l'industrie, par la famille conjugale. Lorsque vous voyez Baudelaire, né la même année que Mallarmé, mais dans un milieu plus cultivé que Flaubert, et moins près de ses origines paysannes, et que vous voyez l'attachement qu'il a eu pour sa mère, vous voyez que nous avons affaire déjà à une société qui commence à devenir du type conjugal. D'ailleurs la femme commence à avoir une très grande importance. Alors vous voyez qu'un complexe traduit une certaine situation de la mère. Au XVIIIᵉ siècle, le complexe de Mirabeau n'a rien à voir avec le vice. C'est un complexe de fils fixé sur le père. Car à ce moment-là, dans cette famille domestique, la haine du père pour Mirabeau a créé un conflit insoulevable par lui, à partir duquel toute sa personnalité s'est développée. Mais, précisément, c'était une manière de vivre. Ce type de petite noblesse, encore propriétaire foncière mais déjà ruinée, joignait certaines idées progressives à un aspect entièrement de famille domestique, de propriété patriarcale... A ce moment-là, comme profondeur, on retrouve de la psychanalyse. Les analyses marxistes allaient même plus loin et retrouvaient jusqu'aux conditions matérielles, jusqu'au rapport direct des forces productrices et des conditions de production. Ce que je veux marquer simplement, c'est que cet approfondissement doit se faire à travers une méthode qui soit de type psychanalytique.

– *Il n'y a donc pas de contradictions entre les deux méthodes ?*

J.-P. S. : Non seulement il n'y a pas de contradiction mais, à mon avis, elles sont complémentaires. Il ne s'agit pas d'une méthode auxiliaire. Il s'agit que dans certaines études marxistes de personnes ou de groupes, il y ait le moment de l'étude psychanalytique.

– *N'y a-t-il pas plus de contradictions quand on écrit une autobiographie que dans la rédaction d'une biographie : parce que, dans le premier cas, on chasse les significations d'une vie qui sont transformées dans la chasse même ?*

J.-P. S. : Oui. Mais c'est pour cela qu'à mon avis il y a des moments où l'on peut le faire. Ce sont les moments où l'on est soit à un point de crise ou à un point de rupture ou à un point d'arrivée, ce qui est plus rare. Ou à un nouveau point de départ. C'est le moment où le changement d'une situation amène la brusque découverte de sa vie sous un nouvel aspect. Naturellement vous me diriez : pourquoi cet aspect serait-il plus vrai que l'aspect qu'elle avait auparavant ? Je vais essayer de vous le dire : c'est que l'autobiographie doit viser l'individu et le regarder presque comme un objet en même temps que comme un sujet. Mais, pour se regarder soi-même comme objet, il ne faut pas croire qu'il suffise de diriger le regard de la réflexion sur soi-même. En fait, on tourne en rond...

La première chose que je dois essayer d'expliquer dans une autobiographie, c'est pourquoi j'écris. Enfin, j'aurais pu choisir un autre métier. J'aurais pu être peintre ou j'aurais pu faire des affaires. Le problème est là : pourquoi est-ce que j'ai préféré ce mode d'activité à tous les autres ? Or, je n'ai pas été capable de le savoir avant les trois ou quatre dernières années. Pourquoi ? C'est parce que je tenais tellement à ce projet d'écrire que tout ce que je pouvais me dire sur lui, c'étaient des choses qui m'étaient dictées par lui-même. Il ne pouvait pas être lui-même mon objet, alors que je pouvais m'analyser comme un autre, concernant mes sentiments, mes déceptions, mes petites mesquineries ou mes enthousiasmes. Ça, c'était très facile à analyser, comme chez tout le monde. Mais ce qui me constituait, moi, et qui donnait son sens à tout le reste, j'étais parfaitement incapable de le comprendre. D'ailleurs, je vivais sans me donner d'explications. Le résultat, c'est qu'au fond j'avais deux pensées – des pensées qui s'exprimaient en tenant pour tout à fait contingent le fait d'écrire, de s'adresser à tout le monde. Et puis, une pensée derrière qui me dictait tout cela et qui était quand même que j'écrivais. Je n'étais pas encore retourné sur moi-même. Vous voyez ce que je veux dire...

– *Et maintenant ?*

J.-P. S. : Eh bien... C'est aussi ça qui me paraît un enseignement marxiste : pour pouvoir prendre un recul mental par rapport à certaines données de votre vie, il faut un déplacement réel et matériel de la personne par rapport à la condition antérieure dans laquelle ces données existaient. Mais dans la mesure, justement, où la politique m'a entraîné à prendre des positions de plus en plus objectives et à me rapprocher de plus en plus de la gauche, de l'extrême gauche, c'est dans cette mesure même qu'un beau jour, me saisissant et étant saisi par les autres comme un homme d'une certaine espèce, j'ai pu comprendre ce que représentait pour moi le choix très ancien d'écrire. Après tout j'avais huit ans quand je pris la décision !

A la fin de l'interview, la représentante de la B.B.C. à Paris, Cecilia Reeves, s'avança :

« Tout ce que vous avez dit est fort intéressant. Il ne manque qu'une chose.

– Ah oui ! Quoi ? interrogea aimablement Sartre.

– Une définition du marxisme.

– Alors, dit Sartre, il aurait fallu y consacrer quarante-cinq minutes au moins. »

Sartre n'exigea pas de relire la traduction anglaise qu'imprima *The Listener.* Il demandait rarement à revoir les montages de ses interviews. Il lui est arrivé de laisser un autre écrire certains de ses textes – non littéraires.

Ainsi, la fameuse lettre qui expliquait que Sartre

porterait des valises pour le F.L.N. en 1960 était de Marcel Péju. Sartre, parfois, se trouva comme ces hommes d'Etat qui sont obligés de laisser leurs aides rédiger leurs discours ou leurs lettres de réponse. Du moins, Sartre ne fit-il pas, lui, composer ses livres par d'autres. La facilité avec laquelle il laissa les rédacteurs des journaux rogner et limer ses interviews est plus une preuve de confiance ou d'indifférence que la démonstration de sa légèreté. Autant les politiques sont assommants et méfiants, autant, en France, les très grands écrivains sont laxistes ou confiants.

Quand je fis cette interview, j'étais encore tellement fasciné par Sartre que je mettais souvent en veilleuse tout sens critique. Il me sembla bizarre de voir en Voltaire un héritier de Descartes plutôt que de Locke. On m'excusera peut-être. J'étais alors plus professeur que journaliste : comme beaucoup de questionneurs, en public, je m' « écrasais », comme aurait dit mon sergent pendant mon service militaire.

En vérité, je me laissai endormir ou bercer par les « dans la mesure où », « autrement dit », « en effet », « c'est-à-dire », et autres chevilles ou crampons plantés par Sartre pour ficeler ensemble ses propos. Je ne relevai aucune de ses énormités sur le marxisme unique et parfait à terme; sur les « vieilles notions de liberté abstraite » ou « d'égalité des droits » dont Sartre, alors comme plus tard, faisait bon marché. Vieilles par rapport à quel âge de l'humanité ? Vieilles d'à peine deux siècles !

Sartre avait trop souvent le jugement historique aussi péremptoire que le raccourci philosophique. Je passai pieusement à côté de ses proclamations sur le marxisme indépassable. Cette affirmation, venue de Sartre, fera pendant une vingtaine d'années des dégâts dans l'intelligentsia française. Imaginez Napoléon proclamant en 1800 que l'artillerie de son temps était indépassable. Alors, probablement, dans les écoles militaires, aurait-on évité d'étudier l'emploi de nouvelles armes. Nombre d'arguments de Sartre au sujet du marxisme sont totalement circulaires. Sa volonté d'être dans « une continuité » est touchante, mais elle l'entraîne à beaucoup de cabrioles. Affirmer que la psychanalyse est une méthode de découverte sans base s'avère, à proprement parler, ahurissant. Car, enfin, elle manie des concepts et des hypothèses que la cure est censée infirmer ou confirmer. La psychanalyse manque surtout de bases quantifiées, mais c'est une autre affaire.

Sartre, il me le répéta à la sortie du studio de la B.B.C., avant de reprendre un taxi, voulait rédiger une autobiographie qui le mènerait bien au-delà de la période couverte par *Les Mots.* On le sent ici. Mais, plutôt qu'une autobiographie étalée et saupoudrée de considérations théoriques plus ou moins démontrables, mieux vaut avoir eu *Les Mots.* Tant mieux pour la littérature, tant pis pour une certaine philosophie.

Sartre parle bien, pour lui, de deux pensées. Au vrai, j'étais moi, face à Sartre, sur deux longueurs d'ondes : j'avais une réelle affection pour l'homme et une admiration nuancée pour l'écrivain. Je n'avais guère goûté *Nekrassov,* joué deux années auparavant, mais le texte de *Kean* me paraissait superbe. Comparées aux œuvres plus lourdes, les deux pièces font peut-être partie des « divertissements », comme on parle des *entertainments* et des autres romans de Greene.

Sartre semblait tomber du bon côté, à propos de l'insurrection de Budapest ou de l'excursion de Suez et face à tout ce qui touchait au colonialisme et à l'impérialisme occidental. Tous, à gauche, nous faisions semblant de ne pas voir l'autre, le soviétique.

Mes allergies philosophiques, elles, revenaient. D'autant plus que, entre-temps, je m'étais lié d'affection avec Jean-François Revel, juste après la publication de *Pourquoi des philosophes,* un des essais les plus courageux et les plus salubres de ces dernières années.

L'ayérisme et le revélisme se complétaient.

On a souvent pris *Pourquoi des philosophes* et sa suite naturelle, *La Cabale des dévots,* comme une sorte de combat pour la clarté et la simplicité de l'expression. Il était naturel qu'au premier degré le public et même certains philosophes, terrorisés par le jargon franco-allemand hermétique de la philosophie régnante durant les années 50, aient accueilli avec soulagement certains aspects du livre de Revel.

Mais, de fait, Revel n'a jamais contesté qu'un vocabulaire technique, non immédiatement accessible sans préparation, pût être un droit et une nécessité pour n'importe quelle discipline sérieuse. Il a contesté, beaucoup plus en profondeur, que le vocabulaire de la philosophie fût réellement un vocabulaire technique : *Comment un philosophe ose-t-il opposer à un profane l'objection de la technique et du vocabulaire, alors qu'il sait parfaitement que s'il est un domaine où, en fait de technique et de vocabulaire, jamais rien d'intelligible n'a réussi à se fixer, et où chaque auteur repart de zéro, ce domaine est bien la philosophie ?* Au-delà de l'hermétisme du langage, c'est donc la viabilité de la philosophie elle-même que Revel mettait en question. Les philosophes le sentirent bien, et c'est ce qui explique la virulence de leurs réactions que n'eût pas suffi à déclencher une simple critique de l'obscurité de leur vocabulaire.

Au-delà d'oppositions irréductibles, Revel m'assurait, comme quelques autres, qu'on pouvait rester l'ami de Sartre, être d'accord avec lui politiquement, aimer telle de ses œuvres littéraires, tout en rejetant ses constructions philosophiques.

Mon attitude, alors, face à l'œuvre de Sartre, était ambivalente. En public, il avait toujours l'air de dire qu'il fallait accepter sa philosophie globalement, comme toute philosophie. En pratique, il n'exigeait pas une adhésion béate. Toujours, dans la pratique, il admettait plus difficilement les désaccords politiques que les divergences idéologiques : au xxᵉ siècle, ils marquaient plus un homme ou une femme.

Pour résoudre mon dilemme, je recourus au parricide. Je travaillais également comme pigiste pour le supplément littéraire du *Times.* Le service nécrologique de la maison mère, le *Times,* me demanda de rédiger la notice de Sartre. Ce que je fis, après avoir demandé son autorisation à l'intéressé. Il me l'accorda avec bonne humeur, m'assurant qu'il espérait pouvoir me donner de nombreuses occasions de la compléter. Je laisse psychologues et psychiatres broder sur cet épisode. Il me rapporta 15 livres sterling. La livre, alors, valait plus de 13 francs.

J'essayais d'échapper à Sartre. C'était d'autant plus difficile qu'il ne cherchait pas à me prendre dans des filets. Il me déconseilla fortement de publier le second livre que je soumis à René Julliard, *La Traversée de la Manche.* Il n'avait pas tort. Ce roman-là n'eut pas *une* critique. Après l'accueil fait au précédent, on devine ma perplexité.

Je tournais en rond, et pas d'une manière très enrichissante. Il fallait se débarrasser de certaines illusions du sartrisme. Mais comment le cerner ? La création littéraire, la curiosité appliquée à tout, une espèce de joie de vivre. Même au plus profond de l'angoisse, il suffisait de déjeuner avec Sartre, de bavarder deux heures, et les accus étaient rechargés. Curieux phénomène. Je ne me l'expliquais pas et j'évitais de l'évoquer avec lui.

Je tentais de situer Sartre dans le courant de la pensée occidentale et française.

Revel n'examinait pas, ne critiquait pas Sartre d'un point de vue strictement empiriste, mais il était réceptif aux méthodes anglo-saxonnes. A la différence de Sartre qui fut toujours, malgré ses voyages, prodigieusement insulaire, Revel est cosmopolite au meilleur sens du terme : celui que les staliniens haïssent. On ne comprend pas la sensibilité et l'évolution de sa pensée si l'on ne tient pas compte du fait que très tôt, à vingt ans, Revel échappera à l'étouffoir français, vivant à l'étranger fort longtemps, en Algérie, au Mexique, en Italie, regardant de près les Etats-Unis, bien avant qu'ils deviennent à la mode. Il parle quatre langues, ce qui contribue à élargir ses horizons et l'aide, en permanence, à comparer, à confronter.

En dehors de son séjour en Allemagne avant la guerre, dont il paraît n'avoir rien rapporté, hélas ! sinon la connaissance des œuvres de Husserl et de Heidegger, de ses étés régulièrement passés en Italie, Sartre n'a jamais vraiment *vécu* à l'étranger. Il demeure étonnamment français. Peut-être est-ce un des prix à payer pour son génie... Mais c'est cher, très cher.

L'antisartrisme philosophique en France va maintenant, après sa mort, se développer, mais surtout dans une veine obscurantiste, sur la lancée de Foucault et de certains autres. Revel présenta quelques remarques sur Sartre dès 1957, dans *Pourquoi des philosophes,* et dans *La Cabale des dévots* en 1962.

Dans son premier livre critique, Revel soulignait que « vous ne faites jamais changer un philosophe d'avis parce que vous lui opposez un argument ». Ce n'était que trop vrai avec Sartre : il allait jusqu'à dire qu'il n'aimait pas discuter, ni oralement ni par écrit.

Je lus *Pourquoi des philosophes* comme j'avais

dégusté *Language, Truth and Logic* : enfin un livre qui s'en prenait au verbiage ! Ecrivant, ici et là, des articles en anglais où j'avais l'occasion de citer Sartre, je m'étais aperçu qu'à la traduction un phénomène, disons, d'évaporation inversée, se produisait : trop de phrases de Sartre ne résistaient simplement pas à cette épreuve, décisive pour toute pensée. Wittgenstein prétendait que tout ce qui peut être dit peut l'être clairement. On pourrait avancer cette règle : tout ce qui a un sens peut être traduit.

Revel, dans *Pourquoi des philosophes* comme dans *La Cabale des dévots,* rappelait que pour Kierkegaard *le moyen infaillible de savoir si quelqu'un comprend ce qu'il dit est de l'inviter à l'exprimer autrement : varier les formules, voilà le difficile.* La traduction *dans* la même langue ou *d'une* langue *à* l'autre est, d'une certaine manière, une méthode de vérification.

Il me semblait voir de nombreux points communs entre Ayer et Revel. Pour le premier, rien dans la philosophie ne justifie l'existence d' « écoles » différentes et le philosophe n'est pas dans une position qui lui permette de « fournir des vérités spéculatives », en concurrence avec la science ou les dominant dans une synthèse supérieure. Pour le second, aujourd'hui, une bonne partie de la philosophie française « n'est plus que l'hôpital où sont soignées les victimes des imprudences intellectuelles du passé ». Revel fut un des premiers à souligner le caractère antiscientifique de la pensée de Sartre, qu'un historien, un physicien, un biologiste, un chimiste déchirera en privé, mais osera rarement critiquer en public. Revel avait pour Sartre des formules dures mais fort justes. Que voulait Sartre ? « Tout dire; tout de suite; et de la seule manière possible de le dire... » Revel parlait de sa « sombre intransigeance ». C'était exact : il y avait en Sartre, dans les rapports théoriques, comme chez le Castor et chez des astéroïdes refroidissants comme Bost, une tendance à « mettre l'humanité en demeure d'avoir à choisir entre lui (Sartre) et la fin de la pensée ». Revel avait trouvé la formule qui me semblait parfaitement décrire *l'Etre et le Néant* qu'il aimait beaucoup par certains côtés : c'était « un monument d'impatience ».

Quand je parlais à Sartre des critiques de Revel, il me faisait, une fois de plus, le coup de Descartes et de Hobbes :

« C'est un con ! »

Ces descriptions, sur cette lancée, s'enrichiront. Sartre en viendra à dire :

« Votre Revel est réactionnaire. »

Puis :

« Il est de droite. »

Sartre me demandait assez régulièrement ce que je pouvais bien faire avec « un type comme ça ». Sartre n'avait pas lu Revel. Il s'en était remis à des tiers pour juger ses livres, les passages le concernant, lui, Sartre, et les autres.

Sartre avait de ces légèretés, fort bien encouragées par son entourage parfois plus sartrien que Sartre. Il était inutile d'essayer d'expliquer que Revel, par exemple, ne rejetait pas *L'Etre et le Néant* en bloc, qu'il estimait certaines pages « admirables ». C'était, du côté du clan Sartre, la politique du tout ou rien. Je me demande encore comment j'ai survécu dans son apparente affection ou tolérance. Peut-être parce que, dès 1948, je lui avais dit que sa philosophie ne pouvait m'atteindre.

Dans son interview pour la B.B.C., Sartre avait parlé de ses mesquineries. Une de ses mesquineries intellectuelles consistait assez souvent, je le répète, à s'en remettre à ses intermédiaires pour juger un livre, une personne, une politique. Ma théorie de la planète principale et de nombreux satellites plus que mineurs tournant autour de lui et de Simone de

Beauvoir se confirmait : Sartre a mainte fois expliqué qu'il n'avait pas besoin de lire ce qu'on écrivait sur lui. En dehors des critiques d'Aron que, parfois, il admettait avoir parcourues, qui a-t-il vraiment examiné ? Qu'il n'ait pas eu le temps de prendre connaissance de la dernière thèse de l'université de Melbourne, de Santiago ou de Zagreb à lui consacrée, on le comprend. Mais ce qui se faisait en France ? Ce qui nourrissait un débat ? A la limite, si Marx et Freud étaient revenus contester les interprétations qu'il proposait de leur pensée, Sartre ne les aurait sans doute pas écoutés, ou, sur le tard, il aurait demandé à Benny Lévy alias Victor de leur répondre. Il y avait chez Sartre un formidable *orgueil implicite,* car, dans la vie quotidienne, il n'était en rien prétentieux, pompeux, solennel ou pédant. Je parlerais volontiers d'une assurance métaphysique inégalée, d'autant moins voyante qu'il n'était pas conventionnel dans sa manière de vivre. C'est une partie de son charisme, de ce ton du je-parle-j'ai-raison-je-suis-avec-les-faibles, qui me séduisait tant, et dont le charme opérera sur les jeunes de Mai 68, et d'autres, jusqu'à sa mort.

Il savait d'ailleurs si bien faire sentir aux jeunes, aux moins de trente ans, qu'ils lui étaient plus sympathiques que les gens plus mûrs, y compris les personnes de son âge ! Il s'abstenait de gestes démagogiques en direction des jeunes – enfin, presque toujours – et l'on ne saurait nier sa sincérité. Mais, trouvant les vieux « emmerdants », il versait dans le racisme antivieux. Etait-ce une façon de s'assurer que lui-même ne vieillissait pas ?

Au début des années 60, j'étais tout à fait convaincu que Sartre, stimulant à tant d'égards, provocant autant que provocateur, se muait aussi, par certains côtés, en une espèce de grandiose calamité nationale. Il était obscurantiste au moins sous un certain angle : il encourageait dans l'expression une formidable tendance à l'obscurité qui contredisait totalement la fameuse tradition, le célèbre mythe de la clarté française. On m'avait assez rabâché que la pensée française tendait naturellement à la limpidité. C'était un cliché comme l'idée que les Allemands sont inintelligibles (ce qui n'empêchait pas de piller leurs philosophes), les Suisses hygiéniquement ennuyeux, les Américains avides de dollars et les Suédois enclins au suicide. Le chauvinisme intellectuel français est vivace. Il passe aisément de la conviction que cette pensée française est claire à la certitude qu'elle est la plus fine du monde. Jacques Rivière, dans *Le Lecteur idéal,* n'a-t-il pas affirmé qu'elle n'avait pas d'égale : ... *Aucune n'est plus puissante, raffinée, profonde... La seule qui existe encore aujourd'hui.*

C'est entendu : nous sommes clairs et cartésiens. « Nous autres cartésiens » est une phrase qui : a) suppose à tort que Descartes est clair, b) apparaît partout, chez un critique à sec, un député en tournée, un colonel pratiquant la guerre psychologique, un architecte préparant une cité nouvelle, un coureur du Tour de France même. Sartre est responsable d'avoir encouragé cette tendance : « Ce que nous concevons très clairement et très distinctement est vrai » paraît souvent avoir été traduit dans les faits par « Ce que nous sentons intensément et ressentons clairement est vrai ». C'est la base de l'intuition dite phénoménologique, ou de toute intuition. Cette façon de penser est latente aussi dans des expressions malrausiennes ou sartriennes telles que « la vérité d'un homme » ou « le projet fondamental ». Depuis 1945, le cogito cartésiano-sartrien, piqueté des clous de girofle bergsonien, heideggérien, des éléments les plus métaphysiques de Marx et de Freud, sert de référence permanente à un subjectivisme cotonneux qui ne vise ni n'atteint la clarté. On peut estimer qu'elle n'est pas utile ou nécessaire, mais c'est un autre problème.

Littré avait décrété que « le génie de notre langue est la clarté ». Dans les années 60, Sartre aidant, on pataugeait dans le flou, l'invérifiable, le rhapsodique. On pouvait le constater partout : dans les revues mensuelles, dans des films comme *L'Année dernière à Marienbad* et *Paris nous appartient*. On trouve encore des traces de cet obscurantisme systématique dans les catalogues du musée Pompidou. Dans une partie de la poésie à la mode, on nageait sur un océan de symboles privés, de semi-intuitions présentées comme des vérités entières, totales et totalisantes. Humour, où étais-tu en 1962, quand Michel Deguy obtenait le prix Max Jacob pour une série de textes intitulés *Poèmes de la presqu'île* ? Là, une prétendue poésie tentait de se faire passer pour une méthode de raccourcis vers la philosophie, son bison futé, en somme. On y découvrait des passages qui ne faisaient même pas sourire, alors qu'ils font rire en 1980. Nous progressons quand même. On peut penser qu'en l'an 2000 la maison Gallimard ne pourra plus avoir ce département des bonnes œuvres : « L'homme *est* philosophique, c'est-à-dire qu'il est *philosophé* par le passage, au travers de son être, de ce jaillissement dont la trace va s'appeler tout de suite *philosophie*, trace œuvre. La source se cache dans son propre flux; elle disparaît dans la fécondité de son sourdre. Penser c'est consentir à ce désir, qui nous constitue, de remémorer la sourdre indicible; c'est comme tenter de se convertir à la nuit d'où sort toute aube, et que les yeux qui sont faits pour le lumineux, ne peuvent voir... »

Bien entendu, Sartre n'eût jamais écrit un texte de ce genre. Ne tombant que très rarement dans les affectations précieuses, il n'eût jamais fait allusion au « sourdre indicible ». Chaque fois que je vois ce mot, généralement accompagné d'incantations quasiment mystiques sur la communication et surtout l'incommunicabilité, je me souviens de la chanson de Tom Lehrer : *The least you can do if you can't communicate is to shut up.* (Si vous ne pouvez communiquer, le moins que vous puissiez faire, c'est de la fermer.) O *N.R.F.*, ô *Critique*, ô *Esprit* parfois, ô *Temps modernes* dans vos pires faiblesses !

Sartre s'est aussi souvent abandonné à une logorrhée qui a fasciné Deguy et tant d'autres. Picorez dans *L'Etre et le Néant*, au hasard : *Ainsi, la conscience réflexive se constitue comme conscience de durée, et, par là, la durée psychique apparaît à la conscience. Cette temporalité psychique comme projection dans l'être en soi de la temporalité originelle est un être virtuel dont l'écoulement fantôme ne cesse d'accompagner la temporalisation ek-statique du pour soi, en tant que celle-ci est saisie par la réflexion.* Quelle gueule ! dira-t-on. Peut-être... Mais comment décider : a) du sens de cette phrase aspirant à l'être de la propositionnalité, b) de sa véracité ?

Je sentais la parenté entre ce morceau de Deguy et le fragment de Sartre. Je notais également et toujours l'utilisation terroriste de l'italique, répandue par Sartre. Il y a au moins deux emplois possibles de l'italique. Un bon : on s'en sert pour attirer l'attention sur un mot; c'est l'équivalent d'une intonation appuyée dans la conversation. Et il y a l'utilisation abusive, terroriste – *est, philosophé, philosophique* – tentant de donner au texte imprimé une profondeur qu'il n'a pas.

Sartre, au fond, ne s'est jamais débarrassé de l'esprit khâgneux. Il infectait toute l'expression française. C'est ce qui ressort dans un sujet de concours : « L'être de la connaissance, c'est la connaissance de l'être. » Echo sartrien, à Cuba ou ailleurs : « La jeunesse de la révolution, c'est la révolution de la jeunesse. » Echo vraiment très affaibli dans la chronique dite philosophique et combien insulaire du *Monde* jusqu'à la fin de 1980 avec Jean Lacroix (il s'agissait, bien sûr, de Marx) : « Il a moins cherché à faire de l'histoire une science qu'à faire de toute science une histoire. »

Une telle prétention semble reculer aujourd'hui dans l' « universitaire supérieur ». Elle existe encore, massivement, dans le secondaire, comme en témoigne le sujet du Concours général de français en 1980 : « La poésie ne donne que des mots, mais, les donnant avec l'origine et le mystère qui sont en eux, elle convie à posséder ce que disent les mots. » Inévitablement, dans la copie du lauréat, on retrouve la référence à Sartre : « Voyons donc comment le poète remédie à la médiocrité de ses outils, de « ses moyens du bord », pour reprendre une métaphore sartrienne, et gère cette mystérieuse transsubstantiation de la chose en mot et vice versa... » Dans cette copie, pas moins de trois renvois à Sartre, qui est suivi, bien sûr, par Barthes et Merleau-Ponty.

Sartre, lui, était sauvé par un humour qui manquait à ses imitateurs et à ses plagiaires. Ils empilaient les bagages, le bric-à-brac linguistiques importés ou imposés par Sartre et de moindres seigneurs. On butait à chaque carrefour sur la dialectique en armes, la contradiction en érection, l'ontologie aspirant à la phénoménologie (*L'Etre et le Néant* se présentait comme un « essai d'ontologie phénoménologique »). Impossible de se frayer un chemin dans la pensée critique française sans se heurter au coin de la rue à l'ambiguïté rose bonbon et à la noire authenticité, péripatéticiennes aguicheuses. Le jargon dérivé de Sartre rendait beaucoup d'écrits absolument illisibles, aussi précieux que prétentieux et, avant tout, obscurs. Cette période touche à sa fin. Courage, Français, encore un effort !

A l'époque, je me demandais comment et pourquoi Sartre, si vif et si clair, quoique volontiers arbitraire en paroles, pouvait aisément tomber dans la ténèbre, le stylo à la main. Comment acceptait-il même de publier certains textes, tel celui que l'ineffable Jacques Lacan donna aux *Temps modernes* à l'occasion de la mort de Merleau-Ponty. Le lecteur me pardonnera s'il le veut bien de lui infliger ces lignes. Mais quelle meilleure preuve de ce que ces années-là toléraient et de ce que Sartre, malgré qu'il en ait, bénissait :

« 1) On peut exhaler le cri qui nie que l'amitié puisse cesser de vivre. On ne peut dire la mort advenue sans meurtrir encore ? J'y renonce l'ayant tenté, pour malgré moi porter au-delà mon hommage.

« Me recueillant pourtant au souvenir de ce que j'ai senti de l'homme en un moment pour lui de patience amère.

« 2) Que faire d'autre que d'interroger le point que met l'heure soudaine à un discours où nous sommes tous entrés... »

Et ainsi de suite.

On ne peut, je crois, attribuer à Sartre la manière dont le mot « discours » a infecté, comme le phylloxéra les vignes, toutes les disciplines intellectuelles françaises. Et l'épidémie n'est pas encore enrayée. Sartre, dans son emploi effréné du vocabulaire, oubliant qu'il avait autrefois, à propos des surréalistes, dénoncé l'*incendie des dictionnaires,* avait, lui, une certaine monstruosité qui lui permettait d'échapper au simple ridicule. Il y avait aussi, me disais-je à l'époque et aujourd'hui encore, l'œuvre littéraire. Je soupçonnais qu'elle durerait beaucoup plus que les rances tartines philosophiques.

En 1981, à gauche comme à droite, il est devenu chic de prendre ses distances par rapport à Sartre, sur tous les plans. C'était moins facile et courant une décennie plus tôt et dans les années 50, lorsque Revel montait en ligne avec, pour toute logistique, la sienne. Il défendait aussi la clarté d'expression, qui n'est pas un bien en soi, mais surtout la clarté et la précision de la pensée. Nous ne manquions pas, dans des postes de guet isolés, somnolents et inefficaces comme des sentinelles tous les cinq kilomètres le long d'une route coloniale, d'universitaires et de grammairiens grognons. Ils passaient plus de temps à dire à Françoise Sagan qu'on ne pouvait écrire « Ça va, non ? » qu'à examiner le contenu de certaines phrases. Alors, dans *Le Figaro, Arts, Les Lettres françaises* et *L'Humanité,* les anciens combattants du bon français, ces médaillés du subjonctif, s'épuisaient à mener un combat incertain contre l'invasion des mots anglais. A lutter contre le franglais du vocabulaire plutôt que contre le frankallemand de la pensée philosophique : ils se trompaient d'ennemi.

Les historiens verront et analyseront cette décadence, cette déviation provisoire ou cette dérive de la pensée française. Ils attribueront à Sartre sa juste part de responsabilité. Là, il fut influent. Là, il se révèle pesant. Là, il fut néfaste. Il y a un rapport entre sa pensée philosophique tordue et sa politique contournée. Pour me poser très franchement la question, et pas de biais, je devrais attendre de connaître une expérience vietnamienne.

Au début des années 60, professeur de lycée, puis brièvement assistant à l'Institut d'audio-visuel de l'E.N.S. de Saint-Cloud, je flottais encore, mal détaché de l'empirisme anglo-saxon, mais constatant que le divorce, en Grande-Bretagne, entre littérature et philosophie n'était pas satisfaisant. Les ponts jetés étaient lancés par des amateurs, plus vulgaires que vulgarisateurs, comme Colin Wilson. Quand même, il faudrait bien l'admettre un jour : l'Angleterre (je ne parlerai pas de l'Ecosse, du pays de Galles et de l'Irlande) manquait d'idées générales. Les romanciers, pas même mes préférés, Greene et Waugh, ne tissaient point vraiment dans leurs œuvres majeures une philosophie de la vie, j'entends par là une morale.

Sartre, au moins, essayait. On ne verrait jamais son *Traité de morale,* pas plus que son *Testament polique,* mais il en parlait souvent. Pourquoi ne pas croire ou espérer qu'il l'écrirait un jour ? Vingt ans auparavant, à la fin de *L'Etre et le Néant,* il avait annoncé qu'il s'aventurerait sur *le terrain moral.* Il avait sûrement pas mal de temps pour tenir sa promesse.

Restait aussi cette passion, cette croix, cette vérole française : la quasi-obligation de se plonger dans les affaires politiques. En Angleterre, depuis 1945, il n'était pas nécessaire d'établir une liaison permanente entre philosophie et politique. En France, cela semblait indispensable. Le manque de clarté dans un essai sur un sujet relativement ésotérique pouvait être anodin. Mais lorsqu'on arrivait à la politique ? L'Histoire de France était plus mouvementée que l'Histoire suisse et l'Histoire mondiale tournait mal : les vents se levaient plus qu'ils ne tombaient. Il existait aussi un problème du langage politique, à droite comme à gauche. Il est toujours là, malheureusement.

En littérature, Sartre fut un peu ce que l'Autre, de Gaulle, devint en politique. Ils furent également géniaux, grandioses et néfastes. En tout cas, depuis l'avènement de la Ve République, les Français subissaient un curieux régime politico-linguistique. L'information, à travers une partie de la presse, anesthésiée, complaisante ou même servile, grâce à la télévision ou à la radio contrôlées par l'Etat, c'est-à-dire, en France, par le gouvernement, c'est-à-dire par le général de Gaulle, était fluctuante et « désinformatrice », surtout face au cancer algérien, problème de décolonisation archaïque occupant toute la scène au détriment de questions autrement graves. Cela ne contribuait pas à créer dans la tête des téléspectateurs une vision claire du monde. En cette matière, la clarté aurait consisté à ne pas laisser trop de zones ombreuses à la merci des suppositions. Face à l'Algérie, le seul quotidien de réputation internationale à tenir bon était *Le Monde*. Lorsque Aron prit nettement position pour l'indépendance algérienne, il ne le fit pas dans *Le Figaro,* journal qui l'hébergeait depuis la Libération, ou presque.

Je fis allusion, un jour, à cette prise de position d'Aron qui ne manquait ni de lucidité ni de courage. Sartre déclara qu'Aron était le moins bête des conservateurs français. Puis, il s'en tira par une plaisanterie. Aron, dit-il, n'avait quand même pas écrit pour rien sa thèse sur la philosophie de l'Histoire.

« Et, ajouta-t-il, pour une fois qu'Aron fait des prédictions qui ont une chance de se réaliser !

– Pourquoi dites-vous cela ?

– Parce que avant la guerre, en Allemagne, Aron m'avait annoncé que ce Hitler ne tiendrait pas trois mois.

– Vraiment ?

– Bien sûr. »

Sartre, alors, souriait, et l'on devinait, très vaguement, un zeste de mélancolie, à peine perceptible. En privé, alors, lorsqu'on évoquait Aron, Sartre ne se contentait pas du rituel coup de chapeau à l'intelligence de son petit camarade, ce « prince de l'esprit », comme on dira rituellement dans *Le Nouvel Observateur,* où on l'associa à ce clown d'Edgar Faure. Echelle des valeurs, où étais-tu ? Sartre n'était jamais, en privé, mesquin ou hargneux envers Aron, Camus ou Malraux. Il restait amical, quoique distant. Il gardait ses pointes, sa hargne, qui avait même une nuance de délectation, pour des étrangers comme Koestler, lequel lui échappait complètement.

Autour de 1962, le langage était extraordinaire dans les médias officiels. La désinformation paradait dans toute sa splendeur. Ainsi, un gambit favori dans la presse officielle consistait à présenter les assassinats de personnalités libérales en Algérie par l'O.A.S. comme le résultat d'attentats des nationalistes algériens. On ne peut encore estimer les dégâts qu'infligea cette approche à l'esprit, et surtout à l'esprit critique national.

De Gaulle lui-même imposait une nouvelle rhétorique, et elle était plutôt droitière. Dans le domaine politique, elle émettait autant de brouillard que le jargon germanisant dans la sphère culturelle. Le Général, avec sa fougue, son mépris et ses qualités de présentateur du spectacle politique – il fut la première des vedettes de la politique spectacle – imposait ses principaux symboles et figures, la « grandeur » et le « génie de la France », le pour-soi et l'en-soi de *son* théâtre. Cette grandeur et ce génie s'incarnaient aussi bien dans le pont de Tancarville, l'aéroport d'Orly, un prix Nobel ou la décolonisation. Protecteur de l'Académie française, best-seller dans son emploi, le président de la République avait institutionnalisé un vague certain, dont ses héritiers, usurpés ou légitimes s'il y en a, souffrent encore dans leur expression. Il l'avait, en somme, légalisé. Il en fit même une spécialité référendaire : il demandait à ses concitoyens, comme si ceux-ci ne savaient lire, de répondre par oui ou non à deux questions en une. Prophétiquement, trente ans auparavant, il avait écrit : « Fait affectif, suggestion, impression produite, sorte de sympathie inspirée aux autres, le prestige dépend d'abord d'un don élémentaire, d'une aptitude naturelle qui échappent à l'analyse... Le prestige ne peut aller sans mystère, car on révère peu ce que l'on connaît trop bien. »

Sur un point, Sartre ressemblait au Général : parce qu'il était Sartre, une classe, celle des intellectuels de gauche, le croyait sur parole. De même que le Général, parce qu'il était de Gaulle, était cru ou suivi par la classe des politiques convaincus ou des politiciens au petit pied. L'un et l'autre avait sécrété du mystère, voulu chez le soldat politique, un mode de pensée involontaire chez l'écrivain philosophe. Les ambiguïtés, les approximations, qu'on les rencontre dans un poème, un fragment philosophique consommés par quelques centaines ou milliers de lecteurs, ou dans des discours avalés par des millions d'auditeurs, ne poussent pas à la clarté. Le goût de l'obscur, on le respirait aussi dans la vie française des années 60, avant qu'elle éclatât ou « s'éclatât » à travers le surréalo-situationnisme de Mai 1968. C'était une maladie qu'on eût dû traiter comme telle. Cause et symptômes n'étaient pas faciles à séparer. Quels rapports y avait-il entre la nébulosité sartro-heideggérienne créant une solennité statique de la pensée et les liens politiques et militaires entre l'Allemagne et la France au cours des années précédentes ? Tout se passait, là, comme si, ayant été battus par l'Allemagne nazie, notre seul butin de guerre était une pensée allemande, en marge, d'ailleurs, de la pensée officielle. Quand on demandait à Sartre : Pourquoi cette influence de l'idéologie allemande ? il répondait que cette pensée était profondément philosophique, de fait la plus philosophique. On retrouvait vite la circularité. Finalement, en philosophie comme au théâtre, Sartre défendait l'inspiration plutôt que l'esprit critique. Les mots pour les mots ne permettaient pas d'atteindre la réalité, même si l'on se soûlait de visée totale et globalisante.

A cette pratique s'ajoutait aussi le complexe Rivière, la conviction que la pensée française, comme la cuisine, est la meilleure du monde. Chez Sartre, comme il arrive pour tout complexe qui se respecte, c'était inconscient. Il dissimulait bien son profond sentiment de supériorité d'intellectuel français en couvrant régulièrement la France de boue, affirmant que Paris était « une sous-préfecture ».

Sartre, qu'on oppose, qui s'opposa assez souvent au Général, est responsable, en partie avec lui, des variantes de l'antiaméricanisme, qui rampent en France depuis la Libération. Celui de droite rejoignait celui de gauche. Le clerc et le militaire ont longuement travaillé dans la même direction, tout en étant convaincus qu'ils s'opposaient. Chacun à son étage, ils sont responsables de ce que les Français ont longtemps cru qu'ils pouvaient se dresser entre l'U.R.S.S. et les Etats-Unis, et servir d'arbitre. Il est vrai que Sartre fut infiniment plus neutraliste que de Gaulle. Au moins, ce dernier, lors de chaque coup dur, comme dans l'affaire des fusées à Cuba, choisit son camp, et vite, tandis que Sartre, jusqu'à la fin de sa vie, demeure persuadé qu'une troisième position, équidistante de la ligne américaine et de la ligne soviétique, était souhaitable et possible.

L'après-sartrisme sera – à gauche comme ailleurs – la fin de cette illusion. La gauche non communiste n'ose encore dire à très haute voix qu'elle se sent plus liée aux Américains qu'aux Soviétiques. Mais les chuchotements s'enflent.

Nous approchons, peut-être, du temps où finira le double langage.

IX

AUTOUR DE « L'OBS »

Sartre avait beau être dans les parages, impérieusement vivant, palpable, lui, je ne me débarrassais pas complètement de Nizan. La substitution ne se faisait pas. En 1960, Sartre avait ressuscité Nizan avec éclat dans sa préface à *Aden Arabie.*

J'avais toujours, même lorsqu'on me sollicitait, évité d'écrire une ligne, ne fût-ce qu'une ligne, sur Nizan : je ne voulais pas du rôle de gendre posthume abusif. Mais la publication d'un livre de Maurice Merleau-Ponty, *Signes,* m'exaspéra. Encouragé par Revel qui avait pris la direction de la section littéraire de *France-Observateur,* je publiai, en février 1961, un article intitulé « Nizan et ses croquemorts ». Je m'en prenais presque autant à Mauriac et à Garaudy qu'à Merleau-Ponty. Je disais : « Devant le dernier des commentateurs de Nizan, Merleau-Ponty, nous ressentons un malaise plus surprenant. Sartre a expliqué, décrit avec son vocabulaire quelqu'un qui fut, réellement, son ami, au-delà de divergences que Sartre ne cache pas. Pas plus que Simone de Beauvoir dans les *Mémoires d'une jeune fille rangée* ou *La Force de l'âge* il n'a cherché à récupérer Nizan philosophiquement. Il en va autrement pour Merleau-Ponty. Passons sur le côté « belle remémoration de notre jeunesse » : un peu ambigu, il pourrait laisser croire à autre chose qu'à la superficielle et très distante camaraderie qui existait entre Merleau-Ponty et Nizan. Ce dernier ne sortira pas de sa tombe pour nous crier : « Bonjour, braves gens ! Je suis l'ami de Maurice... » Il est bien naturel que Merleau-Ponty, se voulant anticonformiste, mais étant, sans doute accidentellement, parvenu aux honneurs officiels, cherche à se rassurer, à recouvrer une image jeune et révolutionnaire de lui-même par personnes interposées. Il est toujours tentant de justifier ce qu'on est au nom de ce qu'on aurait pu être. Nizan prétendait que « les philosophes finissent par laisser surgir les hommes qui les hantent ».

« Mais l'essentiel n'est pas dans les évocations sentimentales. Il est idéologique. Merleau-Ponty nous invite donc à lire Nizan. A un enterrement auquel il arrive avec quelque retard, il apporte de curieuses fleurs. Par le joint des anecdotes, s'infiltrent d'étranges idées générales. L'auteur d'*Humanisme et Terreur* rappelle qu'il rencontra un jour celui des *Chiens de garde* « sur la plate-forme de l'autobus S. Nizan nomma de lui-même Heidegger, eut quelques phrases d'estime où je crus sentir le désir de marquer qu'il n'avait pas pris congé de la philosophie, mais cela si froidement que je n'aurais pas osé lui poser ouvertement la question... » Ainsi, il ne saurait y avoir de pensée, d'activité philosophique en dehors d'une prise en considération très sérieuse de Heidegger, ou peut-être, même, de la rédaction d'une thèse de doctorat ? Cet oukase laisse rêveur. Merleau-Ponty traite Nizan en bon jeune homme qui, ayant passé à côté des suprêmes délices de la philosophie, se serait consolé avec des genres mineurs, le roman et le journalisme. Castration délibérée, n'est-ce pas ? Pourtant, toutes les allusions écrites de Nizan montrent nettement que, pour des raisons différentes, il ne prisait pas plus Heidegger qu'un positiviste logique anglais n'apprécie la phénoménologie.

« En fait, nous avons affaire à deux conceptions radicalement opposées de la philosophie : pour Nizan, il s'agissait de contribuer modestement à un travail philosophique; tout en faisant son métier d'écrivain, il collabora à un défrichage collectif. *Les Chiens de garde,* les morceaux choisis de Marx, la présentation des *Matérialistes de l'Antiquité,* l'étude sur les procédés de l'information qui sert d'introduction à *Chronique de septembre,* ses articles dans la *N.R.F.* ou *Commune,* sont tout aussi philosophiques, sinon plus, que les pages de Merleau-Ponty sur Claudel, l'érotisme, le grand rationalisme ou « Bergson se faisant ». Nizan n'a pas « pris congé » : il s'est débarrassé de la conception qu'entretient encore Merleau-Ponty de la philosophie comme « savoir absolu » et en définitive comme œuvre souveraine.

« Comparons les essais de Nizan, communiste qui ne renia jamais le marxisme, et ceux de Merleau-Ponty, penseur humaniste et libéral cherchant à dépasser un marxisme qui l'agace autant qu'il le fascine. On est frappé par la dissemblance des méthodes, des procédés linguistiques employés et, compte tenu des circonstances, des conclusions politiques.

« Nizan n'aimait pas le jargon. Il écrivait clairement. Il pensait avec Engels qu'il faut « refuser les soupes éclectiques que l'on sert dans les universités sous le nom de philosophie ». Il invitait à la méfiance devant les logorrhées et les jongleries, fussent-elles dues à Bergson, à Boutroux ou à Wahl. Certains, disait-il, « doivent se dissimuler devant une belle nuée comme les Eternels dans Homère : M. Wahl, M. Brunschwig, M. Marcel se déplacent au sein d'un nuage, comme les dieux ou les seiches. L'épaisseur, la forme du nuage témoignent de la profondeur de la philosophie : d'aucuns trouvent que M. Rey n'est pas profond, son nuage n'est qu'un léger brouillard matinal. On voit ses malices du premier coup... Mais M. Marcel est profond : on ne voit pas derrière son nuage le filet de ses malices ». La profonde malice de M. Merleau-Ponty, aujourd'hui, ne serait-elle pas ce perpétuel retour, de tout et de chacun à l'Etre, pivot de sa pensée, aussi inutile que l'élan vital ou la raison constituée ? Que nous offre Merleau-Ponty en dehors de cette nouvelle substance dont la scolastique, parasitant l'actualité, est bien faite pour enchanter des âmes adolescentes en mal d'abondance verbale ? « La nuit de la pensée est hantée par une lueur de l'Etre », écrit Merleau-Ponty. En effet. Avant tout, lorsqu'elle s'arc-boute sur les mondanités culturelles, anciennes ou récentes, Husserl ou Malraux. Ou quand elle tente d'intimider, de terroriser le lecteur en introduisant de nouveaux « concepts », la télé-vision, la sous-pensée volant au secours de la per-mission selon Maritain. Ou, c'est le plus grave, lorsqu'elle débouche sur les prises de position politiques subtilement réactionnaires.

« Car, enfin, *Signes* commence par des souvenirs autour de Sartre et de Nizan auxquels s'accrochent de troubles généralités, s'étire sur des essais philosophiques et littéraires pour se terminer par de très bizarres interviews. Celle dite « Sur Madagascar » et traitant en partie de l'Algérie est particulièrement révélatrice. Elle contient des tirades sur la gauche non communiste qui ne garderait que les « négations » de l'esprit révolutionnaire revenu, lui, à « la morale pure ou radicalisme moral ». Suivent des remarques sur les intellectuels malgaches « bien loin d'être prêts pour une révolution éventuelle », et des déclarations comme celle-ci : « Je ne souhaite pas que l'Algérie, l'Afrique noire et Madagascar deviennent sans délai des pays indépendants... », agrémentées de justifications classiques du néo-colonialisme : « ... parce que l'indépendance politique, qui ne résout pas les problèmes du développement accéléré, leur donnerait par contre les moyens d'une agitation permanente à l'échelle mondiale... »

« Le tout chute sur la supériorité « comment dire, historique » des civilisations occidentales, et l'émoi du philosophe atterrissant à Orly au petit jour et éprouvant « la stupeur de voir tant de routes, tant d'objets, tant de patience, de labeur, de savoir... »

« A quoi bon ces superbes et hautaines explorations de l'Etre si elles conduisent à des méditations politiques dignes d'un radical-socialiste et aux poétiques vertiges d'un voyageur de commerce accédant aux fastes des aérodromes ? Elles nous font souvent penser que Nizan n'avait pas tort d'affirmer : « La philosophie ne marche point, elle ne fait plus un pas en avant, si déjà bien des signes annoncent qu'elle fera plus d'un pas en arrière. »

Il est certain que Merleau-Ponty se plaçait sous le vent à la mode en s'intéressant à Nizan. C'était son droit le plus strict. Dans mon attaque, transparaissait une hargne injustifiée, dépassant l'objet de la querelle. Tout était bien loin d'être faux dans la réponse que Merleau-Ponty envoya à *France-Observateur :* « Je n'ai jamais répondu à un article de journal. Mais *France-Observateur* n'est pas un journal quelconque et l'article d'Olivier Todd est trop extraordinaire pour que je ne vous demande pas de mettre sous les yeux des lecteurs les quelques observations que voici :

« 1. Olivier Todd écrit que je laisse croire à une amitié entre Nizan et moi, là où il n'y eut qu'une camaraderie distante. J'ai dit que Sartre savait " mieux que nous " (p. 35) ce que fut Nizan, que ma première conversation avec Nizan fut " protocolaire " (p. 36), que, même plus tard, je n'aurais " pas osé " le questionner (p. 36)...

« 2. Olivier Todd écrit que je conseille de lire Nizan, que je cherche à le " récupérer philosophiquement ". J'ai dit exactement : " Lisez aussi Sartre " (p. 46). Sur Nizan, j'ai relaté en deux pages " quelques menus faits " (p. 35), " quelques faits infimes " (p. 36) qui " ne prouvent rien " (p. 36) et n'ont que le mérite, étant " de la vie ", de nuancer les critiques rétrospectives que Sartre s'adresse lui-même. Faut-il une permission spéciale d'Olivier Todd pour parler des souvenirs que Sartre vient d'évoquer ? Pas plus que l'ami de Nizan, je n'étais alors celui de Sartre : nous étions camarades. Mais ce n'est pas rien. Non pas rivaux, complices de secte ou de chapelle, confrères en journalisme. Camarades d'études. Je les ai écoutés parler, penser, et avec quelle attention, et avec quel bonheur. Au cours de Brunschwig – ce même Brunschwig, Olivier Todd, dont Nizan devait se moquer drôlement (et qui ne prit pas bêtement ses critiques) – nous avons entendu, dans un exposé à deux, Sartre tenir le rôle de Thrasymaque et Nizan celui de Calliclès. Et Nizan parler de Proust à propos de Platon. C'était intéressant, c'était étincelant. Grand Dieu, personne ne cherchait à récupérer personne. Avez-vous idée de ces choses-là ? Nous en parlions pendant des semaines. Quand je dis : nous, je veux dire : leurs camarades. Cela nous appartient, et je ne vois pas pourquoi je ne dirais pas que cela fait partie de notre jeunesse.

« 3. Olivier Todd écrit que j'arrive " avec quelque retard " à un " enterrement ". (Quels mots ! Et comme on sent que ce sont là pour lui choses dont on parle !) Puis-je indiquer que j'ai, comme beaucoup d'autres, signé, il y a quatorze ans, la protestation de Sartre contre les calomnies d'Henri Lefebvre, et même rédigé la note qui l'accompagnait dans *Les Temps modernes* (« Le Cas Nizan », juillet 1947) ?

« 4. J'ai raconté que, rencontré par hasard (entre 1935 et 1938), Nizan m'avait parlé avec estime de

Heidegger, comme si, ajoutais-je, il voulait marquer qu'il n'avait pas pris congé de la philosophie. Olivier Todd tire de là que l'intérêt pour Heidegger et la rédaction d'une thèse de doctorat sont pour moi la philosophie même.

« C'est bien plus simple : Nizan, ce jour-là, m'a parlé d'Heidegger sur le ton que j'ai dit. Voilà tout. Exactement entre Pons et l'Odéon. Je m'en souviens d'autant mieux que je me suis senti " en retard " : je n'avais pas lu *Sein und Zeit*. Sartre l'avait lu. Nizan le lisait. Ce n'est pas sensationnel, et ce n'est pas très grave. Cela prouverait seulement, s'il le fallait, qu'aux yeux de Nizan la philosophie n'était pas finie. Je n'implique pas que la philosophie, c'est Heidegger, mais que Heidegger, c'est de la philosophie.

« Je n'implique pas davantage qu'il faut préparer une thèse pour faire de la philosophie. Le fait est qu'à l'époque on prenait, après l'agrégation, un poste de lycée, et que, si l'on voulait travailler, on se mettait d'habitude à une thèse. Simone de Beauvoir a pensé, sur le conseil de Sartre, à une thèse sur le sommeil. Sartre, quand il commença *L'Etre et le Néant*, n'avait pas exclu que ce fût une thèse de doctorat. Quand Nizan quitta le poste de lycée, que, comme tout le monde, il avait pris, rentra à Paris, devint permanent du Parti communiste et enfin rédacteur à *Ce soir*, ses camarades auraient pu penser qu'il se ralliait aux vues sommaires de tant de marxistes sur la philosophie " réalisée " et " détruite ".

« Il n'en était rien. C'est tout le sens que je donne à son mot d'éloge sur Heidegger, qui avait, je n'y peux rien, le ton du " n'allez pas croire que... "

« 5. Olivier Todd écrit que je suis un " penseur humaniste et libéral ". Ce ne doit pas être si simple, puisque j'avais dit " ...l'humanisme libéral... tout cela est en ruines " (p. 31).

« 6. Olivier Todd écrit que pour moi la philosophie est " savoir absolu ", " œuvre souveraine ". J'ai
dit, moi, qu'elle n'est " pas plus profonde " que les
passions. Que la politique ou que la vie (p. 30).

« 7. Olivier Todd pense que l'Etre " parasite "
l'actualité. C'est son droit. Mais alors, aime-t-il la
philosophie ? Car enfin le Néant, et le Pro-jet, et la
Série, et même, oui, la Praxis sont de terribles parasites, on l'a vu plus d'une fois, pour qui ne veut pas
décoller de l'actuel. La " transcendance " est-elle
moins un parasite que la " télévision " ? Et, quand
Nathalie Sarraute parle de sous-conversation, est-
on tellement obscur en parlant de " sous-pensées " ?

« 8. Mais je m'égare, et là n'est pas la question.
Que mes essais de philosophie soient mauvais ou
bons, Olivier Todd dispose, pour les apprécier, d'un
critère souverain. Il était d'abord surpris, il éprouvait un " malaise ", il rencontrait dans ce livre
" d'étranges idées générales ", de " troubles
généralités " qui, dit-il, " s'accrochent à des
souvenirs " ou " s'infiltrent par le joint des
anecdotes ". Enfin, les " très bizarres interviews " des
dernières pages déchirent le voile. Ce n'étaient là
que nuées pour couvrir des positions politiques
" subtilement réactionnaires ". Suivent (dans un article sur Nizan) quarante lignes sur mes attitudes politiques.

« Vais-je répondre en ajoutant à la phrase que
cite Olivier Todd celle qui la suit dans le texte ? " Je
souhaite immédiatement des régimes d'autonomie
interne ou de fédéralisme comme transition vers l'indépendance, avec des délais et des étapes prévus ? "
(p. 416). Ou une autre, un peu plus haut : " Je suis
inconditionnellement contre la répression et en particulier la torture... On dit, et c'est vrai, que la torture est la réponse au terrorisme. Cela ne justifie pas
la torture. Il fallait agir en sorte que le terrorisme ne
naquît pas " (p. 408). Ce serait peine perdue, en ce

qui concerne Olivier Todd. S'il passe sous silence ces phrases, c'est qu'elles traduisent une attitude dont il ne veut rien savoir, qu'il se fait un devoir de déshonorer.

« (En passant : quels sont donc ces " honneurs officiels " dont il me voit chargé ? Je m'honore d'occuper un poste d'enseignement et de recherche. Ce n'est pas une distinction officielle. Je ne le dois qu'à mes collègues. Carrière ouverte à tous, même sans " thèse de doctorat ".)

« J'ai envie de dire à mon tour : tout s'éclaire. Bon ou mauvais, mon livre inquiète, déconcerte et agace Olivier Todd, parce qu'il n'observe pas les bienséances " révolutionnaires ". Car la philosophie traitée en parasite de l'actualité, des textes de philosophie vieux de dix ans jugés sur des attitudes politiques récentes, elles-mêmes classées comme " réactionnaires " parce qu'elles font état, avec eux, d'autres faits que les faits d'exploitation et d'oppression, ce ton, cette manière de penser sont de vieilles connaissances.

« Seulement, toutes choses comprises et jugées comme elles pouvaient l'être par un Parti communiste il y a trente ans, l'humeur communiste sans communisme, la révolution comme point d'honneur, est-ce ce qui tirera la France de son sommeil et la fera revivre ?

M. M.-P. »

Je voulus répliquer dans le même numéro. Gilles Martinet et Hector de Galard, qui n'aimaient guère les vagues dans les étroites calanques de la gauche, s'y opposèrent. Revel menaça de démissionner si l'on ne me laissait pas répondre dans le numéro suivant. Ce que je fis, sous une forme à peine moins agressive.

« Ainsi mon article était « extraordinaire » ! Parce qu'il se permettait de critiquer Merleau-Ponty ? Sa pensée, d'un luxe difficilement accessible, fait partie, en France, des valeurs reconnues. Un respect, à la rigueur nuancé, serait le seul ton acceptable.

« De nouveau, derrière l'anecdote, Merleau-Ponty masque l'essentiel :

« En ce qui concerne les rapports personnels de Nizan et de Merleau-Ponty, j'ai écrit que ce dernier, dans sa préface, « était un peu ambigu... », « qu'il pourrait laisser croire à autre chose qu'à une superficielle et très distante camaraderie ». On a parlé d'amitié à propos de ce texte. Qui est responsable de ce contresens ? Merleau-Ponty souffle dans le petit ballon de la camaraderie et il ne dissipe pas complètement l'ambiguïté : « Pas plus que l'ami de Nizan, je n'étais alors celui de Sartre... » On peut rêver sur cet « alors ».

« Merleau-Ponty n'était pas l'ami de Nizan. Restons-en là.

« Ou plutôt demandons-nous pourquoi. Merleau-Ponty n'a rien à nous apprendre sur Nizan en tant qu'homme. Une fois de plus, il ne fait pas la moindre allusion à son œuvre, à l'état d'esprit qu'elle représente. Alors, pourquoi parler de Nizan ? Parce que Sartre en parle ? Merleau-Ponty aurait pu nous entretenir de Nizan en tant qu'ennemi d'un certain genre de philosophie. Il n'en fait rien. Fidèle à ses obsessions, il rapproche Heidegger de Nizan. Est-ce vraiment le seul souvenir philosophique laissé par son « camarade marxiste » ?

« Je n'implique pas que la philosophie c'est Heidegger, mais que Heidegger, c'est de la philosophie. » Il s'agit de savoir si cette philosophie est bonne ou mauvaise, salutaire ou appauvrissante, et surtout, en l'occurrence, si la critique de Nizan n'est pas aussi une condamnation de ces réflexions verbeuses et mystificatrices qui, un peu partout, prétendent incarner la philosophie. Peut-on prendre Heidegger au sérieux en sortant des *Chiens de* garde ? Que Merleau-Ponty nous dise clairement qu'il n'aime pas ce livre : les lecteurs situeront le débat.

« Menacer quelqu'un du Néant, du Projet, de la Série, de la Praxis et de la Transcendance, ce n'est pas fournir une définition de la « télé-vision » ou de la « sous-pensée ». Certaines idées qui, chez Sartre, trouvent des illustrations concrètes, tournent à vide chez Merleau-Ponty.

« Quant à ma boutade sur la thèse de doctorat, j'étais loin de croire qu'elle tomberait juste : Merleau-Ponty décerne à *L'Etre et le Néant* la mention très honorable et un doctorat honoris causa à Simone de Beauvoir. Nous voilà rassurés.

« Merleau-Ponty ne veut pas être traité de libéral et d'humaniste : comment caractériser l'ensemble du spiritualisme confus qui lui sert de système ? « L'humanisme libéral... tout cela est en ruines. » Quel est le sens de cette vision apocalyptique ? Que l'humanisme libéral ne nous satisfait pas ? Soit. En attendant, il se porte assez bien en France, en Angleterre, aux Etats-Unis... On peut s'attaquer à une méthode sans échapper à ses défauts. Merleau-Ponty le sait bien qui, en un charmant filigrane, m'accuse d'être stalinien. Nouvel axiome : quiconque s'en prendra un peu nettement au merleau-pontisme sera stalinien. Je « n'aime pas celle de Merleau-Ponty! » La critique que Carnap fit avant la guerre de Heidegger n'est pas négligeable : cela prouve sans doute que Carnap n'aime pas la philosophie.

« La démarche de Merleau-Ponty ne représenterait pas un effort pour atteindre à un « savoir absolu » : n'est-il pas un exemple parfait de cette tradition qui fait du philosophe un spécialiste universel des généralités ? N'absorbe-t-il pas l'Histoire, la sociologie, l'esthétique, l'ethnologie, l'économie politique, la littérature, pour nous en présenter quelques fades extraits ? Ses ambitions synthétiques seraient louables si, malheureusement, dans ce dernier livre, elles ne se satisfaisaient de si peu.

« L'Etre s'exprime, d'une manière privilégiée, dans la politique. Merleau-Ponty – argument classique du critique critiqué – laisse entendre que j'ai tronqué une citation. Je lui suis reconnaissant d'avoir mis sous les yeux du lecteur toute sa pensée. Se déclarant opposé à l'indépendance immédiate de certains pays africains, il demandait des régimes d'autonomie interne, solution dépassée dès 1947, était-ce faire preuve de lucidité d'esprit révolutionnaire ? Quelle cause était-ce servir, sinon celle de l'Algérie octroyée ? Un Mollet, un Camus équivoque allaient-ils moins loin ?

« Vous pouvez sourire du « radicalisme moral » de la gauche non communiste, Merleau-Ponty : on ne trouve plus de radicalisme chez vous. A l'époque où vous écriviez de bons éditoriaux progressistes dans *Les Temps modernes,* auriez-vous déclaré : « On dit, et c'est vrai, que la torture est la réponse au terrorisme ? A quoi bon, après, souligner que cela ne justifie pas la torture ?

« Vous vous gardez à gauche, vous vous gardez au centre. Où êtes-vous ? »

« Dans votre préface, vous affirmez qu'il ne faudrait pas mettre en question votre philosophie si l'on trouvait qu'en politique vous parlez « un peu haut, un peu sagement ». Et pourquoi donc ? Pourquoi faudrait-il tout d'un coup séparer vos conclusions politiques de l'ensemble de vos idées ? Votre métaphysique littéraire ne serait-elle qu'une série d'exercices de style plus ou moins réussis, sans liens avec vos conceptions des choses de ce monde ?

« On ne voulait pas vous « déshonorer » – l'étrange vocabulaire ! On voulait voir clair. L'ennui, c'est que vos nuées ne nous aident pas. Au contraire. Les écrits de Nizan – puisqu'il s'agissait de lui – infiniment moins « hauts » et « sages » que les vôtres, nous aident un peu. »

A distance, l'étonnant, c'est la manière dont Merleau-Ponty tient à décréter que le libéralisme est « en ruines ». Politiquement, s'il était allé au bout de sa pensée, il avait sûrement raison contre moi.

Mon entêtement à défendre Nizan contre des attaques qui, finalement, dans l'esprit de leur auteur, n'en étaient pas, ressortit plus à la psychanalyse qu'à d'autres considérations :

Mais pour moi l'attitude de Sartre reste mystérieuse, encore inexpliquée. Je le vis avant de publier ma réponse à la réponse de Merleau-Ponty. Il m'encouragea !

Une fois, et une seule, j'eus le sentiment d'avoir été vaguement manœuvré par Sartre : ce fut pour cette affaire. Je prétendais, là, séparer Sartre de Merleau-Ponty, laissant entendre que le premier pouvait donner un sens à l'Etre et que le second ne le pouvait pas.

Une chose est assurée, Rirette me l'avait assez confirmé : Merleau-Ponty n'était pas un intime de Nizan, qui n'avait pour lui ni estime ni sympathie.

Merleau-Ponty mourut peu après. Même s'il avait vécu, je ne me serais jamais expliqué avec lui. Quand Sartre publia son texte hagiographique, il se déroba.

« La mort change les rapports des hommes », m'expliqua-t-il.

Vers le début des années 60, quand, de Saint-Germain-en-Laye ou de Saint-Cloud où j'enseignais, je débarquais à La Coupole, où nous déjeunions, il m'arrivait trop souvent d'avouer à Sartre que je m'ennuyais. Il comprenait fort bien le type d'ennui inhérent au professorat.

« Le plus con des profs, disais-je, en sait toujours un peu plus que le plus intelligent des élèves.

– C'est pour cela qu'il faut vivre avec les élèves et pas avec les profs », répliquait Sartre.

Là ou ailleurs, Sartre ne donnait jamais dans le genre ancien combattant. Pour savoir quelle sorte d'enseignant il avait été, il fallait interroger ou laisser parler Jacques-Laurent Bost, qui le trouvait « extraordinaire ».

Sartre aimait assez les déserteurs de l'enseignement et d'ailleurs. Une désertion, c'est une révolte, et Sartre approuvait presque toutes les révoltes.

Au Havre, et plus tard, à Laon ou à Paris, Sartre avait assez détesté certains censeurs, directeurs et parents d'élèves pour sympathiser avec mes craintes : comme tout jeune prof, j'avais peur de me dessécher.

L'enseignement est une profession passionnante, mais qui risque de vous étouffer. Sartre exécrait tous les rapports d'autorité, et l'enseignement en impliquait beaucoup. Je lui infligeais des conversations de petit cousin de province. Au reste, Saint-Germain n'était-il pas la première ville de province à la sortie de Paris ? Je lui décrivais la 3e A, ma meilleure classe, avec ce groupe d'élèves capables de comprendre et de déchiffrer un sonnet de Shakespeare, ce collègue qui refusait d'accorder des félicitations à une jeune fille aux pulls trop moulants.

Sartre paraissait aimer ce *small talk*. Si cela l'irritait, il avait l'extrême courtoisie de le cacher.

En 1963, avec l'appui de Jacques Debouzy, je fus nommé assistant à l'Ecole normale supérieure de Saint-Cloud. N'étant pas agrégé, pour poursuivre dans l'université, pour éventuellement devenir maître assistant et, qui sait ? vers cinquante ans, professeur titulaire, il me fallait faire un doctorat, en tout cas déposer un sujet. Après avoir appris que Sartre avait été collé la première fois à l'agrégation de philosophie, plus glorieuse, sans doute, que celle d'anglais, j'éprouvai un sentiment de satisfaction. J'ai longtemps cherché à dresser des listes de gens convenables qui, soit n'avaient pas l'agreg, soit, mieux encore, y avaient échoué.

J'exposais un jour, à Sartre, mon projet de doctorat. Il était aussi simple qu'impossible à réaliser : « Shakespeare, le cinéma et la télévision ». Robert Merle, alors professeur à Rouen, avait imprudemment accepté de le patronner. Pour commencer, il aurait fallu, les films repérés – et il y en a des milliers – une salle de projection fonctionnant pendant des mois, et des crédits que personne ne m'aurait fournis. Je parlais de ce monstre mort-né à Sartre. Il riait à l'idée que l'Université pût avaler de pareilles couleuvres. Nous en venions au cinéma et à Shakespeare. Je prétendais que *Henry V,* dans la version cinématographique de Laurence Olivier, est fort supérieur à tout ce qu'il est permis de réaliser au théâtre :

« Les prologues transposés, illustrés par Olivier sont superbes. Shakespeare lui-même demande que le public excuse les « deux ou trois épées rouillées » qui ne peuvent donner aux spectateurs l'illusion d'une bataille... »

Sartre admettait que, pour retenir l'attention, le film était un moyen plus efficace que la pièce.

« Mais, disait-il, au cinéma, avec ou sans Olivier, ce n'est que du théâtre filmé. Pour faire ressortir, sentir la poésie, rien ne vaut la scène.

Sartre, je crois, a toujours eu du mal à passer du cinéma muet au cinéma parlant. Jeune, il avait eu un culte de l'image pure se suffisant à elle-même. Les dialogues, longtemps, lui ont semblé des enjolivements, presque des pléonasmes, en tout cas des facilités. C'est probablement une des raisons pour lesquelles ses films, scénarios originaux ou sujets tirés de ses pièces, ne furent jamais très bons. Consensus de la critique : elle n'en parla guère. Là, il était d'un autre âge. Il aimait le cinéma, mais il appartenait à une autre génération.

Un certain nombre d'écrivains de ce siècle auraient pu ou auraient voulu devenir réalisateurs. Quelques-uns furent les deux : Sartre appréciait Alexandre Astruc, tout en ne le suivant pas dans les circonvolutions théoriques de la caméra stylo.

Godard, Truffaut, Malle, trente ans auparavant, eussent été romanciers. Duras a été tentée par le cinéma. Sartre jamais. Pourquoi ?

« J'aime trop les mots, beaucoup plus que les images, disait-il. Avec les mots, on va plus loin. On revient dessus. Les images fuient.

– Vous voulez dire qu'on peut *remonter* le livre qu'on a dans la main, de la page 200 à la 100, mais que, dans une salle de cinéma, on ne peut pas dire : « Rembobinez » ?

– Il y a de ça... »

Sartre suggérait que le cinéma était un art au même titre que le roman, mais qu'il n'était pas encore un art mûr. Il se laissait aller aux paradoxes, réels ou apparents, là comme ailleurs;

« *Limelight* est un film extraordinaire parce qu'on sent que Chaplin a voulu le rater...

– C'est excessivement sentimental...

– Justement ! triomphait Sartre. Cela, Chaplin l'a voulu. »

Sartre aima les films jusque dans la cécité. Je l'ai dit : quelques semaines encore avant sa mort, il voyait – écoutait – les films de la télévision, alors qu'il avait décroché de l'actualité qui, autrefois, le passionnait.

J'ai envie d'écrire : Sartre a goûté, dans cet ordre, les livres (avec leurs idées), les femmes, le cinéma, les voyages (dans les villes)... Ce furent les quatre piliers de son bonheur. La politique, malgré ses agitations, ses déclarations, ses prises de position, venait bien après, même si ses éclats étaient plus publics.

Sartre m'encouragea vivement à changer de métier :

« Aimez-vous encore enseigner ?

– Plus maintenant. Au début, beaucoup...

– Il faut faire autre chose. »

Quand on m'offrit un poste de reporter, le seul qui se présentait à *France-Observateur,* celui de Jean-Noël Gurgand qui partait, je l'acceptai sans consulter Sartre. Revel, qui avait quitté *France-Obs,* brouillé avec la rédaction en chef, me le déconseilla :

« Tu vas te retrouver sur le pavé ! Ils coulent. »

Il fallait, en effet, encaisser une coupe dans mon salaire. Mais c'était tellement plus amusant que l'E.N.S. de Saint-Cloud.

Informé de ma mutation, Sartre me demanda pourquoi je faisais du journalisme. J'eus du mal à lui répondre. Il suggéra que c'était peut-être une manière de ne pas écrire tout en écrivant beaucoup. Il n'avait sûrement pas tort.

Sartre estimait que, dans le journalisme, il fallait creuser le fait divers :

« Il en dit plus sur une société que les romans et les manuels de sociologie. »

Lorsque, en novembre 1964, quelques mois après mon entrée à *France-Observateur,* sortit le premier numéro du *Nouvel Observateur,* il y avait, à la Une, une interview de Sartre. Combien d'entreprises de « gauche » ont-elles eu besoin de son ombrelle, de son parapluie dissuasif pour se sentir assurées ? Le titre :

SARTRE :
L'alibi

Sartre était un de nos alibis. Le fanion qui permettait de passer à travers ces foules hétérogènes de la gauche non communiste. Sa présence à la Une me rassurait. Il ne pouvait, pensais-je naïvement, donner sa caution à une entreprise louche ou douteuse.

« La presse le proclame, des enquêtes le démontrent, les dirigeants du régime s'en félicitent : la France se « dépolitise ». Sa jeunesse se détournerait non seulement des partis et des idéologies, mais des idées tout court. Elle n'aurait plus qu'un dieu, la technique, et ne rêverait que de bien-être », disait le « chapo » d'introduction.

Sartre s'insurgeait :

Il faut d'abord savoir de quoi l'on parle. S'il s'agit des quadragénaires, c'est une question complexe. Mais si l'on parle des jeunes gens, il faut distinguer. Qu'il y ait une certaine dépolitisation, c'est certain, mais il faut dire par rapport à quelle époque. Pendant les quinze années qui ont suivi la Libération, la tension politique en France ne s'est pratiquement jamais relâchée. Il y a eu la réaction contre quatre années d'occupation et de collaboration, puis les deux guerres coloniales que nous avons menées : en Indochine et en Algérie. Ces situations de conflit ouvert contraignaient les gens à une prise de conscience politique. Depuis deux ans, c'est-à-dire depuis l'Indépendance de l'Algérie, il n'y a plus de crise nationale mettant directement en jeu l'avenir du pays et on constate, en effet, une dépolitisation de la jeunesse.

Mais ce n'est pas vrai si l'on compare la situation actuelle à celle d'avant la guerre. La plupart des jeunes gens que je rencontre aujourd'hui sont infiniment plus conscients des réalités politiques, même s'ils n'appartiennent à aucun parti, que ne l'étaient les gens de ma génération...

Sartre promettait, ça tombait bien, une meilleure presse :

Même au niveau de la presse il y a un changement, un progrès considérables. Les hebdomadaires les plus affligeants d'aujourd'hui abordent plus de problèmes concrets que ceux d'autrefois. Vous vous souvenez de l'affaire Violette Nozières, qui avait assassiné son père ? Aujourd'hui on ne pourrait plus passer sous silence le fait que son père abusait d'elle. Il y a quelques mois, la télévision gouvernementale a permis à un psychiatre d'étudier, à propos de l'affaire des sœurs Papin, le problème de la condition sociale des domestiques.

Il y a une idée qui fait de plus en plus de chemin, disait Sartre, *c'est que les problèmes – et par conséquent les solutions – sont finalement les mêmes dans toutes les sociétés industrielles, qu'elles soient socialistes ou capitalistes.*

Aujourd'hui on reste rêveur devant ces extravagances théoriques si froidement affirmées. Tout cela ressortit au *wishful thinking,* au désir de transformer le souhaitable en réel.

Sartre citait Nizan : « J'avais vingt ans... » J'étais en famille, puisque Nizan était aussi du voyage. Cette expédition du *Nouvel Obs* ne pouvait être mauvaise. Comme c'était étrange, cette permanente récupération de Nizan. Il ne me venait pas encore à l'esprit que Nizan, politiquement au moins, jusqu'à sa démission du P.C.F., en 1939, aurait pu se tromper sur toute la ligne, sur toutes les lignes.

Sartre faisait ensuite des gammes sur la France et la Révolution. Il acceptait qu'en France il y eût une « diminution de l'urgence du besoin ». Il déclarait : *On ne lutte plus seulement pour des augmentations de salaires, mais pour un pouvoir ouvrier sur la gestion.* Il expliquait que l'information doit s'ouvrir sur l'action. Il disait : *L'analyse d'un fait divers... peut être bien plus révélatrice de la nature d'une société qu'un commentaire sur un changement de gouvernement.* Je préférais son ancien slogan.

Sartre ironisa souvent sur une formule de Jean Daniel dans ce premier numéro du *Nouvel Obs* :

« La gauche est une patrie. On en est ou on n'en est pas. »

Les rapports de Sartre avec *Le Nouvel Observateur,* pendant seize ans, ont été complexes, à la fois sentimentaux et idéologiques. Il a publié une interview dans ce numéro en 1964, et trois en 1980, quelques semaines avant sa mort. De plus, durant toutes ces années, il en a donné des dizaines à cet hebdomadaire, ce qui montre un certain attachement.

Ce sont là des faits, des choix, des preuves.

Il comptait des amis dans la maison, très anciens, comme Jacques-Laurent Bost, ou plus récents, comme Michel Bosquet et quelques autres. Sartre, c'est évident, après 1964, préférait *Le Nouvel Obs* à tous les autres hebdomadaires. C'était son public, ses racines de l'enfer et du purgatoire. *Le Nouvel Obs* faisait, comme Sartre, deux paris : le communisme se libéralisait dans le monde entier et le communisme français n'allait pas rester à la traîne. Par conséquent, il n'était plus chimérique d'imaginer, un jour prochain, la gauche au pouvoir. Sartre râlait souvent contre *France-Obs,* qu'il jugeait petit-bourgeois et respectueux, n'ayant pas oublié que l'hebdomadaire, en son temps, avait pris position contre le Manifeste des 121. Hector de Galard et Gilles Martinet faisaient partie de l'héritage. Mais, à *France-Obs,* il y avait aussi Serge Mallet, dont Sartre, comme Bosquet, appréciait les analyses consacrées à la nouvelle classe ouvrière. Bref, Sartre était quasi officiellement le sage maison, le gourou, le Saint-Père, le Saint-Esprit, la grande référence, encore plus au *Nouvel Observateur* qu'à *France-Observateur* : Jean Daniel, directeur du premier, était fort sensible au prestige littéraire. Je n'étais pas le seul à écrire parfois des articles en me demandant : « Qu'en penserait Sartre ? » Bizarre maladie d'une partie de l'intelligentsia française, à l'époque : ne pouvoir se passer d'officier traitant des idées. Et cela au moment où cette intelligentsia réclamait une indépendance d'esprit, qu'elle faisait tout pour emmailloter avec une servilité n'ayant d'égale que sa manière obscure de s'exprimer. Dans *Le Nouvel Obs,* les génuflexions spirituelles devant Sartre étaient cachées, mais profondes. Pis : elles étaient honnêtes.

Les rapports de Sartre avec le journal constituaient un type de relations. Avec Jean Daniel, c'en était un autre, froid, distant, et, de la part de Sartre, souvent méprisant.

Jean Daniel a cherché Jean-Paul Sartre beaucoup plus que Sartre n'a recherché Daniel. *Le Nouvel Obs* avait plus besoin de Sartre que l'écrivain de l'hebdomadaire. Pendant ces seize années, ce fut une alliance objective, extérieure, conflictuelle, glacée. Les malentendus sont restés entiers jusqu'à la mort de Sartre. Laissons de côté les personnalités qui, visiblement, n'étaient pas faites pour s'emboîter l'une dans l'autre.

Sur le fond : Daniel est un libéral, Sartre était un radical. Daniel a eu raison sur l'Algérie, alors que Sartre continuait de croire ou de faire semblant de croire qu'il y avait une violence saine, sacrée, *d'un côté.* Daniel a vu plus de cadavres que Sartre. C'est une expérience qui compte.

Daniel a toujours su qu'il ne serait pas possible de cheminer longtemps avec les communistes. Sartre se faisait quelques illusions sur le plan national et sur l'échiquier international.

Aussi grave : Daniel, nous en plaisantions assez au journal, était avant tout camusien. Sartre se moquait des épanchements méditerranéens, du goût trop étalé pour les déchirements et la lucidité. Il n'a jamais cru à la sincérité des tourments de Daniel, ce en quoi il avait tort. C'est qu'il pouvait être d'une extraordinaire brutalité.

Daniel, avec ses défauts, manque d'humour, sens

accusé de sa propre importance, art de diviser pour régner, un côté rusé et diplomate, avait et conserve de nombreux mérites : le premier fut d'avoir tiré du néant une feuille fatiguée pour en faire un journal respectable, respecté – et, souvent aussi, un peu trop respectueux des tabous classiques de la gauche que Sartre partageait. Mais ce que Sartre ne pouvait savoir, si on ne le lui disait pas, c'est que Daniel avait un grand flair journalistique. On pouvait téléphoner à Daniel, de l'autre bout des Etats-Unis, pour lui dire :

« Il y a des gens qui fument un truc bizarre, le L.S.D...

– ... D'accord, reste...

Cette aptitude à capter l'air du temps, notre époque et ses mœurs aucun des patrons de *France-Obs* ne l'avait eue.

En poussant Sartre dans ses derniers retranchements, on parvenait à lui faire reconnaître les qualités professionnelles de Daniel. Pour le reste, il était tellement allergique à l'homme qu'il en devenait insultant. Un jour, Daniel, décomposé, nous convoqua, Bost, Bosquet et moi, l'un après l'autre, pour nous montrer un mot de Sartre qui lui déniait le droit de critiquer les gauchistes, parce que lui, Daniel, vivait « comme un bourgeois ». Attitude et raisonnement très sartriens. Quel rapport, en effet, entre un mode de vie et la justesse ou la fausseté d'une proposition ? Les critiques du gauchisme faites par Daniel n'auraient pas été plus fondées ou plus démonstratives si Daniel avait vécu dans un F3 à Ivry. Cette scène-là mit le journal en révolution – nous eûmes au moins celle-là. Elle était tout à fait absurde, mais caractéristique.

N'idéologisons pas trop : ces deux-là n'avaient pas d'atomes crochus. Et soyons franc : ceux qui, au *Nouvel Obs*, les connaissaient, l'un et l'autre, ne firent jamais rien, bien au contraire, pour qu'ils se comprissent. Ce qui, je m'empresse de le dire, vaut pour moi comme pour Bost ou Bosquet. A quoi s'ajoute le fait que le ragot transformé en problème métaphysique est une spécialité bien française et parisienne.

Je crois qu'en face de Castro, par exemple, Daniel était meilleur juge que Sartre, qui avait une tendance très littéraire à s'enflammer, à s'emporter, à voir la Justice, la Révolution en marche, incarnées dans un homme. A chacun son métier. Daniel voyait la personne, Sartre le personnage. Le regard de Sartre était romanesque, théâtral, même. Celui de Daniel, plus réaliste et politique. Ils ne pouvaient garder ensemble les mêmes troupeaux puisqu'ils ne voyaient pas les mêmes bêtes. Là où Sartre apercevait de beaux yeux de vaches, Daniel discernait le méchant petit taureau. Sartre se fit jusqu'à sa mort des illusions touchantes sur la possibilité de transformer la politique et le jeu politique dans l'Histoire. Il rêvait la vie, persuadé qu'il y aurait un jour une Cité du Soleil. Je crois que Daniel a perdu cette illusion depuis longtemps. Sartre vivait les rêves d'une gauche contradictoire. Sartre réfléchissait entre Marx et Sartre, Daniel, entre Mendès France et Foucault. Comment se seraient-ils rejoints? Sartre aimait trancher. Daniel aimait hésiter. L'un était d'abord écrivain avec ses lecteurs, l'autre journaliste qui disposait d'un public. A la limite, même s'ils étaient venus tous les deux du même quartier d'Alger ou de Paris, ils se seraient trouvés dans la même opposition. On la cachait pour ne pas troubler la grande famille de la gauche désunie. Je ne sais à qui l'on rendait le plus mauvais service à les garder ainsi séparés. L'un avait tous les culots, l'autre beaucoup de prudences.

Avec les journalistes, Sartre eut des attitudes ambiguës mêlées d'exaspération et d'attirance. En quoi, après tout, il ne différait pas d'une grande partie de la société française. Les gazettes, comme aurait dit le Général, se servaient de Sartre, mais il se servait aussi d'elles : de *L'Express* dans les années 50, de *L'Obs* à la fin des années 60, et dans les dix ans qui s'écoulèrent mollement de 1970 à 1980.

Sartre était capable, je l'ai dit, de juger un homme sur des rapports de deuxième et de troisième main. On l'a vu avec Revel. Je soupçonne souvent Sartre d'en avoir fait autant avec Daniel. Si Sartre s'enticha de journaux gauchistes, devint « directeur » de *La Cause du peuple,* se pencha avec sollicitude sur *Libération,* il donna quand même presque toujours ses interviews au *Nouvel Observateur.*

Ses ennemis étaient de sa classe. Sa classe constituait une partie de ses ennemis.

X

VIÊT-NAM

A DÉFAUT de guerre d'Espagne et de Seconde Guerre mondiale, ma génération fut invitée à livrer celles d'Afrique du Nord et à juger celles du Viêt-nam. Nous aurions mis moins de virulence et de simplisme à condamner les Américains si nous n'avions participé, avec mauvaise conscience, aux opérations militaires en Tunisie, au Maroc et en Algérie.

Nous compensions, selon le principe des vases communicants : nous avions été méchants ou lâches en Afrique du Nord; nous serions bons et courageux en Asie, par procuration aussi, ce qui ne mangeait pas de pain. J'ai risqué plus souvent de me faire tuer au Viêt-nam du Nord ou du Sud, entre 1965 et 1973, que dans le Rif en 1956. Je ne m'en sentais que plus vertueux. En prime, pour nous conforter, il y avait le mouvement de l'Histoire, et le courant de l'opinion publique, cette garce à peine moins fardée dont Sartre disait qu'il ne savait pas qui elle représentait. Il était vrai – il est encore vrai – que les peuples colonisés avaient droit à leur indépendance et les nations à leur unité. J'étais, au départ, d'autant plus opposé à la guerre américaine au Viêt-nam que j'aime les Américains, simplement parce que je comprends assez couramment l'américain, variante de l'anglais. Qui aime bien...

L'antiaméricanisme de Sartre donnait de l'assise

au mien : comment un homme qui parlait si bien de Dos Passos et de Faulkner, capable d'avaler cinq verres de bourbon d'affilée ou presque, pouvait-il avoir tort lorsqu'il critiquait les « Amerlos », comme disait Bost, avec le ton qu'il aurait pris pour dire les « Boches » ou les « Chleuhs » ? L'antiaméricanisme de Sartre grossit cet antiaméricanisme de gauche, bouillonnant depuis la Libération, et qu'allait renforcer bientôt l'antiaméricanisme gaulliste. De la situation ainsi créée, nous ne sommes pas encore sortis.

Lorsque, en 1965, Jean Daniel m'envoya au Viêt-nam, j'étais journaliste professionnel depuis à peine un an.

Je débarquai à Saigon en février 1965, après un long détour par Hong Kong et Formose, sans visa, sans carte de crédit, sans carte de télex, en touriste quasiment. Pour échapper aux questions des autorités sud-vietnamiennes à Saigon, je filai dans la campagne. Il suffisait de demander son accréditation et de l'obtenir pour avoir droit aux transports gratuits sur les avions et les hélicoptères américains. Je vis la guerre. Sur un piton face au Cambodge j'éprouvai la même impression que sur un piton en face du Maroc espagnol. Mais, cette fois, j'étais en civil, avec la possibilité de rentrer à Saigon le soir même. Au 93ᵉ R.I., nous n'avions pas ces facilités.

De retour en France, je racontai tout cela à Sartre. Pas un instant l'idée ne m'effleura que la guerre menée par les Américains et les Sud-Vietnamiens pouvait être en même temps ignoble et juste. Comme tant de guerres ! Implicitement pour moi, et bien d'autres au journal, Bost, Bosquet, Lafaurie et des plus jeunes, afin que la ligne politique fût juste, il fallait qu'elle fût au moins bénie de loin par Sartre. En gros, elle le fut, même si, précisément, mais en privé, ces trois-là – Bost, Bosquet, Lafaurie – allaient maugréant que cette ligne était droitière par rapport à leur idéal, qui ressemblera de plus en plus à l'horizon toujours repoussé.

Pour le Viêt-nam, il n'y eut pas de problèmes jusqu'en 1973 : surtout en obtenant des visas et en couvrant la guerre, je me chargeais de l'affaire. Au Sud, on se rendait assez facilement. Au Nord, c'était beaucoup plus ardu. Quant aux zones contrôlées par le Viêt-cong, seuls des communistes dûment estampillés étaient autorisés à y pénétrer.

A l'automne de 1967, les Nord-Vietnamiens m'accordèrent un visa. J'allais donc voir Hanoi, l'autre visage de la guerre ! Cela me permettrait de rêver à une autre expédition, dans les zones du F.N.L. Là, je n'y entrerais qu'en 1973.

Les Nord-Vietnamiens distribuaient leurs visas avec art et parcimonie. Ils devaient être contents de moi : j'avais couvert la guerre au Sud avec une hostilité marquée à l'endroit des Américains et du régime de Saigon. Les services de presse de Hanoi et ceux de la Délégation générale à Paris m'avaient catalogué « collaborateur d'un journal bourgeois, mais progressiste ». Les articles de leurs camarades, Wilfred Burchett et Madeleine Riffaud, ne touchaient guère de lecteurs en dehors de la presse communiste. Ils avaient besoin de renforts libéraux : je faisais l'affaire. Mai Van Bo, le suave délégué général à Paris, m'avait prévenu : mon excursion durerait quinze jours. Je ne voyais pas comment, en si peu de temps, je pourrais faire autre chose que Harrison Salisbury, qui venait de publier une série de papiers dans le *New York Times* après avoir passé deux semaines au Nord.

Avant de partir, j'allai voir Jean Sainteny, rue de Rivoli. Il avait bien connu Hô Chi Minh. Il servirait plus tard d'intermédiaire entre Washington et Hanoi avant la signature des accords de Paris. Au passage, il me dit :

« Ne vous y trompez pas. Ils sont durs : ce sont des staliniens. »

Je refusai vite ce mode d'emploi. Comme tant d'autres, je ne voulais ni voir ni savoir. Le manichéisme était plus commode.

Il faudrait s'arranger pour rester plus de deux semaines dans la République démocratique du Viêt-nam, me dis-je. Comment ? Et si je demandais une lettre à Sartre ? Il s'était engagé, de tout son poids, et sans nuances, du côté des Vietnamiens révolutionnaires.

En 1967, Sartre préfaça plusieurs ouvrages étonnamment médiocres sur le Viêt-nam. Mais, surtout, il consacra beaucoup d'heures, lui qui n'aimait pas le militantisme et la perte de temps qu'il représente, au Tribunal Russell.

Bertrand Russell avait réuni, en 1966, un « Tribunal international contre les crimes de guerre au Viêt-nam », et Sartre avait accepté d'y siéger. J'étais assez étonné et ému de cette rencontre : le plus grand des empiristes anglais, à 94 ans, et le plus connu des rationalistes français, à 61 ans, se rejoignaient, en dehors de la philosophie, où tout les séparait, dans la politique, où, avec l'horreur de la guerre, les unissaient quelques illusions. Sartre fut élu président du comité exécutif de cet organisme bizarre.

Le principe même du tribunal me paraissait faux, et je n'ai jamais voulu y aller témoigner.

Ayant surtout accès à des sources communistes ou cryptocommunistes, ce tribunal, malgré la bonne volonté et l'honnêteté de certains des hommes et des femmes qui en faisaient partie, ne pouvait aboutir. Je n'avais pas beaucoup apprécié l'interview que Sartre avait donnée au *Nouvel Obs*, en novembre 1966, et où il s'expliquait sur les limites de l'action du tribunal et sur ses buts : *Il ne s'agit pas pour nous de juger si la politique américaine est néfaste*

– ce qui ne fait aucun doute pour la plupart d'entre nous – mais de voir si elle tombe sous le coup de la législation sur les « crimes de guerre ». Curieusement, Sartre refusait de s'en prendre aux Américains au nom de la morale, et ce, en fonction d'arguments enrobés de philosophie : *La politique impérialiste est une réalité historique nécessaire et elle échappe, de ce fait, à toute condamnation juridique ou morale.* Quel était donc le statut du Tribunal Russell, s'il n'était ni juridique ni moral? Sartre ajoutait : *... Si le développement de l'Histoire n'est pas commandé par le droit et par la morale – qui en sont au contraire les produits – ces deux superstructures exercent sur ce développement « une action en retour ». C'est ce qui permet de juger une société en fonction des critères qu'elle a elle-même établis.* Sartre proclamait, sans appel : *Notre « tribunal » ne se propose aujourd'hui que d'appliquer à l'impérialisme capitaliste ses propres lois.* Il faudra une quinzaine d'années pour que la gauche française non communiste utilise aussi fréquemment l'idée d'expansionnisme soviétique que celle d'impérialisme américain. Pendant un demi-siècle, l'impérialisme n'aura été qu'américain. Les historiens apprécieront.

En 1966, à travers le Viêt-nam, Sartre retrouve de Gaulle. Le Général refusa d'accorder au Tribunal Russell l'autorisation de se réunir à Paris ou en n'importe quel point du territoire français. Dans sa réponse à Sartre, le président de la République commit l'erreur d'appeler l'écrivain « Cher Maître ». Ce qui permit à Sartre de se moquer du Général : *C'est pour bien marquer, je crois, que c'est à l'écrivain qu'il entend s'adresser, non au président d'un tribunal qu'il ne veut pas reconnaître. Je ne suis « maître » que pour les garçons de café qui savent que j'écris...*

Le Tribunal ira à Stockholm, où Sartre prononcera un discours incendiaire. Les documents du Tribunal Russell, surtout fournis par les Nord-Vietnamiens, sont souvent des copies conformes de pièces officielles. On se demande comment Vladimir Dedijer, directeur de la rédaction, a pu avaler tout cela, acceptant sans véritables contre-enquêtes ou contre-interrogatoires les témoignages de partisans communistes comme Madeleine Riffaud et Wilfred Burchett, ou de sympathisants aussi obtus que Jean-Louis Vigier ou Stokely Carmichael. Les deux volumes de « documents » constituent un monument de démonstration circulaire.

Une rédactrice attachée au Tribunal Russell, Arlette El Kaïm, deviendra la fille adoptive de Sartre, et son influence politique sur lui, *dans la mesure où* elle en aura une, sera désastreuse.

Dans son discours de Stockholm, Sartre disait on ne peut plus sartriennement : *Nous sommes impuissants : c'est la garantie de notre indépendance.* Après la session du Tribunal, il ajoutera, toujours dans *Le Nouvel Obs* : *Ce qui a été important pour moi, c'est le passage de cette idée vague, déjà insupportable :* « On tue des enfants, des femmes et des vieillards au Viêt-nam », *à cette idée précise et odieuse :* « On le fait exprès. »

Aujourd'hui, on sait que c'est grotesque. Ce l'était à l'époque. L'armée et l'aviation américaines n'étaient pas uniquement composées de sadiques. Et, surtout, le crime de guerre, la volonté d'exterminer, ne figuraient pas dans l'arsenal de l'idéologie et de la machine américaines que l'on confondait avec l'appareil nazi.

En 1966, Sartre se répandit en déclarations autant qu'il le put à propos du Viêt-nam, jusque dans la presse bulgare. Le moins averti des membres du Politburo de Hanoi savait donc qu'il était un des plus prestigieux avocats de la cause. En somme, une caution de Sartre ne pourrait me faire que du bien, et aucun mal.

Sartre se trouvait à Rome.

Pourquoi se portait-il si bien à Rome ? Parce qu'il était en vacances dans une ville, et il détestait la campagne ou il l'aimait beaucoup moins que la ville. Il pouvait être en vacances à Rome avec le Castor sans qu'elle se sentît lésée. Il préféra toujours la pierre à la chlorophylle. Il aimait aussi les Italiens, beaucoup plus que, disons, les Allemands ou les Anglo-Saxons. Par-dessus tout, il appréciait les communistes italiens dont les journaux, *L'Unitá* et *Paesa sera,* se lisaient sans ennui et faisaient, par comparaison, ressortir le pathos de *l'Humanité.* Sartre, très indirectement, est responsable du fait que ces communistes italiens paraissent toujours si attrayants pour la gauche non communiste française. Il a, involontairement ou non, contribué, lui qui était si peu snob, à répandre ce snobisme du communisme italien et, ainsi, à entretenir ce phantasme, l'eurocommunisme.

Je lui expliquai mon affaire au téléphone. Il me proposa de venir le voir. A Rome, Sartre semblait, non pas moins rapide ou agile qu'à Paris, mais plus détendu. Nous déjeunions avec Simone de Beauvoir, en plein air, sur la piazza Navona. Sartre riait de sa passe d'armes avec de Gaulle. Il reconnaissait que, dans l'esprit du Général, le légalisme l'emportait sans doute sur le désir de faire une fleur aux Américains.

J'enchaînai :

« De plus, croyez-vous vraiment que de Gaulle et les Américains aient aussi peur que vous le dites d'un vieillard et d'un demi-vieillard, Russell et vous ? »

Le demi-vieillard, c'était Sartre. C'était aussi ma manière de le taquiner pour me mettre à distance.

Trop souvent, le ton de la plaisanterie-taquinerie me permettait de me protéger, croyais-je, de Sartre.

« S'ils nous prenaient seulement pour deux vieux

cons et une bande d'intellectuels, dit Sartre, ils nous ficheraient la paix. Ils nous laisseraient jouer aux juges gentiment. Ils ont peur de nous – enfin, un peu... N'exagérons rien. Parce que la France, comme les Etats-Unis, ne veut pas qu'on pose le problème du crime de guerre...

– Vous connaissez des guerres sans crime ?

– Non. Bien sûr. Ne me prenez quand même pas pour un idéaliste ou pour Servan-Schreiber en Algérie. Mais il y a une logique dans le crime, avant le crime.

– Croyez-vous que ce Tribunal puisse déboucher sur quelque chose ?

– Ça les emmerde. Au minimum, ça leur donne mauvaise conscience. Les Américains le croient plus sérieux que les Français. Ils sont puritains. Vous avez entendu Rusk... »

Dean Rusk, secrétaire d'Etat américain, avait déclaré assez grossièrement, à propos de Russell, qu'il n'avait pas l'intention de « faire joujou avec un vieil Anglais de quatre-vingt-quatorze ans ».

« Ça ne prouve rien. Vous prêchez aux convertis et vous braquez les autres.

– Ceux qui ont envie de suivre ou d'absoudre les Américains continueront, dit Sartre. Mais ceux qui sont troublés le seront encore plus en lisant les conclusions du Tribunal. Les jeunes Américains, de plus en plus, refusent de partir. »

Je revins à la charge :

« Mais votre Tribunal avait jugé avant de siéger. Vous saviez que vous alliez trouver le gouvernement des Etats-Unis coupable !

– Coupable, oui. Mais de quoi ? C'est ça qui est intéressant. Nous n'étions pas tous d'accord.

– Vous pensez sincèrement que les Américains, comme le prétend votre Tribunal, font exprès du bombardement terroriste ?

– Absolument. D'ailleurs, puisque vous y allez, vous pourrez vérifier. »

Nous parlâmes des conditions du voyage. Je ne cachai pas que j'avais peur d'être tué.

« Mais non, mais non, dit Sartre. Vous aurez peur, mais vous ne serez pas tué. »

En somme, Sartre me servait de confesseur, de père et, à l'occasion, de cartomancienne. Si gratuite qu'elle fût, sa prédiction était confortante. Il y avait beaucoup d'irrationalité dans mes rapports avec lui.

Il me pria de m'enquérir du sort de Tran Duc Thao, un philosophe qu'il connaissait et qui avait eu des ennuis parce qu'il était trotskiste. Vit-il ? Que fait-il ? Je notai.

Avant de partir, je demandai à Sartre un mot d'introduction pour Pham Van Dong, premier ministre de la République démocratique du Viêt-nam, Mai Van Bo m'ayant assuré que je le verrais dès mon arrivée à Hanoi. Aussitôt, Sartre arracha un morceau de la nappe en papier sur la table du restaurant et commença d'écrire. Je l'arrêtai, approuvé par le Castor.

« Ecoutez, Sartre. Les communistes sont aussi formalistes que d'autres. Pham Van Dong est quand même premier ministre. Vous devez faire ce mot sur un papier un peu plus convenable. »

Sartre se mit à rire et entreprit d'écrire sa lettre sur la feuille de papier blanc que le cameriere lui avait apportée. Puis il me donna quelques conseils :

« Essayez de voir comment ils tiennent. Comment ils construisent le socialisme. »

J'en suis certain, c'est en partie grâce à cette lettre que j'ai pu rester deux mois au Viêt-nam du Nord. A Hanoi, Pham Van Dong me demandera, presque chaque fois qu'il me recevra, des nouvelles « de la santé de Jean-Paul Sartre ». Pham parlait plus facilement de Victor Hugo et de Zola que de l'œuvre de Sartre. Mais il mesurait l'influence de ce dernier.

De mon côté, à chaque rencontre, je demanderai à voir Tran Duc Thao. Le premier ministre, alors, prendra un air affairé, irrité :

« Où est-il ? Ah ! bon, qu'il vienne à Hanoi, alors ! »

Ou :

« S'il ne peut pas faire le trajet à bicyclette, qu'il vienne en voiture ! »

Ou :

« Je suis navré, cher ami, Tran Duc Thao n'a pu venir parce que le pont qu'il devait passer a été bombardé :

Je ne verrai jamais Tran Duc Thao. En 1972, au cours d'un voyage beaucoup plus tendu à Hanoi, on évitera encore plus brutalement mes questions à son sujet.

Sartre n'avait pas eu que de bons rapports avec lui. Celui-ci méritera un jour d'être inscrit sur le monument aux morts de l'existentialisme tenté par le marxisme et le communisme. Agrégé de philo, sorti de l'Ecole normale de la rue d'Ulm en 1943, il était devenu le terrible disciple de Sartre et de Merleau-Ponty. Cas unique en Asie, Tran Duc Thao aborda la phénoménologie, le sartrisme, le marxisme et le léninisme. Il connaissait Husserl beaucoup mieux encore qu'Aron ou Sartre. Il opposa la phénoménologie au matérialisme dialectique pour en révéler les « contradictions ». Son premier livre, *Phénoménologie et matérialisme dialectique,* publié en 1951, année où il retourna au Viêt-nam, fit quelque bruit dans les milieux qui s'intéressaient à ces questions.

Thao enregistra des entretiens avec Sartre. Les trouvant peu satisfaisants, Sartre refusa de les publier. Thao lui intenta un procès !

« C'est le passé », disait Sartre lorsqu'il réclamait, dans les années 60, que l'on effectuât des démarches en faveur de Thao auprès de la direction gérontocrate de Hanoi.

Thao, au lieu de rester en Europe et de poursuivre ses recherches sur l'origine du langage et de la conscience, de se perdre dans une métaphysique raréfiée, retourna au Viêt-nam, par patriotisme. Convaincu de la réalité de la déstalinisation, il rejoignit l'oncle Hô. Il critiqua le dirigisme de la littérature nord-vietnamienne et paya le prix de ses déviations. Il croyait que la liberté est nécessaire à la création artistique et intellectuelle. Dénoncé en 1958, il perdit sa chaire à l'université de Hanoi.

En juin 1947, dans *Les Temps modernes,* il avait répondu à Claude Lefort qui reprochait au Viêt-minh d'avoir perdu la ligne de classe. Tran Duc Thao considérait alors que « la logique du réquisitoire des trotskistes contre le Viêt-minh les place objectivement du côté de l'impérialisme ». Quelques années plus tard, Thao devenait « objectivement » trotskiste. Les mésaventures de la dialectique touchent les intellectuels à Hanoi comme à Moscou, à Prague comme à Paris. Mais, à Paris, les risques sont moindres. Pour survivre, Tran Duc Thao dut faire son autocritique. Dans le journal du P.C. vietnamien – *Le Parti des travailleurs* – il déclara, en mai 1958, qu'il avait reçu de France et fait circuler de la littérature « décadente », comprenant *L'Express, L'Observateur, Les Temps modernes.* Il reconnaissait qu'il avait puisé des informations « tendancieuses » dans le *Monde.* Il avait aussi, avouait-il, fréquenté le « groupe trotskiste » des *Temps modernes!*

Il implora la clémence du Parti. On la lui accorda, lui épargnant la prison et, comme il était tuberculeux, ce fut un bon prétexte pour l'isoler. On lui confia la traduction du *Capital* en vietnamien. Quand il était revenu au Viêt-nam, l'Oncle lui avait dit : « Vous avez lu beaucoup de livres à l'étranger.

Il faut maintenant rapprendre du peuple. » Il traduisit, traduisit : des tracts de la propagande jusqu'au *Capital*...

Tout cela, Sartre le savait. Je crois qu'il se sentait un peu responsable de l'évolution de Thao. A de nombreux voyageurs en route pour Hanoi il demanda d'intervenir. Sans aucun succès. Pourtant, un Thao contre la présence de Sartre au Tribunal Russell, ce n'eût pas été cher.

D'après les informations que j'ai pu recueillir, aujourd'hui encore Tran Duc Thao est à Hanoi. Aucun Occidental et fort peu de Vietnamiens sont autorisés à le rencontrer. Il vivrait quartier Kim Lien, dans une pièce lugubre et moisie d'une H.L.M., pièce tapissée de journaux, et il poursuivrait son errance philosophique au milieu de la population et des *can bo* indifférents. Quel personnage sartrien !

Sartre est-il responsable en partie de son destin ? Qui, maintenant, rencontrant les chefs vietnamiens, s'enquiert de Tran Duc Thao ?

Un ami vietnamien m'a dit de Tran Duc Thao : « Pour lui, c'est la mort au compte-gouttes. »

Faudrait-il souhaiter à ce philosophe d'être devenu fou ? Pour ne pas s'apercevoir de ce qui se passe.

Sartre, directement ou indirectement, fut plusieurs fois invité par les dirigeants de Hanoi à se rendre au Viêt-nam du Nord. Sa présence là-bas, ce qu'il eût pu dire et écrire, aurait sans doute marqué autant que les déclarations de Jane Fonda, de pasteurs ou de pacifistes américains.

Quand on lui demandait pourquoi il s'y refusait, il biaisait un peu, invoquait son état de santé, le manque de temps. Ces raisons étaient, au demeurant, valables. Je crois aussi qu'il se doutait un peu de ce qu'il verrait et, surtout, de ce qu'on ne lui laisserait pas voir. Peut-être songeait-il aux pirouettes qu'il faudrait exécuter. Le cérémonial des Vietnamiens que nous lui décrivions n'était pas fait pour l'attirer.

Pendant ce premier voyage à Hanoi, fidèle à la consigne, je m'appliquai à chercher comment « ils » continuaient à « construire le socialisme ». J'essayai même, à ma façon, de démontrer que les Américains faisaient une guerre antipopulaire. Je me souviens, en particulier, d'un reportage publié dans *Le Nouvel Observateur*, où je tentais de prouver comment l'aviation, l'U.S. Air Force, s'était acharnée à tuer des cochons. Je rejetais le principe de la « guerre terroriste et génocidaire » du Tribunal Russell, mais j'étais malgré tout très influencé par Sartre. Je décrivais sous des traits idylliques la vie dure mais exemplaire dans la province de Hung Yen, sous la direction du camarade Tuan Doanh, qui cite autant les poètes et les proverbes vietnamiens qu'Ang-Ghen (Engels) et Mac (Marx). Je lui avais demandé d'éviter la tournée du colonel, comme s'il suffisait de demander pour obtenir. Dans cette Beauce de rizières, j'avais entendu parler d'une certaine ferme. J'écrivais :

« Je passe sur ce village : dix morts, quatorze blessés. Je passe sur cet autre village, Xuang Bang, proche de Xuang Nhan, également bombardé. Je garde une image, un regard, le regard fou de Nguyen Thi Hien brûlée par une bombe au phosphore. La plaie mauve et jaune à son bras n'est pas encore cicatrisée.

« – Nos maisons sont tellement belles, dit-elle.
« Pourquoi les Américains les brûlent-ils ?

« Mais je ne passerai pas sur l'affaire de la porcherie de Trai Chan Nuoi Nga Ba Nam, dans la relativement paisible (″ pas plus d'une quarantaine de bombardements ″) province de Hung Yen. Parce qu'elle est un exemple parmi cent du travail dans lequel les Américains se spécialisent ces jours-ci.

« Voici : à plus d'un kilomètre de la route n⁰ 5, dans un paysage rigoureusement plat, cinquante-quatre bâtiments, alignés trois sur trois. Enfin, les restes de ces bâtiments, avec, ici et là, des auges et des balles de son éventrées. Qu'est-il arrivé à cette porcherie modèle ? Chu Dinh Khoa, chef du service de sécurité de la porcherie, et d'autres ouvriers paysans de la maison nous le disent : le 23 juillet, à 7 h 50 du matin, douze avions venant du sud-est piquent, larguant des bombes de deux cent cinquante kilos. Ils ne tuent que cinquante-quatre porcs sur plus de deux mille, mais ils tuent, aussi, au passage, six femmes dans une rizière.

« La porcherie a été construite en 1959. Par la disposition de ses bâtiments, elle pouvait être prise pour une caserne ? Mais : a) les Américains prétendent qu'ils photographient tout avant de bombarder, et des cochons ne sont pas des hommes; et b) supposons, supposons que les Américains aient pu, une seconde, prendre ces bâtiments pour une caserne : en 1967, après deux ans de bombardements, les Américains devraient connaître assez les Vietnamiens pour savoir qu'ils ne laisseraient pas des soldats ou des armes ou des munitions dans des bâtiments qu'aucun arbre, que rien ne cache.

« Continuons, puisque les Américains ont continué : ils sont revenus le 4 août, à 8 h 10 du matin. Dix avions ont lâché environ cent bombes. Ils ont particulièrement visé deux bâtiments rafistolés : la cuisine et le réfectoire des cent quarante ouvriers. Bien entendu, après le premier raid, les porcs avaient été dispersés, *sotanisés*. Enfin, le 12 août, à 7 h 15 du matin, huit bombardiers, avec quatre chasseurs en couverture, sont revenus raser ce qui restait.

« Qu'en conclure, sinon qu'il s'agissait de

détruire environ deux mille kilos de viande, plus celle que les truies auraient pu engendrer? Sinon qu'il s'agissait de s'en prendre à une production essentielle pour le ravitaillement des Vietnamiens, dont le porc, après le riz, est la principale nourriture.

« Nous repartons à travers la province... »

Je ne suis pas fier de ces puériles déductions. Sartre me complimenta sur ce papier qui, selon lui, allait plus loin que le simple reportage de guerre. En effet! J'ai vu, aussi, ce que je voulais voir. Je n'ai pas seulement vu ce que Sartre voulait que je visse. L'affaire de la porcherie de Trai Chan Nuoi Nga Ba Nam était une goutte dans la tasse de sa théorie, mais une goutte quand même.

Je lui fis part de mon insuccès quant à Tran Duc Thao. Je n'étais pas à l'aise et, je crois, il ne l'était pas non plus.

Nous passâmes : à la guerre comme à la guerre. Il ne fallait pas trop leur en demander, n'est-ce pas?

Pendant que j'étais à Hanoï, on avait célébré le 50e anniversaire de la Révolution d'Octobre. Avec mes accompagnateurs vietnamiens et l'aide d'un journaliste communiste italien, Trombadori, j'avais fait l'exégèse d'un rapport-fleuve de Le Duan, premier secrétaire du Lao Dong. Sartre me posa de nombreuses questions sur les rapports des Chinois, des Russes et des Vietnamiens.

Sartre penchait vers les Chinois. Pour lui, ils étaient encore révolutionnaires, alors que les Soviétiques prenaient de la bouteille idéologique.

Il lui faudrait beaucoup de temps pour admettre qu'il ne savait pas très bien ce qui se passait en Chine.

En 1968, je me rendis au Biafra pour le compte de la télévision de la B.B.C. J'en revins convaincu qu'on ne pouvait réduire cette guerre à un affrontement entre le tiers monde progressiste incarné par le Nigeria et les représentants du néo-colonialisme pétrolier symbolisé par le Biafra : c'était plus compliqué. En tout cas, dans les horreurs de la guerre, un Etat essayait d'émerger de ce qui était une nation.

En France, la gauche était pronigériane. Au *Nouvel Obs,* on hésitait. Mais, après avoir publié quelques articles d'Albert-Paul Lentin, plus « progressistes » que nature, sur le Biafra, et d'autant plus raides que le cher Albert-Paul n'y avait pas mis les pieds, Daniel, sans la moindre difficulté, publia mes reportages et une interview d'Ojuwku, chef provisoire de l'Etat biafrais. Je vis Sartre pour lui rendre compte de mon voyage. Il m'écouta très attentivement :

« On ne peut être avec les Nigérians, dit-il. C'est évident. »

Sartre évita de s'engager du côté de Lagos. Il publia dans *Les Temps modernes* un texte de Richard Marienstrass qui sauva un peu le fameux honneur de la gauche.

A ceux qui affirment vite et avec trop de satisfaction que Sartre s'est *toujours* rallié aux thèses classiques de cette gauche française conformiste, il faut rappeler cela.

Paraphrasant Wilde – et W.C. Fields ! : « Un homme qui déteste autant les enfants ne saurait être entièrement mauvais », Sartre me dira :

« Des gens *(comme les Biafrais)* qui ont contre eux la Grande-Bretagne, l'U.R.S.S., la R.D.A., le Nigeria, ne peuvent avoir tort autant que le dit Lentin...

Le Biafra, hier, comme l'Ouganda aujourd'hui, n'était qu'une petite affaire à nos yeux. Notre grande affaire, pendant dix ans, fut le Viêt-nam.

Depuis Georges Pompidou, au début de chaque septennat, la République fait semblant de résoudre le problème de sa télévision gouvernementale, d'une télévision voix de la France, du Pouvoir, du Président. C'est la prière secrète du petit garçon – Jésus, je ne me masturberai plus – mais qui retombe aussitôt dans son « péché ». La télévision retourne toujours à sa logique gouvernementale.

En 1969, encouragé par Jacques Chaban-Delmas, Pierre Desgraupes prit en charge les services dits d'information sur la 1re chaîne et me proposa de participer à l'expérience, sans doute parce qu'il voulait un journaliste de *L'Obs* dans son équipe, parce que j'avais fait quelques sujets pour *Cinq Colonnes à la Une,* notre éternelle nostalgie quand nous regardons aujourd'hui les magazines d'information dilués et bavards. Aussi, parce qu'il savait que j'avais travaillé pour différents programmes de la B.B.C.

Vers la fin des années 60, on commençait à reconnaître un peu partout, et Sartre comme les autres, que le journalisme anglo-saxon, le reportage d'investigation en particulier, a des avantages. Même si aux yeux de beaucoup, à Paris, le caractère non idéologique de la radio et de la télévision en Grande-Bretagne et aux Etats-Unis dissimulerait une idéologie pernicieuse : d'autant plus dangereuse qu'elle n'est pas avouée et qu'elle se présenterait comme une neutralité impossible, une fausse hygiène du journalisme. La gauche, et Sartre avec elle, n'a toujours pas expliqué pourquoi et comment la presse, les media en général, sont plus libres, plus honnêtes, plus objectifs dans le monde capitaliste que dans l'univers communiste ou socialiste.

Quand je lui parlais de ce problème, Sartre n'était pas très clair. Ni très lucide. Il mettait tout cela sur le compte du degré de développement, au crédit-débit des contradictions internes du capitalisme, bref, de l'heureux accident. Sa dialectique s'embourbait.

Lorsque Desgraupes me proposa, en 1969, de me joindre à son équipe, il m'offrit de m'occuper du magazine hebdomadaire, *Panorama.* J'étais tenté. J'hésitais. Serions-nous libres? Je voulais dire : serions-nous soumis à la censure directe ou indirecte du pouvoir politique? Desgraupes me garantit qu'on discuterait les problèmes entre journalistes. Il serait maître à bord. Je dépendrais de lui, et de lui seul. Je réservai ma réponse.

Naturellement, je demandai à voir Sartre.

Au cours d'un rituel déjeuner à La Coupole, en octobre, j'expliquai les conditions, le contrat moral passé avec Desgraupes. Aurais-je refusé l'offre de ce dernier si Sartre m'y avait poussé? Je ne sais.

« J'y vais ou je n'y vais pas? »

A ma surprise, Sartre me dit aussitôt :

« Allez-y ! »

Il ajouta, presque aussi rapidement :

« Vous ne tiendrez pas un an. Mais on peut faire pas mal de choses en un an. »

Desgraupes me proposa un contrat de deux années. Je signai pour une. Je n'ai jamais regretté mon stage de neuf mois à l'O.R.T.F. Avec l'équipe de *Panorama*, sans réussir à donner un style, une pâte à l'émission, nous l'avons aérée. Nous avons fait le tour de tous les partis politiques, montrant aussi bien les jeunes gaullistes que le Bureau du P.C.F. au travail, avec, je crois, une des premières apparitions de Marchais à la télévision, hélas !

Quand il me donna son autorisation de m'engager à l'O.R.T.F., j'avais demandé à Sartre si, éventuellement, il viendrait un jour à *Panorama*. Il refusait depuis onze ans de paraître à la télévision française, ne voulant pas cautionner la propagande gouvernementale :

« Ça dépendra de ce que vous ferez. »

Pour tendre la corde, sans provocations lourdaudes, pour voir jusqu'où allait notre liberté d'action, je fis passer à *Panorama* des exclus ou des contestataires de tous les bords, Louis Vallon comme Roger Garaudy.

Après une dizaine d'émissions, je téléphonai à Sartre :

« Maintenant, voulez-vous passer ?

– D'accord, mais je veux parler du Viêt-nam. »

Le 11 décembre 1969, Desgraupes vint au-devant de Sartre sur le plateau du studio 1. Les techniciens étaient étonnés. Même au moment du Nobel, en 1964, Sartre avait refusé de paraître à l'O.R.T.F.

« Monsieur Sartre, je suis très heureux de vous accueillir aujourd'hui dans notre maison », dit Desgraupes en présence de quelques journalistes.

Sartre, bon diplomate :

« Si je suis là, c'est parce que vous dirigez maintenant l'information. »

Pendant les préliminaires, la mise au point des éclairages, les essais de voix, Sartre dit :

« J'ai regardé le Journal télévisé sur cette chaîne pour voir si l'information y était vraiment plus libre. Il m'a semblé qu'elle l'était. »

Il refusa de se faire maquiller :

« Pourquoi ? On est comme on est. »

Je savais qu'il était là pour défendre le Tribunal Russell au moins autant que pour me faire plaisir. Il tirait sur une Boyard, comme toujours, et avait le trac, qui se manifestait par un débit saccadé et martelé. Nous enregistrions le matin pour l'émission du soir. A moins d'un incident technique, il ne me serait pas venu à l'idée de réaliser une deuxième prise.

Sartre est en blouson de laine. Finis depuis longtemps les complets et les cravates. Il fume copieusement.

Je dis d'abord que la formation et les conclusions

du Tribunal Russell, qui avaient été visées « ne varietur » par Sartre en tant que président, sont très contestées. Entre-temps – les conclusions du Tribunal remontaient à mai 1967 – il y avait eu le massacre de Song My, dénoncé par la presse américaine. Cette affaire n'a-t-elle pas modifié les données du problème vietnamien ? Après tout, Richard Nixon avait déclaré qu'il s'agissait d'un incident isolé.

Sartre répond :

« Le massacre de Song My, il faut bien l'appeler comme ça, puisque c'est établi, a changé les données seulement au sens que le peuple américain est tout à fait mis au courant du caractère particulier de cette guerre. Mais bien que ce massacre soit, par ses dimensions, probablement le plus grand qui ait eu lieu sur place, au Viêt-nam, depuis le début de la guerre, il ne fait que révéler ce qu'est une guerre antipopulaire. Il ne fait que révéler le caractère essentiel de cette guerre... N'oubliez pas que les ratissages supposent toujours massacres et tortures. Or, le ratissage est un type même d'opération lié à la guerre antipopulaire... D'autre part, les déportations dans des camps du Viêt-nam et les emprisonnements sont en nombre considérable... »

En 1969, beaucoup de critiques, à gauche, et jusque chez les libéraux américains, n'hésitent pas à comparer le nazisme et l'américanisme en action au Viêt-nam. Timidement, malgré tout, je pose la question à Sartre : « N'est-ce pas un peu " excessif " ? »

Sartre, la main droite, qui tient une cigarette, sur sa manche gauche :

« ... C'est toujours un désavantage de comparer une chose à une autre sans prendre beaucoup de précautions en ce qui concerne l'Histoire et la politique. Et, notamment, il est certain que la liberté de l'information aux Etats-Unis est remarquable, très supérieure à la nôtre, comme vous le savez... Par conséquent, le public est informé, alors que, du temps de l'hitlérisme, personne ne savait qu'il y avait des Oradour, par exemple. Je ne vois de caractère commun que sur un point : le massacre de Song My... et le massacre d'Oradour... sont des formes de lutte antipopulaire : c'est-à-dire la réaction d'une armée régulière à une lutte de résistance menée avec le concours du peuple.

Sartre, on le voit, on l'entend, reconnaît que la presse américaine est plus libre que la nôtre, d'une liberté *remarquable*. Trop souvent, on n'a pas remarqué cela.

J'insiste :

« Il y a quand même une différence essentielle : les autorités militaires américaines au Viêt-nam n'ont jamais donné d'ordres dans ce sens. Au contraire, les soldats américains au Viêt-nam reçoivent des consignes très fermes : « Ne vous en prenez « pas à la population civile, évitez les victimes « innocentes. »

– C'est précisément, répond Sartre, la différence qu'il y a entre les Allemands et les puritains américains : ... Pourquoi donner ces ordres, puisque ça se fait de soi-même ? Vous n'ignorez pas qu'un des proverbes inventés spontanément par l'Armée américaine c'est que " les seuls bons Vietnamiens sont des Vietnamiens morts " ».

Ce slogan se retrouve dans toutes les armées du monde pendant les phases difficiles d'une guerre. Au cours de mon service militaire au Maroc, certains de mes camarades du 93e R.I. répétaient volontiers aussi : « Le seul bon bougnoule est un bougnoule mort. » Ils ne faisaient pas partie d'une nation « puritaine ». Sartre a toujours mis au compte du puritanisme américain un certain moralisme, peut-être radicalement inefficace en politique, mais facteur dont tous les présidents américains doivent tenir compte.

Je dis à Sartre que la presse américaine critique

violemment ce type d'attitude. Il ne veut pas revenir sur la question de la presse américaine. Il veut surtout souligner : « ... la manière dont, sur le terrain, se comportent ces soldats qui sont de plus en plus dégradés, les malheureux ! par la vie qu'ils mènent... Le racisme antiasiatique devient de plus en plus fort... On sait qu'ils trafiquent, qu'ils violent, qu'ils pillent, qu'ils attaquent les civils... ».

Le réalisateur joue avec ses caméras. Il cadre souvent le profil gauche de Sartre, mouvant, beau, émouvant, lisse sous les spots, presque poli. Sartre fend l'air de son bras droit, écartant la main, puis la ramenant à l'envers, paume ouverte, comme s'il allait recueillir une pluie de petits faits, une rosée d'opinions. Parfois, sa main barre carrément l'écran.

Je reviens au problème de la responsabilité collective et individuelle. On a puni, du moins au départ, le lieutenant responsable du massacre de Song My. Aussitôt Sartre coupe :

« C'est-à-dire que l'on s'en prend à un lampiste, comme toujours. A un lieutenant. Naturellement, l'Armée américaine s'en tire vierge. Mais que pensez-vous de toutes les opérations qui ont été faites, que pensez-vous du bombardement incessant qui a eu lieu pendant des années sur le Nord, et qui visait essentiellement les civils ? Que pensez-vous de ces prisons, de ces camps de déportation, où l'on interdit aux familles de se retrouver, où les hommes sont mis dans une autre prison ou enrôlés de force dans l'Armée sud-vietnamienne ? Alors, comment voulez-vous que les soldats qui accomplissent ces ordres ne soient pas ou bien totalement révoltés – et il y en a, en effet, heureusement – ou bien alors, peu à peu, dégradés... »

En 1967, au Viêt-nam du Nord – on l'a vu à propos de la ferme aux cochons – j'avais, sans vraiment m'en apercevoir, adopté la thèse de Sartre. Je commençai à m'en dépêtrer après l'offensive du Têt de 1968, mais confusément. J'insiste sur la différence entre les bombardements aériens et les massacres dans les hameaux.

« Il n'y a de différence de nature, dit Sartre, que parce que les choses se font de plus près, parce que les soldats ont vu qui ils tuaient : des femmes, des enfants et des vieillards... »

Je fis alors allusion à un épisode pénible : pour insister sur la différence, bien légère, peut-être, entre tuer de près et tuer de loin :

« Je me souviens d'avoir interrogé des prisonniers américains à Hanoi. Ils disaient : « Nous ne savions « pas très bien ce que nous faisions. Nous volions à « 8000 mètres d'altitude... Le lieutenant Carey et les « hommes qui ont attaqué ce village, ils ont vu « directement qu'ils avaient affaire à des civils, tout « en croyant peut-être qu'il y avait des guérilleros « du Front dans les environs... »

Sartre :

« Tout en le croyant, peut-être... Ce qui n'empêche que ces guérilleros ne pouvaient être ni des vieillards de 72 ans... ni des filles de 15 ans ni des femmes enceintes. On ne voit évidemment pas le rapport. En fait, ce qu'il y a de certain, c'est qu'ils sont habitués à une guerre de génocide. Je reviendrai là-dessus. Et quand on arrose de produits toxiques les champs, les champs, les champs, pour empêcher les Vietnamiens de se nourrir, de rester dans la région qu'ils cultivent, on fait également une action antipopulaire totale. C'est contre un peuple tout entier qu'on se met, pas simplement contre un ennemi précis. »

J'ai toujours été étonné par la manière dont on évalue moralement les armes employées contre des civils ou des militaires. On leur donne des notes de propreté : les bombes à billes sont sales, comme le napalm. L'obus de 155 et la balle traçante d'une mitrailleuse de 12,7 sont propres comme une grenade allemande à manche. Autrefois, à la Sorbonne, dans les années 50, les étudiants communistes nous expliquèrent que la bombe atomique soviétique, à la différence de l'américaine, était propre. Devant un cadavre blanc, noir, brun ou jaune, la distinction entre armes civilisées et armes barbares m'échappe. Sartre pense-t-il qu'il y a une différence qualitative fondamentale entre les bombardements anglais sur Dresde et les bombardements américains sur Hiroshima ?

« Il y en a une énorme, répond-il... Et je vais vous la dire : nous dirons si vous voulez que, à l'époque de l'industrialisation avancée où nous sommes, une guerre entre deux pays industrialisés, et ayant à peu près le même nombre de citoyens, est une guerre totale. Effectivement, à ce moment-là, il est très difficile, pour une foule de raisons, d'éviter de tuer des civils. Et, d'ailleurs, les civils sont eux-mêmes dans la guerre... Naturellement, une guerre totale est atroce, nous sommes contre toute guerre, qu'elle soit totale ou autre. Mais ce qui fait qu'il y a une retenue, dans une certaine mesure, c'est l'équivalence, au départ, du potentiel industriel des deux côtés. Autrement dit, vous avez des avions, j'en ai. Si vous me détruisez une ville, je vous en détruis une autre. Ce qui fait, naturellement, qu'on a beaucoup parlé des bombardements par avions des Anglais à la fin de la guerre, c'est qu'on savait... qu'il y avait eu les avions allemands qui, profitant de leur supériorité, avaient bombardé l'Angleterre très sévèrement, et que c'est l'Angleterre qui a détruit finalement, ou qui a contribué en large partie à détruire, la puissance aérienne de l'Allemagne. A ce moment-là, en effet, ils sont allés sur Hambourg, par exemple. Et ils ont trouvé une ville qui n'avait plus d'autre défense que la D.C.A. Mais il s'agit quand même de nations qui se sont affrontées avec des potentiels industriels, des pouvoirs de feu, non pas équivalents, mais qui pouvaient quand même s'équilibrer pendant un temps. Tandis que lorsqu'il s'agit de Song My, ne l'oubliez pas, toute la puissance de feu est du côté américain, c'est-à-dire que ce n'est plus une guerre totale, parce que les deux pays ne sont pas totalement en jeu tous les deux. C'est une guerre totale d'un côté, c'est-à-dire que les Américains peuvent anéantir – même, ils le peuvent plus encore qu'ils ne le font au moins théoriquement – ils peuvent anéantir toute la population vietnamienne. Tandis que les Vietnamiens n'ont aucun moyen de le faire, puisqu'ils n'ont affaire qu'à un certain nombre de contingents américains... »

Au passage, Sartre soulève une question qui n'a pas encore été examinée franchement, qui le sera par des historiens, à la lumière de ce qui s'est passé au Viêt-nam depuis sa « libération » : les Américains, Sartre le reconnaît, n'ont pas en pratique utilisé toute leur force militaire. Auraient-ils dû le faire ? Question pénible, mais à laquelle il faudra bien un jour répondre, en tenant compte du fait que les Vietnamiens de Hanoi, le Parti communiste vietnamien, sa direction messianique et gérontocratique, sont responsables de plus de morts dans toute la péninsule indochinoise que Français et Américains réunis. Pour le monde, pour l'Europe, d'abord, la victoire des bolcheviks sur les mencheviks en 1917 fut un désastre. Pour l'Asie du Sud-Est, la « libération » de Saigon sera jugée comme une catastrophe historique.

J'en arrive alors à l'affaire de Hué, disant que « les Vietnamiens se servent parfois des mêmes armes que les Américains ». Eux aussi ont recours aux « atrocités ». Je parle des « massacres ou des prétendus massacres de Hué pendant le Têt ». Je les attribue mollement, très mollement, aux hommes du F.N.L. ou aux Nord-Vietnamiens. Depuis, en 1980, un ministre de la Justice du G.R.P. ayant rejoint les *boat people* m'a affirmé que ce massacre, indéniable, était le fait des Nord-Vietnamiens. Sartre accroche sa réponse à mon doute :

« *Prétendus massacres...* Je me refuse et le Tribunal Russell s'est refusé à mettre sur le même plan la violence populaire, c'est-à-dire la violence qui émane d'un pays en train de se faire détruire et qui, en ce moment, ne doit de ne pas être totalement détruit qu'à sa résistance... donc je me refuse à mettre sur le même plan cette violence... et la violence militaire d'un grand pays qui n'a rien à faire au Viêt-nam, absolument rien ! Je ne vois aucun rapport entre les deux violences. Et n'oublions pas que l'agresseur, ça n'est pas le Viêt-nam... ... Il n'y a pas de soldats vietnamiens à San Francisco en train de menacer la ville. Il n'y en a jamais eu. Et, par conséquent, nous avons bel et bien affaire à une violence d'agression qui, quoi qu'il se passe de l'autre côté, est intolérable... ... Il n'y a guerre totale que d'un côté... ... Si nous avons accusé les Américains de génocide, c'est-à-dire d'une entreprise visant non seulement à tuer le plus grand nombre possible de citoyens du Viêt-nam, mais encore à briser les structures qui permettent à un pays uni, c'est-à-dire les structures nationales, les structures culturelles d'un pays, c'est que la guerre qu'il mène est une guerre antipopulaire, autrement dit, un certain nombre de circonstances ont amené les Vietnamiens du Sud et le Nord-Viêt-nam à se trouver en conflit avec un gouvernement improvisé, le gouvernement Diem, qui a brusquement déclaré que ce qui était une ligne de regroupement, le 17ᵉ parallèle, devenait une frontière. Ces gens... surtout au Sud-Viêt-nam, étaient en petit nombre et peu armés. Ils ne pouvaient se maintenir qu'en étant résistants, c'est-à-dire en faisant des opérations rapides, violentes, et en redisparaissant. C'était la population qui les soutenait. Si la population vietnamienne n'avait pas soutenu le F.N.L., le

F.N.L. aurait disparu très rapidement. C'est grâce à cette population qu'il réussit, et qu'il peut agir, et qu'il peut même tenir les Américains en respect. Dans ces conditions, vous connaissez la formule... l'armée populaire est dans la population comme le poisson dans un bocal. Réponse qui a été faite et par nos colonels en Algérie et qui est faite maintenant par les Américains : videz le bocal. Ça veut dire quoi? Démolissez le plus possible d'individus et de groupes au Viêt-nam, sans tenir compte du fait qu'ils sont ou non directement mêlés à la chose, parce que tout Vietnamien du Sud est en puissance, puisqu'il fait partie du peuple, un allié du F.N.L. Autrement dit, à ce moment-là, on tue les Vietnamiens parce qu'ils sont Vietnamiens. C'est exactement la même chose... »

Sartre conclut sur une comparaison que, dit-il, il fait « avec responsabilité » :

« Hitler détruisait les Juifs parce qu'ils étaient juifs. »

Face à la question des atrocités, qui lui paraîtra, ces années-là, très importante, pour le Viet-nam comme pour les guerres françaises en Afrique du Nord, Sartre, me semble-t-il maintenant, incarne avec brio et sincérité quelques magistrales erreurs de la gauche. Il ne nie pas que les révolutionnaires vietnamiens se livrent *aussi* à des atrocités. Mais il ne paraît pas vouloir admettre que toute guerre en entraîne d'inacceptables. Curieusement, à une époque de sa vie où il ne pense pas avoir succombé à l'idéalisme moral, où il estime, au contraire, s'en être détaché, il fait quand même et malgré tout une différence entre guerre propre et guerre sale. Il est celui qui dira que *La Nausée* ou Notre-Dame ne vaut rien, ne pèse d'aucun poids en face de la mort d'un enfant. Il est également celui qui s'évertue à hiérarchiser ces atrocités. Si on le suit, le massacre des femmes civiles innocentes par les troupes de

Hanoi à Hué est plus excusable que le massacre des femmes dans des villages au Sud par les Américains. Au Tribunal Russell, il a décidé que « le gouvernement des Etats-Unis est coupable du crime de génocide à l'égard du peuple vietnamien ». Il n'en démord pas sur ce plateau de télévision deux ans plus tard.

Les historiens aujourd'hui, comme les militaires hier, peuvent savoir que la comparaison avec les Juifs ne tenait pas plus debout hier qu'aujourd'hui : jamais les Américains n'ont tenté d'éliminer un peuple, fût-il vietnamien du Nord ou du Sud. Les Etats-Unis n'ont pas même lancé toutes leurs forces classiques contre le Nord. Ils ont, par exemple, autant que possible, évité de bombarder tout le centre de Hanoi.

En 1969, Sartre, comme beaucoup d'entre nous, est enfermé dans une attitude rigide : le Tribunal Russell a décidé qu'il y avait tentative de génocide.

● Donc, quoi que fassent les Américains, il faut chercher les preuves du génocide.

● Ils torturent, bombardent les civils comme les militaires.

● Donc il y a génocide...

Admettons-le aussi : Sartre est fasciné par ce David vietnamien face au Goliath américain. Cela va loin. Dans son bureau, il conservera longtemps la reproduction de la célèbre photo de propagande nord-vietnamienne : une jeune femme, petite, bien sûr, tient en respect un pilote américain, énorme, naturellement. Sartre et la gauche prennent cette image pour la réalité.

Dans cette interview à *Panorama,* Sartre, comme en toute circonstance, sous-estime considérablement l'aide militaire des Soviétiques et des Chinois à Hanoi. En quoi il présente et représente bien, dans sa splendide assurance, les erreurs et les illusions de la gauche en cette fin des années 60. Qu'en reste-t-il dix ans après ?

A la fin de l'interview, je dirai à Sartre :

« Nous sommes trop long. Je vous ai donné, comme convenu, des coups de pied sous la table, trois fois. Votre inconscient a bien fonctionné : vous n'avez pas fait attention, vous avez continué... »

Nous montons à la régie pour voir ce que donne l'interview. J'indique à Sartre le menu de l'émission. Il y aura une discussion arbitrée par Claude Glayman entre Joseph Fontanet, ministre du Travail, et un smicard de Fougères : il demande comment on peut vivre avec 1200 nouveaux francs par mois lorsqu'on a une famille de trois enfants. Nous offrirons aussi, autour de Charles Manson, un sujet de Michel Crocce-Spinelli sur des hippies à Los Angeles. La séquence légère de l'émission, celle qui devrait faire sourire, sera sur les modèles laids recrutés par *Ugly*, agence de publicité londonienne :

« Bonne idée », dit aimablement Sartre, qui attend que l'on passe son interview.

En la revoyant, une dizaine d'années plus tard, je me suis dit que j'aurais mieux fait, soit d'être plus strictement l'avocat du diable, soit d'opposer un partisan des Américains à Sartre, dont l'intervention constituait une espèce de réquisitoire unilatéral. Si l'on admettait la logique de son raisonnement, on déclarait que les massacres ne sont acceptables qu'entre adversaires de même poids militaire et industriel. Sartre restait sur une position qu'il n'abandonnera jamais, comme les derniers carrés de la gauche coincée : la violence révolutionnaire, à condition qu'elle soit de gauche, est, en fin de compte, bonne. Et, quoi que fassent les révolutionnaires, meilleure que celle de droite. La violence américaine n'avait aucune excuse, celle de Hanoi et du Viêt-cong transmués en « peuple » les avait toutes. Affreux, certes, le charnier de Hué, mais n'était-il pas le résultat d'une juste colère ? Dans sa condamnation de la guerre, Sartre conservera toujours ce sens de la nuance dialectique.

Finalement, son point de vue se révélait déjà dans une réplique du *Diable et le Bon Dieu,* que l'on venait de reprendre à Paris, en 1969. Gœtz s'exclame :

– ... *Les hommes d'aujourd'hui naissent criminels, ils faut que je revendique ma part de leurs crimes si je veux ma part de leur amour et de leurs vertus. Je voulais l'amour pur : niaiserie; s'aimer, c'est haïr le même ennemi : j'épouserai donc votre haine. Je voulais le Bien : sottise; sur cette terre et dans le temps, le Bien et le Mauvais sont inséparables : j'accepte d'être mauvais pour devenir bon.*

Sartre, comme Gœtz ou Hoederer dans *Les Mains sales,* veut bien avoir, par procuration, les mains barbouillées « dans la mesure où » il suppose que les mains révolutionnaires sont toujours moins sales que celles des adversaires.

Sartre n'acceptera jamais l'idée que les massacres d'innocents sont *toujours* des massacres d'innocents, en Asie comme en Europe, en Afrique comme en Amérique du Sud ou au Proche-Orient.

En septembre 1973, après un séjour dans une zone viêtcong au Viêt-nam du Sud, je révisai entièrement mes positions sur la guerre, évolution que traduisit une interview à *Réalités* dans laquelle je déclarai : « David contre Goliath, les purs de Hanoi et des maquis contre les corrompus de Saigon, la levée héroïque d'un peuple de paysans, armé de fusils, contre l'armada du Pentagone, écrasant aveuglément hôpitaux et écoles sous un tapis de bombes... Autant d'images à l'emporte-pièce et de réactions passionnelles suscitées par la guerre du Viêt-nam dans les milieux libéraux – particulièrement en France

– sans que l'on se soucie de soumettre ces clichés à l'épreuve des réalités. »

Je soulignais « à quel point le " pluralisme " du Front ne correspond guère à la réalité. Les vieilles dames distinguées et les bonzes décoratifs que l'on m'a présentés comme des responsables du Front afin de me convaincre de cette fiction ne pouvaient faire illusion. Et, lorsque j'ai parlé aux cadres du maquis de la " troisième force ", leurs silences ou leurs réactions sceptiques m'ont convaincu qu'ils ne lui accordent guère d'importance dans leurs schémas d'avenir. Alors que, dans la zone de Ca Mao, on rencontre à chaque instant des portraits et des citations de Hô Chi Minh, on ne trouve nulle référence aux dirigeants du Front et du G.R.P. Mme Binh apparaît comme un personnage lointain, dont je soupçonne d'ailleurs que les séjours parmi les combattants ont été beaucoup moins fréquents que son entourage n'a voulu le faire croire : lorsque, entre deux séries de négociations avenue Kléber, elle quittait Paris " pour se rendre dans les maquis ", via Hanoi, la difficulté et la longueur des communications entre le Viêt-nam du Nord et les " zones libérées " du Sud excluaient, pour de simples raisons de temps, qu'elle ait pu à tout coup accomplir cet exploit ».

En 1973, il était un peu tôt pour dire : « La vérité est que le Front est un organisme communiste monolithique dans lequel les éléments non communistes ont à peu près autant de consistance que le Parti agrarien en Allemagne de l'Est. Et les cadres du maquis ne songent qu'à la réunification avec le Viêt-nam du Nord, sur laquelle ils insistent à tout propos. Leur autre thème favori est la " rééducation " des citadins du Sud, qu'ils se proposent d'entreprendre dès que les élections – qu'ils s'affirment certains de remporter à une écrasante majorité – leur auront donné le pouvoir à Saigon.

Pourtant, rien n'est moins sûr que ce triomphe électoral. Les offensives du Têt en 1968 et 1972 ont laissé de mauvais souvenirs dans la population urbaine, traumatisée par les violences des maquisards qui, à Hué, notamment, ont fusillé sans raison des fonctionnaires subalternes et de simples citoyens. On comprend alors que, dans les villes du Viêt-nam du Sud, on se méfie du Front et on n'éprouve nulle envie de se jeter dans ses bras. »

A *L'Obs*, où j'étais retourné en 1970, amicalement rappelé par Claude Perdriel, ces propos scandalisèrent. Au nom du principe politique bien connu – il-est-trop-tôt-pour-le-dire –, Jean Daniel s'opposait à ce que j'écrive cela dans le journal. Parmi les responsables, Pierre Bénichou fut le seul à lancer :

« Puisqu'il a changé de point de vue, laissez-le s'exprimer. »

Bénichou a l'habitude de dire des choses sérieuses rapidement et drôlement. Il ne fut pas écouté, et comme j'étais rédacteur en chef adjoint, Bosquet réclama que je fusse dégradé, Bost, qu'on me renvoyât. Hector de Galard et Serge Lafaurie, rédacteurs en chef, se réfugièrent dans un silence réprobateur. Daniel me proposa d'abord de me rétracter dans *Réalités*. Puis de m'expliquer devant un aréopage « de tous ceux qui comptent dans ce journal ». Je refusai les deux propositions. Dans *Réalités*, Gilles Anouil avait peut-être un peu modifié mon style. Il n'en avait pas moins été fidèle aux idées que je tentais d'exprimer. Cette interview de 1973, me l'a-t-on assez jetée à la figure, d'abord pour me la reprocher, ensuite pour me congratuler! Je ne résiste donc pas au plaisir, facile, maintenant, d'en citer la chute : « Cette attitude provietnamienne découle en partie de l'antiaméricanisme dans lequel se complaît l'intelligentsia, ainsi que d'un sentiment de culpabilité des Blancs surdéveloppés vis-à-vis des pays du tiers monde. Par-delà, elle incarne une fuite devant la complexité des problèmes intérieurs français : plutôt que les affronter, il est plus aisé de vivre un combat par procuration en s'identifiant aux Cubains, aux fedayin ou aux Vietnamiens. Les premiers ayant depuis un certain temps cessé de faire recette et le crédit des seconds étant fortement entamé, les Nord-Vietnamiens ont peu à peu capitalisé la sympathie bruyante de la gauche, sans que l'on s'interroge sur cette propension à faire des guérilleros les héros de notre temps : le rousseauisme des maquis se mêle aussi curieusement au rêve d'un retour à la vie naturelle. A quoi s'est ajoutée, bien sûr, la volonté de s'abstenir de toute critique à l'égard d'un petit pays, alors qu'il était en lutte contre la plus puissante force militaire de la planète.

« Pour toutes ces raisons, nous avons élevé le Nord-Viêtnam sur un piédestal. Quand je dis nous, je pense notamment aux journalistes – dont je suis – qui ont " couvert " la guerre d'Indochine au cours des dernières années. A notre décharge, il faut mentionner le fait qu'un reportage au Viêt-nam du Nord constamment attaqué par les B-52 a un effet quelque peu traumatisant. Très habilement, les responsables de Hanoi ont limité la durée des séjours effectués par les correspondants de presse. En une semaine ou deux, on n'a guère le temps d'échapper à l'obsession provoquée par les bombardements quotidiens, d'autant plus que les journalistes sont solidement pris en main à leur arrivée à Hanoi et circulent peu librement hors de la capitale, constamment escortés par un accompagnateur, flanqué d'un interprète. Ainsi s'expliquent ces articles dithyrambiques en faveur des Nord-Vietnamiens, qui leur ont rendu le plus mauvais service en les renforçant dans leurs illusions messianiques. Par compassion pour leurs épreuves, on a oublié la véritable nature de leur régime, son adhésion au camp communiste dans ce qu'il a de plus obscurantiste.

« A l'idéalisation du Nord correspond la mise au pilori du Sud, ces images mythiques des deux Viêtnams se renforçant l'une l'autre. Quelques vérités incontestables doivent cependant être soulignées. D'une part, Saigon ne s'est pas effondré militairement, contrairement aux pronostics maintes fois formulés, surtout à partir du retrait des forces américaines. L'armée de Thieu est puissante et nullement désorganisée. D'autre part, s'il n'est pas populaire, le régime est solide; la haute administration comme les cadres militaires ne sont pas aussi généralement corrompus qu'il est de bon ton de l'affirmer : il existe une jeune génération de fonctionnaires compétents, conscients des réformes nécessaires. Troisièmement, même si le Sud-Viêtnam n'est pas une démocratie modèle, on y rencontre un certain pluralisme des partis; à Saigon, notamment, où il est difficile pour le gouvernement de contrôler totalement les élections, la " troisième force " a remporté des succès non négligeables. »

Comme tout cela est banal aujourd'hui !.

Je n'acceptais pas du tout l'idée d'avoir à me justifier devant des confrères qui n'avaient pas mis les pieds en Asie du Sud-Est ou au Viêt-nam. N'ayant jamais été communiste, je n'allais pas pratiquer l'autocritique.

A *L'Obs,* donc, en 1973, on me priva de Viêt-nam : la rubrique fut reprise par Jean Lacouture. Depuis 1965, il avait été au Viêt-nam du Nord quinze jours, plus jamais au Sud. Nous avons surmonté la période de froid qui nous sépara. Du moins eut-il l'honnêteté de s'avouer coupable et responsable, autant que moi-même, d'avoir soutenu quelques énormités.

Sartre ne me reprocha jamais cette affaire. En

1980, comme je l'évoquais au passage, il me dit simplement :

« Vous auriez dû pouvoir dire cela dans *Le Nouvel Observateur* en 1973.

– M'auriez-vous laissé écrire ce genre de choses dans *Les Temps modernes,* vous ?

– Je ne sais pas. Vous n'avez pas essayé! On ne peut pas savoir...

– Bosquet s'y serait opposé. Il faisait partie de votre comité.

– Si vous nous aviez donné un texte directement, au Castor ou à moi, nous aurions pu décider de le passer... »

Comme disent les Anglais : inutile de pleurer sur le lait renversé. Ne pouvant m'exprimer directement dans *L'Obs,* je décidai d'avoir recours à la fiction. J'écrivis un roman, *Les Canards de Ca Mao,* en partie, au départ, pour cette raison. Je prêtais ces propos à un personnage, le journaliste Morgan :

« J'ose enfin me le dire : le communisme n'est pas la jeunesse du monde. Il est une des grandes maladies universelles. Ici ou là, souvent pis que ce qui l'a provoqué. On a découvert les camps de concentration en U.R.S.S. Puis en Chine. A quand ceux du Viêt-nam du Nord ? A la porte des bagnes nazis, les déportés lisaient : " Le travail rend libre. " Au fronton des pénitenciers soviétiques : " Le travail est affaire de gloire, de courage et d'héroïsme. " Où est la différence ? Dans la pureté d'un Chu ? De milliers de Chu... Les saints, quand ils croient à leur sainteté, font de terribles inquisiteurs. »

Et aussi :

« Les gens parlent. Ils veulent se justifier. Au Viêt-nam : silences, discours, prières... Bien sûr, à Hanoi et dans les maquis, ils ont eu autre chose à faire que de classer des archives et de numéroter des paperasses pour les chercheurs de l'avenir. Ce n'est pas qu'une question de temps; pour eux, communistes vietnamiens, comme pour leurs frères méfiants ou haïs, à Pékin ou à Moscou, à La Havane ou à Tirana, l'Histoire, ce n'est pas ce qui s'est produit, erreurs, succès, échecs compris : c'est ce qui aurait dû se passer. Je me suis souvent trompé. Et ainsi, involontairement, j'ai parfois trompé certains de mes lecteurs. Je me demande, de temps en temps, si je devrais abandonner ce métier. Suis-je comme un curé qui découvre que Dieu n'existe pas : il garde sa soutane morale parce qu'il ne sait que faire ? Non. Je pourrais gagner ma vie autrement. Je ressemble plutôt à un médecin qui a commis une lourde erreur. Mais, au fond, avant d'aller à Ca Mao, je savais... Je connaissais le Système communiste. Que voulais-je ? Vérifier ? Voir pour savoir ?

« Et si Antoine avait raison ? Les communistes vont gagner au Viêt-nam, dans un an, dans dix ans... Mais depuis quand les vainqueurs auraient-ils raison au nom de leur victoire ? Il n'y aurait pas d'autre solution, d'autres alternatives ? »

Et enfin :

« J'ai relu le testament de Hô Chi Minh : il évoque dix fois l'unité de ce pays. Les communistes de Hanoi et le général-président à Saigon savent que si l'on appliquait ces sacrés accords de Paris, si l'on organisait des élections relativement libres, la majorité des Sud-Vietnamiens voterait pour la troisième Force. Qui, c'est vrai, n'existe pas. Au Viêt-nam, on existe seulement si l'on a une armée. Pitoyable, dérisoire Gros Minh qui distribue des communiqués en ce moment. Des mots contre des armes ! »

Ensuite, les occasions de voir Sartre en tête-à-tête s'espacèrent jusqu'à cesser. Je l'apercevais dans le quartier du Montparnasse. Je n'avais plus besoin de père, ayant retrouvé le mien, le vrai, le génétique, en 1972.

Je ne voulais pas me heurter à Sartre brutalement pour une question politique. Je lui envoyai *Les Canards.* Simone de Beauvoir me dit :

« Nous aimons bien.

– J'aurais cru que vous ne l'aimeriez pas parce que c'est très anticommuniste.

– Nous ne sommes pas aussi sectaires que ça ! »

Il m'était impossible de ne pas tirer de mon expérience vietnamienne des conséquences quant au communisme en général et au communisme français en particulier. En 1977, je passai à *L'Express,* journal que Sartre avait fini par détester, d'autant plus qu'il ne le lisait pas.

A quoi bon, devais-je penser, m'opposer à un Sartre qui ne sortirait plus maintenant de son néo-gauchisme et qui était aux mains de Benny et autre Victor?

C'est au début de 1980 seulement que je ressentis l'envie – non, pas le besoin – de le revoir, et pas si forte que je ne repousse la rencontre de jour en jour. Puis, finalement, j'y allai, en mars, décidé à ne pas causer le moindre incident.

Viêt-nam, Viêt-nam...

Il faut commencer à poser quelques questions : ce sera, cela aussi, une partie de l'après-sartrisme. Par exemple, les Américains ont-ils eu tort de s'engager au Viêt-nam? Dès le moment où ils y étaient, leur principale erreur fut-elle de ne pas faire une guerre totale? De prendre des précautions? De ne pas se servir d'armes plus puissantes? De ne pas bombarder le centre de Hanoi?

Alors, pensent certains, allez-vous nous assommer encore longtemps avec votre Viêt-nam, sa puanteur, son héroïsme, ses purulences? Mais oui, vidons-le enfin, l'abcès. Souvenez-vous, gentils Européens et Américains, des comités Viêt-nam de base qui ignoraient si bien ce qui se passait au sommet. En dix ans, les communistes indochinois, vietnamiens, laos et khmers ont sûrement tué plus d'Indochinois que les colonialistes français et les néocolonialistes américains unis dans leurs hargnes et leurs maladresses, réunis dans les évacuations de Diên Biên Phu et de Saigon. Si vous apurez les comptes de l'Histoire, pesez au moins les cadavres.

Alors, fallait-il, en 1965, une guerre courte qui eût écrasé Hanoi ? Aurait-on économisé des morts, des blessés, des handicapés, des orphelins se balançant au long des années, maladivement, interminablement, de gauche à droite, dans les orphelinats de Saigon ? Il faut voir le Viêt-nam jusqu'à la fin, doux agneaux du progressisme. A partir de la rééducation vietnamienne, nous devrions assurer la nôtre, et radicalement.

Et ici, contre Sartre.

Commençons par accepter quelques faits : d'abord, que les Américains ne mirent jamais le « paquet ». Il existait avec les Soviétiques des règles non écrites qui indiquaient les seuils à ne pas passer dans la guerre. Sartre, au moins, le reconnaissait :

« Oui, les Américains ne peuvent aller trop loin. »

Selon lui, et, là, il avait raison, les Américains devaient anéantir ou partir.

Au retour de Hanoi, en 1967, je lui avais raconté ce qui me semblait alors le plus étonnant, le plus significatif de cette guerre : des convois de cargos russes apportaient des fusées Sam dans le port de Haiphong. Ils passaient au large des navires de la VIIe Flotte américaine, avec ses porte-avions et ses chasseurs-bombardiers. Les fusées étaient débarquées dans la zone protégée de Haiphong, que les Américains, en gros, évitaient. Par camions, les fusées partaient pour les environs de Hanoi, de Phat Diem, du pont de Ham Rong, de la zone démilitarisée. Puis, les avions de la VIIe Flotte arrivaient sur Hanoi, Phat Diem... et, parfois, se faisaient abattre par ces fusées qui étaient passées à portée des canons de la VIIe Flotte quelques jours, quelques semaines auparavant. C'était l'absurde dans toute sa splendeur.

Pour écrire l'histoire de cette guerre qui charria, avec les nôtres, les illusions et les désillusions de Sartre, il faudra tenir compte de cent faits de cette nature. On prendra le temps d'êpouiller les théories après, en fonction des faits. Sartre, j'en suis certain, continua de penser qu'en gros les Vietnamiens communistes avaient raison, radicalement, et les Américains tort, totalement. Laissons-lui cette dernière erreur. Ce dernier crime ? N'exagérons pas : il n'a tué personne, lui.

Mais, comme quelques-uns d'entre nous, il sanctifia longtemps certains tueurs.

XI

IDÉES GARÉES

Si l'on en croit *Les Mots* et si l'on regarde la vie de Sartre, la littérature l'a choisi. Il a choisi la politique, qui a pris dans sa vie, dans son œuvre et dans son cercle de « famille », de plus en plus d'importance. Ses choix, là, furent désastreux. Attention : ça, c'est la sagesse de la nation ancienne gauche, secrètement giscardienne, je veux dire de ceux qui, souvent, écrivent dans *Le Nouvel Observateur* et votent en catimini pour Giscard.

Dressons la table des débits et des crédits historiques du sartrisme à partir de la Libération de 1945.

On peut oublier son détachement phénoménologique ou son anarchisme d'avant guerre, comme on voudra. Que d'autres tranchent pour cette période : Sartre prétendait volontiers qu'il fut antimunichois et, par personnages interposés, il l'est, dans *Les Chemins de la liberté*. Aron, sans acrimonie, estimant que le pacifisme de Sartre, en 1938 ou en 1939, était parfaitement honorable, se souvient surtout d'un Sartre munichois. Le bougre est capable d'avoir été les deux, et pas successivement : en même temps.

Grosse première bêtise : en octobre et en novembre 1947, l'équipe des *Temps modernes* dispose d'une série d'émissions à la radio. Dans l'une d'elles, Lucien Bonafé compare de Gaulle à Hitler. Sartre, lui, a comparé des *affiches* du R.P.F. à certaines *affiches* nazies. Ceux qui colleront à Sartre, politiquement, sont mal partis pour comprendre le gaullisme. Nous sommes prêts, pauvres cons, à défiler en mai 1958, en hurlant : « Le fascisme ne passera pas » ou « La girafe au zoo. »

On ne sait toujours pas très bien ce que fut le gaullisme. On sait cependant ce qu'il ne fut pas. Je suppose que Malraux avait raison : il n'y a pas de gaullisme sans le Général. Pour Sartre, de Gaulle fut toujours un *indéchiffrable oracle* qu'il réduisait à un héros de droite. C'était *un futur monarque.* Un militaire aussi. Vieux républicain et démocrate, antimilitariste viscéral, Sartre n'aimait pas que l'exécutif prît trop de distances par rapport au législatif. Allons ! Sartre ne voulait pas d'exécutif du tout. Au bout de lui-même, c'était un utopiste enragé doublé d'un anarchiste tranquille, l'un tourmentant l'autre.

En 1958, toutefois, il avait compris ce qui n'était *pas* vrai du Général, même s'il jetait ses doutes ou des dénonciations sur le gaullisme. Dans un superbe article, « Les grenouilles qui demandent un roi », de *L'Express* du 25 septembre, il écrivait : *De Gaulle n'est pas fasciste, c'est un monarque constitutionnel; mais personne ne peut plus voter pour de Gaulle aujourd'hui : votre " oui " ne peut s'adresser qu'au fascisme.* Etonnante logique qui accouche d'un fascisme sans Duce. Sartre verra en de Gaulle une mystification permanente.

Ses rapports avec les communistes furent plus suivis et contestables et provoquèrent plus de dégâts. Le début des années 50 est catastrophique. Ayant, quelques années auparavant, décidé que le Rassemblement démocratique révolutionnaire ne pouvait fonctionner ni être un mouvement de masse comme la S.F.I.O. ni un parti de masse révolutionnaire comme le P.C., Sartre se lance dans son laborieux compagnonnage avec le P.C.F. où il allait s'envaser : en témoigne sa série d'articles jamais terminée sur « Les communistes et la paix ». A cette époque,

Sartre, avec le Castor, disait très haut que s'il fallait choisir entre l'U.R.S.S. et les Etats-Unis (presque toujours appelés « U.S.A. », comme par *France-Soir)* il choisirait l'U.R.S.S. Pourquoi ? Parce que, malgré tout, malgré la bêtise hargneuse des Kanapa ici et l'atroce réalité des camps là-bas, l'U.R.S.S. lui semblait travailler pour la paix. En somme, elle était d'avance « globalement positive » sur le plan international. Relisez « Les communistes et la paix ». Quel étrange fatras ! Le cœur de l'affaire, c'est qu'il y avait, aux yeux métaphysiques de Sartre, une essence du communisme soviétique : elle en faisait un instrument de paix comme malgré lui. Inversement, le capitalisme américain ne pouvait être qu'un instrument de guerre. Choix désagréable, mais c'était ainsi.

A cette époque, Sartre et le Castor parlent beaucoup de la Corée, de l'Amérique du Sud, de l'Espagne, du Portugal, rarement des pays et des peuples écrasés dans l'Empire soviétique.

Sartre se brouille avec Camus en août 1952. Il participe, en décembre, au Congrès des peuples pour la paix qui se tient en Autriche, congrès entièrement tenu par les staliniens. Il est à Vienne le 12, et Rudolf Slansky fut pendu à Prague le 3. Pas brillant, camarade, pardon, compagnon Sartre ! Après Vienne, délirant, Sartre va déclarer que, dans sa vie, il y eut trois expériences importantes, le Front populaire, la Libération et ce Congrès à Vienne. En privé, il concède qu'il a été un peu loin. Mais, en public, il se rabaissait au niveau du plus médiocre député pragmatiste.

En mai 1954, après avoir cogné sur Kanapa qui, de son côté, avait cogné sur Mascolo, Sartre, revenu d'U.R.S.S., donne au quotidien *Libération,* celui de D'Astier de La Vigerie, cinq interviews trop célèbres, affirmant dans l'une d'elles : *La liberté de critique est totale en U.R.S.S. et le citoyen soviétique améliore sans cesse sa condition au sein d'une société en progression continuelle.* Plus tard, Sartre invoquera la fatigue. Son secrétaire, Cau, avait revu les interviews.

Que répondrait celui-ci ?

Qu'importe, ces énormités restent. On fait dire à Sartre et il dit aussi : A *part quelques-uns* (les Russes) *n'ont pas tellement envie de voyager en ce moment...* Ou encore : *Vers 1960, avant 1965, si la France continue à stagner, le niveau de vie moyen en U.R.S.S. sera de 30 à 40 pour cent supérieur au nôtre.* Misère des dieux, voilà bien la philosophie de la vraie misère et la vraie misère de la philosophie ! Mais le bonhomme a la bougeotte ces années-là.

En 1955, il va en Chine, voit Mao, pas la Chine, ce qui ne l'empêche pas de déclarer : *J'ai été ébranlé par l'identité de vues du peuple et de ses dirigeants. J'appelle cela l'autodétermination des masses...* J'appelle cela de la jobardise intellectuelle, du ridicule parisianisme politique, lequel a son poids d'obscénités. Le Castor rédigera un livre sur la Chine. Elle y a plus ou moins expliqué que les volontaires chinois étaient vraiment volontaires en Corée. Je lui dirai qu'aucun soldat n'est volontaire de cette façon, ce qui me vaudra un regard rêveur et sévère.

Sur cette lancée, qui se nourrit d'une soif de comprendre, Sartre, en novembre 1956, soutient que *la faute la plus énorme a probablement été le rapport Khrouchtchev, car, à mon avis, la dénonciation publique et solennelle, l'exposition détaillée de tous les crimes d'un personnage sacré qui a représenté si longtemps le régime est une folie quand une telle franchise n'est pas rendue possible par une élévation préalable et considérable du niveau de vie des populations...*

Tiens donc ! Alors, le niveau de vie soviétique ne s'élèverait donc point aussi vite au-dessus du niveau occidental ? Ces hommes si libres n'ont donc pas la liberté de tout apprendre sur le stalinisme ? Mais Sartre n'en est pas à économiser une contradiction près. Après l'U.R.S.S. et la Chine, voici Cuba, bien sûr.

Sartre, qui n'aime pas la compagnie des hommes, tombe en quelque sorte amoureux de Castro comme il le sera du Che. Mais Sartre ne rosit pas devant les chefs, ne rougit pas des absurdités qu'il pensera et écrira. Sartre, dans ses reportages pour *France-Soir*, aussi castrophiles que cubanophiles, décrit la célèbre fête cubaine dans un style de caramel : « *Ça ne peut plus durer* », *gémissaient les esclaves de la canne à sucre : un jeune fils de hobereaux entendit un jour monter ces plaintes et décida de sauver les misérables : c'était Castro.*

Ou :

Les Cubains sont pressés d'avoir des champs de tomates et des aciéries. Ils veulent une démocratie, du travail, mais retardent le choix de leurs institutions...

Ou encore :

Dans une île privée de techniciens, des médecins transformés en hommes-orchestres pratiquent aussi bien les finances que l'agronomie.

Sartre parlera facilement de la liberté *si longtemps inconnue à Cuba*. En filigrane, il y a l'homme universel, omniscient, omnicompétent, Castro, qui devient vite l'intime *Fidel*. Il donnera la Lune pour peu qu'on la lui demande et que sa possession fût un véritable besoin. C'est, en politique, à la limite du pathologique. Ça y tomberait carrément si Sartre n'était parfaitement sain d'esprit.

Suivent un nombre considérable de voyages en U.R.S.S., sans retouches substantielles au deuxième et au sixième voyage. Gide, priez pour lui ! Les formules implicites de Sartre sont pleines d'une juteuse dialectique : le socialisme (le vrai), c'est Castro (ou

Mao), plus l'autogestion, les bavures et les camps et la police et l'inefficacité économique pour tous.

Le problème demeure : comment Sartre a-t-il pu avaler tous les régimes staliniens, les justifier, les aider de son prestige, malgré qu'il en ait ? Par manichéisme : ou l'U.R.S.S. ou les Etats-Unis ? Par aveuglement : en ne voyant pas qu'on manquera de sucre à Cuba et qu'on manque de tout en U.R.S.S. ou en Chine ? Il s'agit non pas, avec un manichéisme parallèle, de prétendre que Cuba, sous Fulgencio Batista, était en plein développement et le paradis des libertés, mais de savoir pourquoi Sartre digère et recrache les histoires et les chiffres officiels de Moscou, de Pékin ou de La Havane. Pourquoi une intelligence de cette envergure succombe à la tentation totalitaire ?

Pour Sartre, jusqu'à sa fin, jusqu'en 1980, la gauche française, la vraie, la pure, celle qui existe dans sa tête, ne peut que se définir par un triple refus : refus de tout compromis avec le centre ou la droite, refus du P.C.F., refus de la S.F.I.O. ou du P.S. C'est l'utopie négativiste. Pendant très longtemps, trop longtemps, Sartre accorde à l'U.R.S.S. – ce n'est pas un détail négligeable – un statut privilégié, qui la place quasiment au-dessus de toute critique. Face à elle, il paraît presque suspendre son jugement. Elle est non plus une réalité, mais un concept qu'il faut à tout prix rendre opératoire. Même dans « Le Fantôme de Staline », longue attaque de l'intervention soviétique à Budapest publiée dans un excellent triple numéro spécial des *Temps modernes* en décembre 1956, qui s'inscrit presque entièrement en faux contre cette pétition de principe, Sartre écrit : *Nous* (admirons ce Nous de majesté pas usuel chez Sartre), *Nous dirons donc pour commencer que le communisme nous apparaît, malgré tout, comme le seul mouvement qui porte encore en lui les chances du socialisme.* Quelques mois plus tôt, répondant, et sur quel ton dédaigneux, à Pierre Naville, Sartre a aussi écrit : ... *Je suis loin de prétendre que le Parti ne se soit jamais trompé. Je dis que ses positions, dans l'ensemble, ont été justes.* :

Sartre, dans les années 50, dote le mouvement communiste, tant en France que dans le monde, d'une sorte d'infaillibilité historique, générale, pontificale, malgré les bavures, les crimes, les erreurs de chaque P.C. La somme dépasse les parties. Bel exemple de transcendance politique.

Au cours de cette même lugubre année 1956, Sartre, s'en prenant à Pierre Hervé, cette fois, écrit : *Porté par l'Histoire, le P.C. manifeste une extraordinaire intelligence objective : il est rare qu'il se trompe; il fait ce qu'il faut; mais cette intelligence – qui se confond avec la praxis – ne s'incarne pas souvent dàns ses intellectuels.*

Sartre, alors, s'attaque à l'intelligentsia communiste qui ne produit pas cent fleurs marxistes de qualité.

En U.R.S.S., devant le Congrès mondial pour le désarmement général et la paix, essayant bravement de vendre Kafka aux Soviétiques, Sartre lance : *Il y a près d'un demi-siècle que Kafka écrivait* Le Procès *et le public de ce grand pays à l'avant-garde du progrès social, scientifique et technique, ignore souvent jusqu'à son nom.* On dira que Sartre cherchait à être poli et efficace. Mais s'il a fait reprendre ce discours dans *Situations VII*, c'est bien qu'il y tenait. Il ne nous avait pas donné l'habitude de ces lettres de château.

Dans ses gaffes, face au communisme, Sartre – il faut le répéter – ne fut pas un isolé en France. C'était l'époque où d'assez bons esprits, au nombre desquels Annie Kriegel, Roger Vailland, Claude Roy, Emmanuel Le Roy Ladurie, Alain Besançon et des centaines d'autres, étaient proches du Parti ou dedans. On disait, certains disent encore « le Parti ».

Mais qui s'enchaîna avec autant d'acharnement, de talent et d'influence que Sartre ? Qui resta attaché aussi longtemps, après et malgré Budapest ? Je ne reviens pas sur le Viêt-nam, tragi-comédie qui a englouti tant de belles âmes sincères.

Sartre tomba dans la bêtise marxiste primitive : celle qui consistait d'abord à voir, dans le prolétariat, une classe universelle, ensuite, à croire que, à travers le socialisme, sa condition d'intellectuel serait radicalement transformée. Du moins c'est ce qu'il sembla penser de 1945 à, disons, 1975. C'est quand même long, trente ans dans la vie d'un philosophe.

Le plus touchant, c'était que Sartre entendait être partout du côté des opprimés. Il les confondit trop longtemps avec ceux qui assuraient les représenter. La lutte des classes, il la décelait partout, sauf dans le camp socialiste. L'ennui avec la philosophie de Sartre, laquelle aurait pu comme tant d'autres, celle de Gabriel Marcel, de Jean Wahl, de Wladimir Jankelevitch, déboucher sur des jeux de mots ou des jeux de société, c'est qu'elle voulait imposer une morale politique et une politique tout court. On glissait gaillardement, chez Sartre, du *c'est* au *ce doit être,* avec des tours de passe-passe qui feraient sursauter de fureur un logicien un peu rigoureux, mais qui séduisirent quelques générations.

Surtout : il prétendait déduire sa politique de sa philosophie, entreprise évidemment vouée à l'échec pour des raisons purement linguistiques et logiques.

Ses prises de position, souvent fracassantes, caractérisées par un goût très net pour la provocation où perçait l'ancien normalien, ont leur racine principale non pas dans sa philosophie, mais dans sa fixation petite-bourgeoise et intellectuelle sur le *concept* du prolétariat.

Or, il se trouve que sa vision littéraire du prolétariat est contraire à sa mystique implicite et marxiste.

Où y a-t-il des prolétaires dans son œuvre? Dans le dernier tome paru des *Chemins de la liberté :* ce sont les camarades de défaite de Mathieu. Et ils sont presque tous ignobles, ou réduits à la condition de sous-hommes. Ils se soûlent avant d'être faits prisonniers. Ceux qui veulent se battre sont des automates butés, caricaturaux. Ils ont la mort dans l'âme et dans le corps. Et pour toute apothéose, ces prolos de roman trempent leur sexe dans le pinard. Il y a aussi ces brutes que sont Georges et Slick dans *Les Mains sales...*

Je ne soutiens pas que ces personnages soient invraisemblables. Je dis seulement combien il est étrange que Sartre, ayant une telle perception du prolétariat, ait malgré tout adopté une vision glorieuse de cette classe, comme tant d'autres bourgeois, petits et grands, de sa génération.

D'où lui venait donc cette obstination à se cramponner à un prolétariat sauveur, quasiment messianique ? De la tradition communiste. Très longtemps, il pensera que quiconque est *contre* le P.C. ou *contre* le prolétariat est *un chien.* Il faut parfois être simple, même avec quelqu'un d'aussi complexe et d'aussi volontairement compliqué que Sartre : parions qu'il s'en voulait de ne pas produire des biens matériels, nettement consommables. Il avait l'impression, toujours habilement nourrie par les bureaucrates et les propagandistes du P.C.F., que l'intellectuel n'est pas une espèce respectable. Mieux : qu'il est un parasite. Qu'il ne se rachètera qu'en se consacrant à autre chose qu'à lui-même, à sa classe et à ses *œuvres,* lesquelles ne sont que des œuvres, non des choses. Il doit se vouer et se dévouer à ceux qui plantent et forgent. Rimbaud avait prêché en vain : dans cette chose obscure que Sartre récusait, l'inconscient, il était convaincu que la main à plume ne vaut pas la main à charrue. Ainsi seulement peut-on expliquer les concessions, les compromis, les compromissions, puis, enfin, les abjections acceptées par des classes entières de l'intelligentsia occidentale ou orientale, européenne ou africaine, asiatique ou sud-américaine, face aux brutes qui constituent l'appareil des partis communistes.

Sartre ne se souillera jamais littérairement : jamais il ne donnera dans le réalisme socialiste. Sa plus grande concession sera *La Putain respectueuse,* pièce affligeante dont il reconnaîtra volontiers, quelque temps après sa représentation, qu'elle n'était que propagande mal dégrossie. Sartre tombera victime de son prolétaro-progressisme. Il avait en tête un syllogisme du type :

● le prolétariat du monde développé et du tiers monde, c'est l'avenir de l'humanité;

● les partis communistes de l'U.R.S.S., de France et d'ailleurs sont, à terme, avec leurs défauts et même leurs crimes, les seuls véritables incarnations et défenseurs de ces prolétariats;

● donc, un intellectuel bourgeois comme moi doit, quoiqu'il puisse en souffrir, les suivre.

On laissera à d'autres le soin de décider si Sartre satisfaisait un masochisme intellectuel bien caché ou savourait les obscures délices de l'autopunition, décidant d'avance qu'il fallait consentir quelques sacrifices esthétiques. Reste qu'il était parfaitement sincère dans ses tirades sur le prolétariat et la bourgeoisie mondiaux. Sincère aussi quand il *disait* qu'il aimait les foules. Au fond, manifestant, écrivant des œuvres de circonstance comme *L'Affaire Henri Martin,* défendant ce communiste hostile à la guerre d'Indochine, ou, bien plus tard, devenant directeur, puis vendeur de *La Cause du peuple,* Sartre faisait son devoir tel qu'il l'entendait. Deux ou trois fois je l'ai entendu avouer :

— Bien sûr que ça m'emmerde !

Qui doute vraiment qu'il préférât déchiffrer un

sonnet de Mallarmé à faire le camelot, vendeur de journaux illisibles sur les boulevards ?

Enfoui dans sa canadienne, micro en main, perché sur son tonneau devant les usines Renault, Sartre a l'air perdu. En bonne psychologie sartrienne, on *est* aussi ce dont on a l'air. Les preuves sont là qui illustrent non pas la timidité de Sartre, mais sa gêne visible dans son rôle de militant : regardez-le sortant du Palais de Justice de Paris avec Gisèle Halimi, d'un commissariat de police où il a été retenu pour vente illicite de *La Cause du peuple,* au cours de ces innombrables manifestations de masse qui réunissaient bien cent ou deux cents phares du prolétariat mondial, Claude Mauriac et Michel Foucault en tête. Même à la tribune de la Mutualité, Sartre paraît mal à l'aise et martèle ses mots beaucoup plus que d'habitude. A chacun son genre : le militantisme n'était pas celui de Sartre. Mais, pour un écrivain de sa taille et de sa trempe, il milita beaucoup. Jusqu'à un certain point, Sartre, ici, prend la relève de son ami Nizan : il est toujours *en dehors,* mais le plus possible *à côté* du Parti. Il nage, espérant se remettre dans le courant, tout en sachant qu'il sera rejeté.

L'attitude de Sartre face aux Etats-Unis est très curieuse. On notera d'abord, en passant, qu'il ne comprend ni ne lit très bien l'anglais. Et il l'écrit encore moins. Dans *Kean,* il parle de « schillings »...

Comme c'est compliqué les Etats-Unis, ce pays continent ! Alors, Sartre déglobalise, détotalise, divise, segmente ! Il y a la politique américaine « impérialiste ». Et puis le peuple ailleurs, et la littérature, le cinéma, la peinture, parfois... Mais tout cela est vu, perçu à distance. Avec des intellectuels américains, Sartre sait aussi être publiquement odieux. Quand il refusa, en 1965, pendant la guerre du Viêt-nam, de se rendre aux Etats-Unis, un professeur de Cornell le moucha joliment. Sartre avait expliqué qu'il ne pouvait voyager « chez l'ennemi », que ses amis cubains et les hommes du tiers monde le condamneraient. Le professeur américain ironisa : « Il s'en est passé du temps depuis Hoederer qui avait les mains sales " jusqu'au coude "! Aujourd'hui, son créateur, assagi, pondéré, a préféré un geste qui, bien qu'il offense " la minorité agissante " (il s'agit des Américains opposés à l'intervention au Viêt-nam), lui permet de faire bonne figure ailleurs... »

Ce n'était que trop vrai. Sartre répondit avec morgue : *M. Grossvogel dit qu'il a du mal à suivre ma logique : je le vois bien. Quand il m'a lu, le mot d'impérialisme a dû lui échapper...*

Sartre terminait sur un grandiose : *Je lui dirai seulement qu'il est commode mais absurde d'expliquer ce refus par la haine : je n'en éprouve aucune et pour personne; et surtout pas pour deux cents millions d'hommes : cela m'épuiserait. Quant à la pureté, je m'en moque. Il s'agit de choisir et de rester fidèle à son choix : c'est ce que j'ai fait.*

Il fut attiré par la culture américaine. Il aima les Américains, certains Américains. Mais, finalement, il attaqua les Etats-Unis beaucoup plus que l'U.R.S.S., dont la culture ne l'influença guère, en bien ou en mal. Parlant de ses rapports avec des Américains, il parlait de sa famille. Parlant des Soviétiques, il parlait d'habitants d'une autre planète. Mais il n'en serait jamais convenu. On aurait inventé l'homme dans le camp socialiste – à venir, à faire, à forger. Jamais dans le camp dit capitaliste où, pourtant, la condition de l'homme était potentiellement et réellement plus évolutive.

Ce fut un des blocages fondamentaux de Sartre. Immortel comme Fosca, le héros de *Tous les hom-*

mes sont mortels, serait-il revenu là-dessus ? Vers la fin de sa vie, il semblait avoir quelques doutes sur l'homme que le socialisme allait forger. On dira : il vieillissait. Soit. Mais les doutes affleuraient comme jamais auparavant. Il avait été floué, lui aussi. Au moins jusqu'à 1970 ou 1975, il a cru à la roue de l'Histoire à laquelle il fallait se cramponner malgré les cahots. Pas question de douter avec des interrogations du type : la Révolution bolchevique (pas la Révolution russe tout court) ne fut-elle pas un des plus grands désastres de l'Histoire humaine ? Ou : l'Etat socialiste incarné, et non pas construit dans des têtes, est d'abord, partout, toujours

a) policier

b) économiquement inefficace

c) injuste pour les défavorisés autant, voire plus que pour les privilégiés...

Ne pas se demander pourquoi

d) les dogmes de la gauche, nationalisation et socialisation, ne sont-ils pas morts à l'expérience ?

e) pourquoi advient-il si souvent que les totalitarismes de droite s'effondrent et jamais ceux de gauche ?

f) pourquoi le communisme façon Brejnev ou Mao ou Castro a-t-il tendance à se présenter comme un universalisme et à provoquer des dégâts à proportion ? Mais pas le pinochétisme ou le franquisme ?

g) si l'on tient compte des morts, qui l'emporte ? Qui détient le record, de la gauche ou de la droite à travers le monde, ces cinquante dernières années ?

Au jour le jour, Sartre semblait penser sur deux registres : il acceptait, endossait même la critique détaillée de l'activité des P.C. Ainsi, quand, en 1957, je vitupérais devant lui le P.C.F. qui avait voté les pouvoirs spéciaux à Guy Mollet ou saboté les manifestations de soldats maintenus ou rappelés, Sartre acquiesçait. La direction du Parti, les bureaucrates des fédérations étaient des « chiens ». Ils commettaient aussi une « bourde historique » en n'aidant pas les Algériens du F.L.N. Mais, en fin de parcours, le P.C.F. avait raison. Voilà bien une attitude religieuse : malgré les fautes de ses pontifes et de ses curés, l'Eglise a raison.

Parfois, dans sa critique des communistes français – un ton au-dessus à l'oral, en privé – on avait le sentiment que Sartre leur en voulait plus de leur soumission à l'U.R.S.S. que de leur dogmatisme suiviste. Et si, là, Nizan, fantôme aussi puissant que celui de Staline, resurgissait, sur-moi, sur-petit-camarade : Sartre prenait la relève avec et contre Nizan. Sartre, on l'oublie, n'a pas approuvé comment Nizan avait quitté le Parti après le Pacte germano-soviétique. Sartre écrivait, en 1960, ce qui éclaire ses attitudes dans les dix années précédentes : ... *J'incline à penser qu'il fit un coup de tête.* Nizan reprochait aux dirigeants du P.C.F. de ne pas être assez cyniques face au Pacte germano-soviétique, de ne pas savoir sauver les meubles devant les Français : Sartre aurait fait volontiers de même devant le P.C.F. des années 50 et 60. De Nizan encore, il dirait : *Au jeune homme inquiet qui voulait sauver son âme, on proposait des fins absolues : accoucher l'Histoire, faire la révolution, préparer l'Homme et son règne.* Mais Sartre parlait alors de lui-même : le vieillard voulait faire un homme nouveau et réaliser ce très ancien rêve de révolution. D'où tant de bouffonneries et d'escamotages, rageusement justifiés par des monceaux d'articles, des flots de mots qui viennent se briser aujourd'hui, les uns après les autres, sur les faits.

Mais la cause, la source de ce priez-abêtissez-vous discursif, ratiocineur et prétendument dialectique ? De cette volonté si longtemps maintenue de voir dans le communisme le délégué du prolétariat ? Le point de départ, c'est la haine de Sartre pour la bourgeoisie française, élevée, Marx aidant, au rang de moteur et de contre-moteur mondial de l'Histoire. Le cri primordial de Sartre fut : *Je vouai à la bourgeoisie une haine qui ne finira qu'avec moi.* Dans la conversation, quand Sartre disait que X, Y ou Z, Aron, Daniel ou Cau étaient des bourgeois, on savait que l'injure suprême venait d'être décernée et prononcée l'excommunication suprême. Après, on ne discutait plus.

Là s'arrêtait la tolérance de ce libertaire qui voulait se plier, se tordre au point d'épouser les formes les plus bizarres et les formulations les plus creuses du Parti : au nom d'un ouvriérisme extraordinairement abstrait, il haïssait vraiment les bourgeois. Il traquait une essence qui se volatilise de plus en plus, le Bourgeois. Il lui jetait ces pavés de concepts, ses livres, puisque seuls ceux qu'il attaquait ainsi pouvaient les lire. L'essence, et pour cause, lui échappait. Les bourgeois français existaient, du moins à travers leur mode de vie, contre lequel Sartre milita, dans *sa* vie, en permanence. Ils se mariaient : il resta célibataire. Ils faisaient semblant d'être monogames : il affichait sa polygamie. Ils aimaient les propriétés : il fut locataire. Ils s'entichèrent de voitures : il n'en posséda jamais.

L'antisartrisme sera bien engagé, ou plutôt le postsartrisme, quand on fera la critique sensée de l'ouvriérisme et de l'antibourgeoisisme. Vers l'an 2000, en France ? Pourquoi voulez-vous que soit porteuse d'Histoire, de morale universelle, de progrès, une classe (en supposant que ce soit *une* classe) aliénée dans son éducation et ses goûts ?

Inversement, pourquoi tous les bourgeois seraient-ils suspects quand tous les prolétaires sont innocents ?

Je ne crois pas un instant que Georges Marchais, avec sa vulgarité de pensée et d'expression sous un vernis de citations empruntées, représente dans leur vérité les ouvriers français. Marchais, c'est le « Beauf » de Cabu! Mais, incontestablement, certains se reconnaissent en lui. Pourquoi des intellectuels comme Sartre s'amolissent-ils de plaisir ou de masochisme devant Thorez, devant Khrouchtchev? Pas devant Marchais, c'est vrai.

Sartre comme le Castor n'ont-ils pas souvent confondu bourgeois français et mondains parisiens?

C'est seulement à la fin de sa vie, tout à la fin, qu'on trouve, non pas un texte écrit par Sartre, mais un fragment d'interview (avec Benny Lévy) dans lequel il remet en question son ouvriérisme : ... *En fait, j'étais impressionné parce que le Parti communiste se disait le parti des ouvriers. Je pense que c'est une erreur.*

On aimerait que ce fût vraiment du Sartre. Mais, est-ce Sartre ou son dernier secrétaire qui parle?

Sartre et le Castor ont toujours été persuadés que les bourgeois et les mondains avaient avec la réalité des rapports qui ne pouvaient que la déformer. Les intellectuels, et eux d'abord, avaient, *ex officio,* prise sur elle. Cela laisse rêveur quand on constate le résultat de certains de leurs voyages à travers les concepts ou de leurs balades à travers certains pays.

Posons l'horrible question : pourquoi un cadre, un homme d'affaires auraient-ils moins prise sur une partie du réel? Souvent, ils sont mieux à même de juger des faits économiques. C'est scandaleux pour certains, mais c'est ainsi. Scandaleux ou vexant pour l'amour-propre des philosophes.

Le collage avec les communistes ou avec un communisme imaginaire, taillé sur mesure pour les troubles et clairs besoins de Sartre, s'explique par une confusion fondamentale : communistes = prolétariat = opprimés à l'échelle de la planète = damnés de la Terre.

Même à la veille de sa mort, alors qu'il était plutôt, me semble-t-il, assez perdu, Sartre ne vit pas qu'il y a plus de persécutés à l'Est qu'à l'Ouest, ces temps-ci. Car il attribuait la misère du tiers monde à l'Occident plutôt qu'à l'Histoire, à la géographie et au climat de l'Afrique, de l'Asie, de l'Amérique du Sud...

Personne ne songe à nier qu'il fût sincère dans ses dérives politiques. Sa culpabilité, ses responsabilités constituent une autre affaire. On ne saurait, lui, le soupçonner d'arrière-pensées sordides. Comme Louis Aragon et Elsa Triolet, croque-morts et prébendiers du communisme.

Sartre n'était pas armé pour admettre que l'exploitation, l'oppression des hommes par d'autres hommes, la torture, le quadrillage policier, les camps, devinrent, entre 1920 et 1980, l'essence du monde communiste, et qu'ainsi le mensonge s'institutionnalisa beaucoup plus à l'Est qu'à l'Ouest. Il était trop prisonnier d'une idéologie d'avant guerre, pétrie par la désinformation et par les illusions du marxisme.

Que les témoins viennent des deux côtés. On peut faire, longuement, le procès de Sartre, du sartrisme et du néosartrisme. Il y a aussi des pièces à la décharge de l'homme : il faut les retenir. N'oublions pas que Sartre n'aimait pas les distributions de prix. On l'a vu avec le Nobel. Lorsqu'on lui disait, dans ces années 60, qu'il s'en prenait plus facilement aux Etats-Unis qu'à l'U.R.S.S., il répliquait :

« C'est absurde. J'ai condamné les camps soviétiques quand il y a eu assez de preuves. J'ai condamné l'intervention à Budapest...

Il aimait dire que les militants politiques n'étaient pas des curés ou des pasteurs prêts à distribuer des blâmes ou des péchés. Il se considérera de plus en plus comme un militant, à tel point que les six derniers volumes des *Situations* sont presque entièrement des recueils d'articles politiques.

Faisons donc, pour les mémoires sélectives, l'inventaire des prises de position plus qu'acceptables : *honorables*. En 1947, puisque les Etats-Unis possédaient la bombe atomique et une avance technologique évidente, il n'était pas absurde d'être, comme Sartre, partisan d'une Europe forte et indépendante. Le R.D.R. était sans doute voué à n'être qu'un groupuscule, mais il exprimait une vérité : il n'y a pas de révolution véritable sans démocratie. Aujourd'hui, le neutralisme paraît absurde. A l'époque, il ne l'était pas.

En 1950, Sartre a dénoncé l'existence des camps à l'Est, la mort dans l'âme, mais il l'a fait. Ou il a laissé Merleau-Ponty le faire. Cette période est bien confuse au demeurant. Dans son oraison funèbre pour Merleau-Ponty, Sartre écrira : *De fait, il s'en était fallu d'un rien que la déraison si raisonnable de la politique ne nous fît tomber dans un anticommunisme que nous vomissions et* (je souligne) *qu'il eût fallu pourtant assumer.* Et ces lignes datent de 1961.

Pour comprendre, pour rendre justice à Sartre, on doit avoir en tête deux personnages des *Mandarins*, Robert Dubreuilh et Henri Perron : le premier ne veut pas parler des camps, le second pense que son devoir le lui commande. Ils se querellent, puis se réconcilient, ce que Sartre et Camus ne firent pas.

Un jour, j'ai dit à Sartre :

« Dubreuilh et Perron, c'est un mélange de vous avec qui? Comme la querelle démarque de loin votre brouille avec Camus, et la réconciliation imaginaire... »

Il n'a pas nié vigoureusement. Il a dit :

« Un roman, c'est un roman! Le Castor a pris dans nos vies, comme tous les romanciers prennent dans la vie. »

A partir de 1954-1956, il sera toujours présent sur le front et sur les brèches anticolonialistes. C'est important. En compagnie de Mauriac, il dénoncera la torture, les violations des droits de l'homme en

Algérie. Ses prises de position impliquaient des risques. A deux reprises, il sera plastiqué. Certains lui en voudront de ne pas avoir été tué.

En 1967, Sartre refuse de se rendre en U.R.S.S. pour protester contre le procès Siniavski-Daniel. Dès lors, il y a un long mais lent reflux sartrien face à l'U.R.S.S.

En mai 1968, à Paris, il se range du côté des étudiants. Il comprendra mieux que beaucoup d'autres certaines raisons techniques et universitaires de la révolte estudiantine : refus du cours magistral, jamais critiqué, des professeurs inamovibles. En août, il condamne immédiatement l'intervention soviétique à Prague. Oui, ce reflux est lent. Sartre dit, hélas ! : *C'est parce que je respecte profondément l'histoire de l'Union soviétique, et parce que je ne suis nullement anticommuniste, que je sens le devoir de condamner sans réserve l'invasion de la Tchécoslovaquie.* Il lâche quand même : *Aujourd'hui, le modèle soviétique n'est plus valable, étouffé qu'il est par la bureaucratie.* La critique est un peu maigre, mais elle vient. Ce jeune vieillard met du temps à garer ses idées.

Sartre, je le rappelle, défendra les Biafrais en 1969. Alors, la mode, à gauche, était de voir en eux des instruments de l'impérialisme. Sartre avait aussi ses déviances.

Ensuite, pendant quelques années, Sartre versera dans un ultragauchisme pour lequel je n'ai aucune sympathie, mais qui a plusieurs facettes. S'il donne régulièrement de fausses réponses, le gauchisme pose souvent de bonnes questions. Sartre défend justement des gens comme Geismar lorsqu'ils sont stupidement emprisonnés sous la pression de ministres qui prennent les Maos français au sérieux. Sartre, d'autre part, prétend que les Maos sont les seuls à penser sérieusement la politique mondiale. Toutefois, certaines de ses positions dans sa période gaucharde, qui n'est pas intellectuellement la plus stimulante, sont très honorables. Bien sûr, il délire sur les vertus de l'illégalité. Mais il s'exprime aussi en défilant, en manifestant sur la condition de quelques oubliés : la masse des immigrés, surtout les Noirs, devenus le sous-prolétariat français.

En 1975, Sartre signe un appel destiné à Madrid, pour empêcher l'exécution de onze condamnés à mort basques. Il signe avec Aragon, mais aussi avec Malraux.

Le hasard journalistique fait que je rencontre Malraux peu après. Nous parlons de cette affaire. Malraux souligne que c'est Sartre qui a pris l'initiative. « Il savait, dit-il, que je signerais.

– Pourquoi ?

– C'est comme ça. Si je l'avais fait dans les mêmes conditions, j'aurais été sûr qu'il signerait. »

Malraux estimait que Sartre, à cette époque, était « gauchiste ». Pour expliquer à la fois le désintérêt et la distance de ces trois grands, Aragon, Malraux, Sartre, il eut une belle image sans modestie :

« ... C'est une espèce de hasard planétaire. Nous avons une constellation, enfin... le Chariot. Les étoiles restent toujours. Mais il reste toujours un même éloignement... »

Pour Malraux, c'était « de l'ordre du destin » et « sans grande importance ».

Avant tout, quand on se prépare à critiquer Sartre-le-politique, il faut se souvenir d'une constante admirable chez lui : son soutien à Israël *sans* oubli du problème des réfugiés palestiniens. Là, il fut étonnamment modéré. Sans doute Claude Lanzmann l'influença-t-il intelligemment. Sur Israël, je ne l'ai jamais vu flancher.

En 1967, quand une partie de la gauche non communiste tenta d'assimiler Etats arabes et progressisme, il réagit contre cet amalgame, et son influence pesa avec bonheur sur l'opinion.

En 1979, Sartre participa à la folle entreprise du « Bateau pour le Viêt-nam ». Dans le comité, à un bout de l'arc-en-ciel politique, il y avait Aron. A l'autre, Sartre. Ce fut une des conditions du succès. Sartre avait un peu changé : il acceptait d'être un des deux grands fanions d'un comité qui enregistra aussi la signature de Jean Letourneau, ancien haut-commissaire pour l'Indochine. Ce fut l'occasion non pas d'une réconciliation, mais de retrouvailles, distantes, entre les deux « petits camarades », Aron et Sartre.

Sartre conservait quand même son intransigeance. Il me reprocha, d'abord par des intermédiaires, puis de vive voix, d'avoir demandé à Robert Hersant, comme à tant d'autres directeurs de journaux, un espace gratuit dans *Le Figaro* pour faire la publicité d'un comité qui aboutit à l'une de ces actions concrètes que Sartre prisait : un bateau qui circula, sauva des vies. J'expliquai à Sartre que ce fut une chance pour le comité d'avoir contre lui les communistes, *Minute* et Hersant. Sartre fit observer justement :

« Oui, mais quand vous lui avez demandé de l'espace, vous ne saviez pas qu'il vous le refuserait et que ce serait plus profitable pour le comité qu'une acceptation...

Sartre fut là où il devait être dans l'affaire du bateau comme dans celle de l'Afghanistan, comme dans celle des Jeux Olympiques. Il était dur à l'égard de la classe politique française qui, d'un seul mouvement de genou, ployait devant Moscou :

– Ce sont des chiens, répétait-il.

Aron, qui était en meilleure forme physique, participa un peu plus aux conférences de presse du comité, mais pas plus à la cuisine intérieure. Le bateau fut loué, partit, sauva des vies, et dépassa de loin sa fonction symbolique, celle d'un impossible accord. On rêvait, on rêve encore, dans certains milieux, d'un axe Aron-Sartre, comme beaucoup de Français ont, à un moment, souhaité de voir Giscard à l'Elysée et Mitterrand à Matignon.

Regardons cette rencontre dont les commentateurs se plurent à souligner l'originalité. Aimablement, Sartre fit remarquer que c'était conjoncturel. Si l'on décelait de temps en temps, à une remarque devant le comité éditorial de *L'Express,* à une intonation ailleurs, qu'Aron avait envie de se rapprocher affectivement, pas intellectuellement de Sartre, ce ne fut jamais le cas de Sartre, trop bien encadré, d'ailleurs, pour y laisser une part de sa virginité ou de son aura de vieux gauchiste.

Sartre gardait ses distances, au propre et au figuré. Après une visite à l'Elysée, sentant un bras se glisser sous chacun des siens, Sartre demanda à André Glucksmann qui jouait la nounou-navette entre les deux sages :

« Qui est-ce ? »

Et quand on lui eut répondu que c'était Aron, il se dégagea, ce qui ne tirait d'ailleurs plus à conséquence : la photo d'un Sartre souriant, serrant la main d'un Aron, radieux, avait été fixée pendant une conférence de presse, ailleurs, pour les médias. Aron avait dit à Sartre, en recourant à la vieille formule du temps de l'Ecole normale, ce qui montre son émotion et sa nostalgie :

« Bonjour, mon petit camarade ! »

Sartre, hélas ! n'entendit pas, ou ne voulut pas comprendre, ou encore s'imagina que le mot « camarade », repris, pouvait prêter à confusion. En tout cas, il se contenta de grogner un aimable mais assez neutre :

« Bonjour. »

Heureusement, il souriait.

Cette histoire tourmenta apparemment Aron, puisqu'il en parla à Jacques et à Claudie Broyelle, leur demandant si Sartre avait bien compris « mon petit camarade ». On a trop souvent accusé Aron de manquer de sensibilité et de psychologie pour ne pas noter, ici, sa douce inquiétude.

Sartre acceptait volontiers de parler du passé, de l'avant-guerre. Du jeune Aron, qui était un des rares à pouvoir se mesurer intellectuellement avec lui. L'inverse n'est pas vrai. Sartre admettait volontiers qu'Aron l'avait initié à la phénoménologie, ce qui, tout bien pesé, n'est peut-être pas ce qui est arrivé de mieux à Sartre. Il lui était encore reconnaissant de lui avoir passé son poste de pensionnaire de la *Franzosischen Akademiker Haus,* à Berlin, dans les années 30.

A partir de la guerre, les choses ou les souvenirs se gâtèrent de part et d'autre, chacun modelant l'Histoire dans sa perspective. Sartre louait Aron de ne pas avoir été gaulliste en 1940. Mais il lui en voulait, encore en 1980, d'avoir été tenté par le R.P.F. après 1945. Pour un tocquevillien, il trouvait assez cocasse cette attirance vers l'homme providentiel.

Les méchancetés de ces deux Grands prenaient des formes étranges et minuscules.

Aron était non pas vexé mais navré d'être considéré comme un « éclectique » par Sartre. Il sentait bien que pour Sartre ce n'était pas un compliment. Au contraire, dans le totalitarisme philosophique totalisant de Sartre, l'éclectisme, comme pour Engels, était la pire des approches.

Pour certains esprits, l'essentiel est qu'Aron a eu raison en politique. Il se demande ce qu'il a fait, face à ce Sartre créateur. On lui disait – comme Georges Liébert : « Vous avez fabriqué de l'intelligibilité. » Aron aurait aimé autre chose. Confronté au communisme, sans aucun doute a-t-il eu raison. Il a compris et expliqué l'industrialisation, la modernité, les jeux diplomatiques. Avant Sartre – qui ne l'a jamais admis : pas d'essence, là non plus ! – il a surtout saisi que les dirigeants communistes, de Brejnev à Marchais, ne sont pas des dirigeants comme les autres. Là, assez curieusement, Sartre est beaucoup plus proche de Giscard qu'Aron : l'existentialiste et le libéral au pouvoir ont tablé sur la perfectibilité des chefs communistes. Ils les connaissaient à peu près aussi mal l'un que l'autre.

Sartre, qui avait l'habitude, dans les années 50 et 60, de mêler souvent contenant et contenu, ne méprisait pas Aron – il le supprimait parce qu'il était devenu le penseur maison du *Figaro*. La méthode était simple, et le syllogisme typique, sans beaucoup de finesse dialectique :

Le Figaro est l'organe de la bourgeoisie.

● Aron écrit au *Figaro*.

● Donc Aron est (non pas le serviteur) le penseur de la bourgeoisie.

Le souci de ne pas être un bourgeois a hanté Sartre. Il n'expliqua jamais d'une manière tout à fait convaincante ce qu'était cette bourgeoisie éternelle, inamovible, détestable. Malgré ses superbes drapés dialectiques, il n'est jamais sorti des schémas simplicistes de nos livres d'Histoire français : la Révolution de 89 fut l'œuvre de la bourgeoisie.

Avec ce butoir, comment aurait-il pu *rencontrer* Aron ?

Les séparait encore le pessimisme tranquille d'Aron, avec, en contrepoint, l'optimisme remuant de Sartre. Aron jette depuis cinquante ans un regard assez désabusé sur les hommes et l'Histoire et la planète. Il paraît plus près de croire à la fin du monde que Sartre, qui, par exemple, ne fut jamais particulièrement ému par la perspective d'une guerre atomique. Sartre était presque convaincu que l'homme est perfectible à l'infini, qu'un jour un socialisme épanouissant triomphera et fabriquera l'homme nouveau. D'où sa manière entêtée de s'accrocher aux apparences du socialisme, partout, en U.R.S.S., en Chine, à Cuba... Le monstre de la révolution est sanglant, mais, quelque part dans ses entrailles, il contient la graine, le germe de l'homme révolté et libéré se transcendant lui-même. D'où, aussi, les étonnantes naïvetés de Sartre à la recherche de l'Eden. La consternante anthologie de ses bourdes doit être placée dans le contexte de sa conviction profonde, non pour excuser ces énormités, mais pour les comprendre.

Le séparait aussi d'Aron une certaine sensibilité à la condition des pauvres et des défavorisés en France ou dans le monde. Je ne doute pas qu'Aron y soit sensible, mais, en trois ans de présence aux comités éditoriaux à *L'Express,* chaque lundi, pas une seule fois je ne l'ai entendu parler des exploités, même appelés par un autre nom. Pudeur ? Je ne sais. Cela irait de soi : mais si l'on ne les évoque pas, comment savoir que l'on s'en préoccupe ? Aron a sans doute tendance à prendre pour de la basse démagogie toute allusion au Smic ou aux nettoyeurs du métro. Aux yeux de Sartre, depuis trente ans, Aron fréquente trop les hauts lieux du pouvoir, et trop, aussi, les grands de la politique, Kissinger en tête. J'ai longtemps fait la même erreur : de Gaulle, au pouvoir, a reçu Aron une fois... Aron a toujours souhaité d'écrire pour les hommes d'Etat. C'est normal : il n'est pas révolutionnaire. Malgré ses formidables capacités d'analyse, Aron manquerait-il souvent de psychologie ? Sartre a choisi de vivre en bohème. Aron a fait un autre choix, et qui n'est pas moins « authentique ».

Sartre, dira-t-on, aurait pu vivre aussi bien qu'Aron, et, s'il n'avait ni chauffeur ni voiture, c'est qu'il se servait de celle des autres, y compris de l'Aronde du Castor quand elle franchit ce terrible pas de l'embourgeoisement, avec des affres que Sartre ne partageait pas. Sans doute il ne mangeait pas au Wimpy. Sa catégorie, on le sait trop, c'était La Coupole, La Palette, qui ne sont pas des établissements fréquentés par des manœuvres ou des P2, c'est certain. Mais Sartre n'allait jamais, non plus, se promener spontanément du côté de Laurent ou du Grand Véfour. Il y a un petit quelque chose dans ce refus. De même qu'il ne rôdait pas dans les ambassades si elles n'étaient pas socialistes. Il n'était ni parisien ni mondain.

A sa façon, il était bohème, si l'on veut bien admettre qu'il est possible de l'être tout en ayant de l'argent. Marginal conviendrait mieux, si l'on peut être aussi célèbre que Sartre et marginal.

Quand on le voyait chez sa mère, rue Bonaparte, dans son studio boulevard Raspail, dans son petit appartement, plus tard, avenue Edgar-Quinet, il paraissait, malgré les tableaux, les photos, les notes, les livres, en perpétuel transit. Prêt à se retrouver ailleurs. Cela me plaisait beaucoup, sans doute parce que, personnellement, sans aide, je n'ai jamais pu donner à un appartement un minimum de confort, ce je ne sais quoi qui fait un *home*. On a toujours l'impression que je viens d'y entrer ou que je vais en sortir. Chez Sartre, je ne me suis jamais senti dépaysé. Je me souviens encore du sentiment de paralysie éprouvé dans l'appartement d'Aron, en 1948.

Aussi important, en tout cas pour moi : Sartre est d'abord un écrivain, qui joue avec les mots, avec les personnages. Aron est avant tout un penseur qui manie des idées et examine des situations. De plus, Sartre, à mon goût, a toujours été un styliste. Aron est d'abord attentif à ce qu'il dit, plus qu'à la manière dont il le dit.

Des tranches de Sartre, des morceaux resteront par les simples qualités – au sens lockien – de leur style, de leur ton. Il n'y a pas autant de morceaux d'anthologie chez Aron. Etrange moment de la sensibilité française où le plus brillant pensa faux, et le plus juste, le plus précis, le plus exact s'exprima avec moins de fulgurances. Certes, il y a des fragments superbes dans *La Philosophie de l'Histoire*, le *Clausewitz*, *L'Opium des intellectuels* ou le courageux livre d'Aron à propos de l'Algérie, mais, en général, je crois, Aron ne saisit pas son lecteur, ne s'en empare pas aussi fortement. Il y a, en effet, un côté serpent chez Sartre le styliste. Pour le style, Aron paraît « rétro », sans toutefois être « kitsch ». Sartre semble moderne, alors qu'il est très classique. Il est vrai que lorsqu'il s'agit de la société industrielle, d'Israël ou du dollar, on ne peut se complaire aux mêmes fioritures que lorsqu'on s'attaque au théâtre, à la guerre des paysans ou à un S.S. Si Sartre a autant séduit ou captivé au sens premier du terme l'intelligentsia de gauche, arrivant même à convaincre certains qu'il n'y avait pas *d'autre* intelligentsia, s'il est parvenu à imposer l'idée qu'on ne pouvait penser en dehors de Marx, c'est aussi parce qu'il a traité de questions politiques sur un ton, avec un style, beaucoup plus littéraires que ceux d'Aron. Son contingent de lecteurs comprenait plus de professeurs de lettres que celui d'Aron qui – horreur ! – séduisait non seulement les énarques, mais aussi les cadres, les hommes d'affaires, les industriels et les banquiers : bref, des personnages de la démonologie sartrienne, avec, j'oubliais, les ingénieurs.

Ai-je eu raison de me laisser ainsi prendre par Sartre ? De le suivre si souvent sur des chemins politiques avec une docilité irréfléchie, plus ébloui par son talent littéraire que par la justesse de ses arguments? Là, comme ailleurs, il serait facile de dire : « On m'a trompé », plutôt que de reconnaître aussi et d'abord : « Je me suis trompé. »

Raisons, causes, sentiments, émotions s'imbriquent dans un ordre et avec une logique que l'on reconstruit, artificiellement, après les coups donnés et portés. Sartre fut gentil avec moi. Il m'aida. Il me toléra. Il me légitima, en un sens, à mes propres yeux. C'était énorme. *Un* prix payé fut politique, mais le Maître Penseur, ici, pensait de travers.

Ici, le « subjectif » envahit l' « objectif ».

Je peux retrouver comme chacun, avec nostalgie et trouble, tout un faisceau de « pour Sartre » et quelques « contre » moins nombreux, mais tout aussi lourds, pesants, même. Dans mes rapports, mes liens, réels ou imaginaires avec lui, je vois un phénomène extraordinairement français auquel, très tôt, j'ai succombé : le culte de l'écrivain, allant au-delà de ce que cet écrivain peut donner. A quinze ans, je cherchais ce gourou. L'âme de Duhamel ne faisait pas l'affaire. Celle de Gide me parut lointaine, insaisissable. Nizan ? Je rencontrai son fantôme, par hasard. Sartre arriva, avec aussi une part de hasard que je changeai en nécessité. Pourtant, je revenais de Cambridge, où l'on m'avait un peu enseigné à me méfier de ces métaphysiciens et, par implication, de tous les maîtres. Sartre n'était pas tout. Mais il faisait presque tout.

De plus, il s'engageait dans ce qui semblait être les combats très martiaux de notre siècle. Il flamboyait d'un manichéisme qui convenait à mes vingt ans. Il fallait choisir, disait-il : *ou* le socialisme, qu'il suffisait de retoucher un brin quand même, *ou* le capitalisme... *Un* communisme à transformer en socialisme à coups de manifestes et de traités de philosophie ? *Un* capitalisme. Je n'ai jamais entendu Sartre avancer que les courbes démographiques étaient peut-être plus importantes que les modes de production. C'était sa propre fragilité, qu'il ne voyait pas, et que nous voyions encore moins : ce faux Pic de La Mirandole passait à côté des éléments les plus importants de l'Histoire tout en prétendant l'assumer, ce qui n'était pas mal, et la faire, ce qui était inouï.

Aujourd'hui, on a envie de dire comme l'autre : Combien de divisions blindées, le sartrisme ?

Oui, voilà le hic rétrospectif : il se voulait – pesez le ahanement de ce fréquent *vouloir* – universel, totalisant, globalisant, mais il avait des trous en économie ou en sociologie ou en Histoire. Je ne les voyais pas. Sa force était aussi faite de mes ignorances. Je n'étais pas prêt, non plus, à aller compléter mon éducation dans les colonnes du *Figaro*. Il était, surtout, l'héritier de... Qui, au fait, au-delà de la tradition ? De Voltaire, de Zola, de tous les écrivains signataires de ces manifestes engendrant d'autres manifestes : des mots. L'énorme production, la gigantesque sécrétion de mots. Il ne me déplaît pas que l'affaire du Bateau pour le Viêt-nam, née d'un manifeste, elle aussi, ait débouché sur un navire visible. Et que le *Figaro* ou, plus exactement, M. Hersant, ait été, avec les communistes, hostile à cette entreprise. Il y a là, quand même, une justice poétique et un embryon de justice politique. Où est la droite ? où est la gauche ? soupire-t-on un peu partout à gauche. Allons, allons, regardez bien : vous saurez quand même, au jour le jour, où est l'extrême droite.

On lui en demanda tant qu'il en fit trop, ce Sartre que l'on commence à rejeter doucement vers 1970. Les bulles et les rots sortent du cadavre imaginaire de cet homme qui voulut être incinéré. Bien sûr, dès 1945, il se posa moins que timidement en explicateur des temps modernes sous toutes leurs facettes. L'offre valait bien la demande : les thésards le prouveront. Plaiderons-nous coupables ? Je ne pouvais ou ne voulais pas savoir qu'il n'y a pas d'homme universel.

Bien caché, drôle en plus, il était non pas le successeur de Dieu – sauf aux yeux de MM. Mauriac, François, d'abord, puis Claude sur le tard – mais le succédané de Dieu et du Système, quel qu'il fût.

Je pris le bonhomme sans le système. J'étais niaiseux, comme dirait un Québécois. Plus de communisme, plus de bonne guerre à faire, plus de socialisme : il fallait s'accrocher à quelqu'un. J'aime mieux les gens que les paysages. J'avais aussi, à coup sûr, trop de doutes, d'incertitudes, de crispations, de méfiances, pour ne pas être frappé par tant d'assurance : car Sartre n'était pas modeste, sans d'ailleurs jamais paraître prétentieux, encore moins vaniteux, disons le une fois de plus. Il pouvait éclater de satisfaction, mais non de suffisance. Il délirait, en effet, mais ne mentait pas. A propos de thésard, il y aura une recherche un peu triste à faire sur l'influence et les traces de la Corydrane ou de l'Optalidon et de trois ou quatre autres douteuses gourmandises dans sa vie et dans son œuvre.

Autre atout sartrien : il voulait tout comprendre et savait donner l'impression qu'il fallait vite se laver des remords et lessiver ses regrets. Je me trompais, sans doute : j'avais le sentiment que j'aurais pu revenir un jour, après trois ou quatre années de silence, et lui dire : « Voilà, j'ai été m'engager dans les troupes sud-vietnamiennes ou chez des mercenaires africains. » Et, croyais-je vaguement, Sartre m'aurait dit : « Salut, comment ça va ? Voyons donc cela... Figurez-vous que je m'en doutais. »

Je me trompais sûrement. C'était ma façon de me dire qu'il était pour moi un ami, dans une relation, bien sûr, asymétrique, mais un ami fidèle. Qu'est-ce qu'un ami ? Quelqu'un chez qui l'on débarque en disant : « J'ai tué, volé, violé. Peux-tu me garder chez toi, en secret, un ou deux mois ? » Et sans hésiter il dit : « Oui ! »

Des amis de ce calibre, je n'en compte que quatre ou cinq.

En relisant ses livres, en regardant ses photos, je rêvasse. C'est absurde, puéril, j'en conviens : sa mort me blessa. Je ne sais pourquoi, des vers d'Yves Bonnefoy me reviennent. Sartre ne les prisait pas particulièrement. Je me rappelle une conversation sur les « impasses », sur l'hermétisme des poètes français. Sartre était éblouissant quand il parlait de Mallarmé.

« Mais, disais-je, les Américains avec Ginsberg et *Howl*... Comment, vous n'avez pas lu *Howl* ?

– On ne peut pas tout lire.

– Mais cela a été traduit... »

Geste du poignet, la main se rabat. Il fumait encore des Boyards à cette époque.

C'est dans *Du mouvement et de l'immobilité de Douve*. Du mouvement, des mouvements de Sartre...

> *Je te nommerai guerre et je prendrai*
> *Sur toi les libertés de la guerre...*

Que dirai-je à mon dernier fils qui n'avait guère plus de quatre ans quand Sartre est mort, et qui s'enquit souvent de ce que signifiait ce tohu-bohu ? Je lui dirai qu'il faut le lire avec précaution. Qu'il faut d'abord voir en lui un écrivain. Qu'il faut oublier chez lui comme chez Nizan la tentation de la politique. Mais comment les comprendre complètement, alors ? On ne peut encore les traiter à la façon des classiques refroidis. Réflexion faite, je ne dirai rien à Samuel. Qu'il se débrouille !

Sartre mort, à droite, surtout, on a dressé l'état de ses bourdes « progressistes ». A gauche, on a chanté ses mérites : qui avait plus que lui lutté contre le conservatisme dans tous les domaines ? Les hagiographies furent charognardes et les nécrologies cafardes. De grâce, remettons en perspective. Comment, d'ailleurs, peser le *pour* face au *contre* ? Je me méfie des critiques vertueuses de nos nouveaux justes qui, en leur temps, dérivèrent et dérapèrent autant que Sartre. Pour un Raymond Aron intransigeant, combien de Claude Roy changeants?

Sartre fut un des penseurs d'une génération ou deux? Soit. Et, à ce titre, il est à critiquer, à dépasser, sûrement. Tout compte fait, j'en arrive à une bizarre conclusion provisoire ou définitive : son progressisme politique, qui, au fond, m'attira au départ, est ce qui survit, surnage le moins chez Sartre.

La littérature, et tant mieux, se venge de lui comme de nous.

XII

AVRIL 80

« IL va très mal, disait Claude Lanzmann. Il est dans le coma. »

C'était sûr : Sartre allait mourir.

Je devais prendre quelques jours de vacances, en Tunisie. J'étais prêt à renoncer à ce court voyage, pour assister à son enterrement.

« Pars quand même, me dit Jean-François Revel, le directeur de *L'Express*. Tunis est à quelques heures de Paris. »

Installé à Zarzis, je restai dans ma chambre d'hôtel : il faisait froid et brumeux. La seule manière de chasser l'image de l'agonie de Sartre, c'était d'écrire. Ce que je fis.

Quand l'idée d'une mort me fut-elle à ce point insupportable ? Au Biafra, au Viêt-nam, en Israël...

Ma mère, passée au gauchisme à soixante-dix ans, est à l'hôpital en ce moment même. Mais je sais qu'elle ne va pas mourir. La seule façon de réduire la tension, c'est d'aligner des mots sur Sartre. Combien d'années avais-je pensé *pour, contre* ou *avec* Sartre ? Je souris : dans certains milieux, en France, tout le monde a été, est, sera sartrien ou antisartrien.

Chaque fois que je traverse le vestibule de l'hôtel, je regarde la case de la chambre 319, dans l'attente d'un coup de téléphone de Paris. Je n'aime pas ce soleil blanc d'hiver ou de printemps en Afrique du

Nord. Je l'imagine baignant le Rif. Je revois Sartre dans le studio du Castor : *Il faut y aller...*

Pourquoi tant craindre la mort d'un vieillard ? Elle était normale. De plus, Sartre le disait souvent, il fut heureux. Mieux : il le faisait sentir. Il m'a rendu heureux. Au fond, grâce à lui, longtemps, je n'avais plus été un bâtard, j'avais eu un père. Et quel père ! Après 1973, j'avais cessé de rencontrer Sartre régulièrement : parce que nous n'étions pas d'accord sur le Viêt-nam. Mais aussi parce que j'avais retrouvé mon vrai père. Donc, d'une certaine manière, je n'avais plus besoin de Sartre. Quand m'a-t-il prévenu : *Un jour, vous aurez beaucoup moins besoin de moi* ? J'ose à peine l'écrire, le découvrant quelques heures avant sa mort : il aura fallu cette fin pour que je sache à quel point il fut important.

Je le revois avant le prix Nobel : *On ne se laisse pas enterrer vivant.*

Ou nous demandant, à Anne-Marie et à moi, bien avant la mort de Franco, s'il fallait laisser jouer cette pièce : *Ce sont des étudiants espagnols qui le veulent.*

J'ai l'impression qu'il me sera impossible de faire un article pour *L'Express*. Finalement, j'utiliserai un fragment de ce que j'ai écrit. Le fantôme de Sartre recouvre entièrement celui de Nizan. Enfin. Ils auront, l'un comme l'autre, la trompeuse dignité des morts.

Le coup de téléphone que je guettais, très vite je l'appréhendai. Un homme que j'avais aimé agonisait. Mes Winston auraient le goût de ses Boyards. Lorsqu'il fumait, ces grosses cigarettes paraissaient le prolongement de ses gros doigts. Dans le genre Tentation de l'Absolu, on n'a pas fait mieux en France au XXe siècle. Je gribouille quelques phrases : pour me le garder, dirait-on dans le Midi.

Le téléphone sonne : il est mort.

Le retour est plus difficile que prévu. Il faut passer la nuit du 16 avril à Tunis. Demain, nous aurons un avion pour Paris. Je regarde la télévision. On y parle de Sartre. Passe un fragment de l'interview de *Panorama : Je me refuse* à *mettre sur le même plan... et la violence militaire.*

Le matin de l'enterrement, le 19, Samuel, mon second fils, qui a un peu plus de quatre ans, me téléphone de la campagne. Il parle des animaux de la ferme, près de sa maison. Puis, soudain :

« Et qu'est-ce que tu fais? Et qu'est-ce que tu vas...

— Je travaille.

— Et après ?

— Je vais à l'enterrement d'un monsieur appelé Sartre.

— Pourquoi à son enterrement ?

— Parce qu'il est mort.

— Pourquoi il est mort ?

— Parce qu'il était vieux. »

Samuel demande :

« C'était mon grand-père ?

— Pas exactement, dis-je. Un ami. Enfin quelque chose comme ça... »

Devant l'hôpital Broussais, rue Didot, entre Paris et la banlieue une foule se forme, très tôt. Des jeunes, *Le Matin, Libération* dans la poche ou sous le bras. Blousons, jeans, barbes, cheveux longs, pas de tenues provocantes ou gueulardes. Beaucoup de ces gens dont on dit qu'ils sont « simples », « ordinaires ». On les reconnaît – comme si « on » les connaissait – à leurs vêtements, à leurs casquettes, à leurs intonations. Les Français aussi, tels les Anglais, sont marqués sur la langue, comme disait Shaw. Des femmes ont un cabas à la main. Il y a de nombreux immigrés, jaunes, noirs, bruns. Pas mal de Juifs aussi, avec des Arabes. C'est curieux, Hugo, lui, écrivait dans une langue populaire, me fera observer Jean-François Revel. Pour suivre Sartre, même pour entrer dans ses nouvelles, il faut au moins le niveau du baccalauréat. Est-ce la personnalité morale de Sartre, alliée au prestige de l'homme de lettres, du philosophe, qui a poussé tant de Parisiens à venir se joindre à un si grand nombre d'étrangers ?

Pendant la longue attente, la presse fait son métier. Ces photographes sont gênants, obscènes, qui mitraillent Yves Montand et Simone Signoret ou Michel Rocard. Avec le départ des deux acteurs, les tourbillons se calment. Le fourgon sort. Quelques couronnes, dont celles des « Editions Gallimard » et de « Ceux d'un Bateau pour le Viêt-nam ». Le cortège s'étire, difficilement. Il n'y a pas de service d'ordre ni d'agents de police. Les voitures des proches, ce car rempli de vieilles dames simples – d'anciennes employées de Mme Mancy ? – ne parviennent pas à se glisser derrière le fourgon. Lentement, d'abord, se pressant ensuite, ce cortège, ni gai ni triste, remonte le boulevard Brune, descend l'avenue du Général-Leclerc. Quand il accélère, pour un peu on s'attendrait que les participants vont se mettre à crier : « Nous sommes tous des Juifs allemands. » C'est la dernière manif de Sartre.

A Denfert, des grappes de jeunes s'agglutinent sur le Lion de Belfort, comme en Mai 68. Là, entre le monument et l'avenue du Général-Leclerc, un matin, j'ai vu la fin de ces événements : le dernier carré des manifestants se faisait refouler par des C.R.S., aussi las que cette arrière-garde de Mai en juin. Au milieu de la chaussée brûlaient non pas des voitures, mais des cartons et des papiers, dérisoires incendies.

On ne le croisera plus dans ce quartier, Sartre, marchant, engoncé dans sa canadienne, à cinquante ans, ou avançant si lentement au bras d'une compagne, comme ces dernières années. Si l'on y voit Simone de Beauvoir, enturbannée, un peu raide, on saura qu'elle ne va pas le retrouver chez lui ou à La Palette. A elle, il manquera jusqu'à la fin.

Détour symbolique : le cortège suit le boulevard Raspail jusqu'au carrefour Vavin, passant devant l'immeuble du 222 où Sartre a vécu. Je logeais, six mois plus tôt, au 224. On prend le boulevard du Montparnasse. On passe devant « La Coupole » où Sartre déjeunait souvent. Remontée de la rue du Départ. Défilé devant son immeuble. Coupant par la rue du Montparnasse, nous arrivons à l'entrée du cimetière. Le fourgon, après un ultime soubresaut, s'y engouffre. Les murs sont recouverts de jeunes gens, lierre coloré.

Je n'assisterai pas aux bousculades dans le cimetière et je ne le regrette pas. Nous prenons le thé à La Coupole. Je regarde le coin de Sartre, une de ses tables. Aux actualités, très tard, j'aperçois le visage défait de Simone de Beauvoir devant la tombe de Sartre.

Je vais voir ma mère à l'hôpital. Elle a oublié qu'elle ne voulait pas que j'épouse la fille d'un traître. Elle aussi admire Sartre, maintenant.

Je suis de retour chez moi juste à temps pour la retransmission de *Huis clos,* réalisé par Michel Mitrani. Comme on attend : *L'enfer, c'est les autres !* Le garçon d'étage, c'est de nouveau Chauffard, mort aussi, il y a guère, qui ressemble tant, parce que je le veux, au Chauffard de 1944. La boucle est bouclée. Je suis, comment dire ? libéré de Sartre, trente-six ans après l'avoir rencontré au Vieux-Colombier. La pièce a un peu vieilli quand même. Et nous, donc ! Ne soyons pas sentimentaux. Mais comme c'est difficile.

Eliot dans *La Terre vaine* :
   Avril est le mois le plus cruel de l'année.

Combien j'ai aimé vous lire et vous relire, Sartre !

Souvent, cela me donnait envie d'écrire un article qui serait lu par quelques centaines de milliers de personnes, un livre qui toucherait cinquante mille lecteurs, un poème qui n'en aurait pas deux.

Qu'est-ce, un écrivain ? Pour certains, quelqu'un qui donne envie d'écrire : c'est simple et compliqué, très clair et fort mystérieux, superficiel et profond.

Comment, ensuite, ne pas vous aimer ?

Votre passé est menacé, Sartre. Votre avenir n'est plus protégé par ce que vous pourriez dire : tout est figé pour l'éternité, génie et sottises. Le plus drôle serait que je comprenne un jour, demain, hier, que je n'ai rien compris.

Je n'ai jamais douté de votre haine de la bêtise, du mensonge, de l'injustice, de l'oppression, de la misère, qui ne vous empêcha pas, à votre heure, d'être sot et injuste.

Des mots, les vôtres, encore, toujours, des mots se fixent, clapotent, fondent : cités, ils demeurent; détruits, ils disparaissent.

Où est la différence entre les vivants et un mort de votre poids ?

J'ai écrit, disons retrouvé, ces rencontres avec votre photo gri-gri placée sur une étagère au-dessus de ma fenêtre : cette photo, c'est vous penché en avant sur une plage de Lituanie, comme de Gaulle en Irlande, marchant après votre ombre.

Vous avez assez souvent parlé dans le vide. L'écho en est encore creux et tellement sonore. Puisque certaines étaient belles, qu'importe si vos phrases étaient fréquemment tout sauf des « propositions » ?

Inouï : les mots s'ensablaient, mais les émotions portées, à défaut d'idées vraiment porteuses, surnageaient. Fine imposture mais glorieuse : votre série de dialogues avec les Blancs, les Noirs, les Jaunes et tous les Peaux-Rouges de la planète n'était qu'un monologue. Vous avez bien caché votre jeu et, au passage, le nôtre.

Souvent vous nous avez persuadés qu'il faisait nuit en plein jour. A vous suivre avec tant de constance et à force d'être daltoniens en politique, nous aurions pu le devenir en littérature. Vous possédiez trop bien votre français, cette langue, ce langage, cette rhétorique, cette sécheresse de feu, cet écœurement de sirop d'orgeat, cet incendie et cette glu. Vous nous avez tout dit sur vous sans jamais vous confesser. Rien dans les mains, rien dans les poches, tout et le reste naissaient de votre bouche. Pendant dix ou vingt ans, toute démarche nous rapprochait ou nous éloignait de vous, comme vous de Gide ou de Marx.

Bonhomme – balise plus qu'homme – phare, la main courtaude au propre et courageuse au figuré, vous avez voulu mettre sur vos épaules, quoi ? Rien : le monde ! Trompé souvent, battu jamais, toujours content malgré tout. Vos proches comme vos ennemis n'en reviennent pas encore. Tant d'erreurs et tant d'assurance ! Quelle santé ! Vous aviez l'art de transformer les pleurs en rire. Cette alchimie vaut toutes les autres, surtout quand, afin de se perpétuer, pour matériau de base elle n'a besoin que de simples mots.

Vous aviez la naïveté que certains, avec vous, décelaient chez Flaubert. Votre crédulité fut surtout politique. Vous avez pris Togliatti pour un nationaliste autant que pour un communiste, Khrouchtchev pour un brave homme, et Castro pour un héros qui prisait avant tout le caviar noir des foules dans lequel un chef se retrempe. Vous avez même fait un effort réussi mais abstrait pour aimer le Peuple indifférencié. Vous avez été pigeonné.

Derrière vous, il y eut des vols de pigeonneaux. Avertis, déniaisés, ils ne se transformèrent pas pour autant en aigles. Vous fûtes non pas l'idiot, mais le génie de la vaste famille bernée de cette gauche non communiste qui fait perpétuellement des grâces aux communistes. Ils n'en demandaient pas autant. Ils s'étonnaient parfois de votre insistance. N'étiez-vous pas, là, et là seulement, masochiste ? Se faire insulter par un Kanapa ou d'autres, n'était-ce pas, d'une certaine façon, pour vous, accéder à l'Histoire, plus intéressante, on vous l'accorde, que les petites histoires parisiennes ?

Maintenant, Sartre, nous pouvons vous regarder froidement, vous parler sans frayeur, vous envisager après vous avoir dévisagé, aurait dit Cocteau que vous aimiez bien, à la surprise de quelques cuistres. Vous êtes mieux qu'un Lazare, du moins pour moi : un homme qui valut plus que les autres. Vous étiez si moqueur par moments qu'on s'attendrait à vous voir ressusciter. Laissez-nous donc vous parler sans espérer de réponse dans la fraîcheur du soir, au cœur de ces montagnes maigres des Maures comme sur ces boulevards parisiens où jamais plus nous ne vous regarderons héler un taxi.

Où, plus jamais, je ne pourrai me dire : « Et si je téléphonais à Sartre ? »

Il y a des passages de vos livres que je relis comme je prendrais un alcool. Comme je mangerais un fruit glacé, l'été, après une marche : *Les Mots,* des tirades du *Diable et du Bon Dieu,* le portrait de Nizan... Comme je resavoure *Scoop* d'Evelyn Waugh, plusieurs romans de Greene, des morceaux d'Eliot.

Je ne sais si j'irai, un jour, sur votre tombe, Sartre. A quoi bon ? Ces choses-là, il faut les faire vite. Je n'aime que les tombes d'inconnus, militaires de préférence. Le bien, le mal aussi, peut-être, que vous nous avez fait, que vous pouvez encore nous faire, me suffisent. Il ne s'agit ni de vous chanter ni de vous traîner dans la merde dont vous affirmiez que vous l'aimiez moins qu'on ne le disait quand on n'avait rien à dire. Certaines de vos phrases chantent en nous. Et certaines de vos injustices n'ont pas fini de crier.

J'ignore quelle taille aura votre tombeau définitif dans ces vastes et ronceux cimetières que sont les histoires de la littérature.

Je me revois à la générale de cette pièce, ouvrant ce roman. *Avez-vous lu le dernier livre de Poulou ?* demande Mme Mancy. Le sang bat plus vite en moi. La vie tourne, se retourne sur elle-même. Vous ne lui avez pas donné un sens malgré tous vos efforts. Face à la politique et à la morale, je ne suis guère plus avancé. Je n'ose parler pour ma génération furieuse et futile, celle de l'Algérie et du Viêt-nam. Vous avez tenté l'impossible, l'ineffable, l'indicible. Comme vous auriez horreur de ces mots-là, brillants, creux, comme des pastèques, le fruit métaphysique par excellence !

Vous nous ferez seulement rire et pleurer et attendre, quoi ? Allons, vive la littérature ! C'est sûrement vieillot à l'âge des économistes, des sociologues, des énarques. Mais Dieu, que c'est bon ! La vôtre avait ces taches pourpres que vous goûtiez chez Shakespeare, même en traduction. Votre simplicité, sans affectation, pourtant, était plutôt complexe : vous vouliez déplaire, et vous plaisiez. Vous avez irrité jusque dans votre agonie. Trouble-fête, trouble-mot, trouble tout court sous de faux airs de limpidité. Parfois, vous étiez assez insolent pour qu'on vous trouve profond ou gracieux. Vous nous avez menés en bateau ? C'est que nous le voulions bien. Vous nous avez assez répété que nous étions libres pour ne pas vous suivre. D'ailleurs, même vos plus grands navires ont fini par s'échouer comme les barques des *boat people.* Les comptes que l'on fit à votre mort vous auraient probablement distrait : vous ne teniez pas pour les autres de lourds registres avec les crédits de vos amis et de vos ennemis.

Vous êtes enfin mort. Il est temps de passer à l'acte suivant. La pièce de ce siècle traînait, et vous traîniez avec.

On nous fit prendre, sous votre bénédiction, de gros compromis pour de minces compromissions. Excusez-nous, on ne nous le fera pas deux fois, le coup des communistes injustes défenseurs de la Justice et compagnons sales, puants, même, face aux voyageurs bourgeois. Vous nous affirmiez que ces derniers, sous leurs parfums et leur linge frais, étaient autrement ignobles. Ça, au moins, c'est terminé. Nous ne nous projetterons pas deux fois ce vieux film. Merci quand même ! Vous n'êtes plus qu'un grand-père. Pour qui n'en a jamais eu, ce n'est pas mal. Mais cela ne comporte pas l'autorité du père réel ou supposé. Vous répandez, comme malgré vous, la quiétude et l'inquiétude. Vous avez écrit qu'un *jeune homme craint la mort lorsqu'il est mécontent de son sort*. La craignant moins qu'autrefois, suis-je heureux ? Serait-ce en partie grâce à vous ? Vos angoisses abstraites n'ont pas survécu à mon adolescence attardée. Grave question que vous posiez à propos de votre petit camarade Nizan quand il hantait votre robuste cinquantaine : *Est-ce qu'on se justifie par des mots ?* Faisons le pari : oui. Sinon, à quoi auriez-vous servi ? Nous voulons bien que vous ayez été néfaste, dangereux, même. Pas radicalement inutile.

Il faudrait oser se l'avouer : votre vie nous fit du bien. Votre mort aussi, qui libéra des souvenirs enjolivés ou enlaidis, des mots, des torrents glacés, tièdes ou brûlants de mots.

Nous ne nous rencontrerons plus hormis quand il m'arrivera de relire vos livres. Vous avez rejoint ces vieux frileux que je rencontre dans ce village du Midi, cet été. Vous étiez là, en apparence inamovible. Qui ne jouait pas à vous croire éternel, parmi vos ennemis et vos amis ? Les vieux se réchauffant au soleil sur la place de ce village des Maures, ou goûtant l'ombre à « la fraîche », paraissent un peu comme vous, têtus dans leurs silences comme vous dans vos paroles. Les uns et les autres, vous alliez demeurer pareils aux maisons des villages et des villes : vous étiez justement des demeures. Leurs enfants se coulaient en eux. Moi, subrepticement, je me coulais en vous, qui faisiez semblant de ne pas vous en apercevoir. Votre mort me scandalise. Comme me scandalise l'éternité, relative, des pierres de nos maisons. Je supporte mal l'idée de votre mort.

Pourtant on se fait, paraît-il, à tout.

Vous n'étiez pas une « passion inutile », une « imposture ». La vie se referme sur la mort comme, au soleil, la motte de beurre se reforme sur un trou. C'est que je divaguerais volontiers en pensant à vous. Mais il faut retourner au travail, faire un journal. Faire semblant de le faire avec sérieux. Finir par l'être, sérieux ! Quel Hamlet sortira votre crâne du cimetière Montparnasse où, décidément, rusant avec moi-même, je ne parviens pas à me rendre, pas plus que sur la tombe de Nizan ? Pas de Hamlet, puisque vous avez été incinéré. Aux Etats-Unis on peut faire répandre ses cendres sur le Pacifique ou ailleurs. Mon père, le géniteur, m'a assuré qu'il avait pris des dispositions en ce sens. Sur cette lancée, j'aurais assez aimé que l'on jetât vos cendres sur Paris. Abominable idée américaine que vous n'auriez pas retenue ! Je ne me soûlerai pas en pensant à vous. Pourquoi tant d'attachements et de fuites, d'amours et de haines à votre endroit ? « Ma parole, disait parfois ma mère, on dirait que tu es amoureux de *ton* Sartre ! » Je l'étais peut-être, mais il ne m'appartenait pas.

Ses livres restent. Trions. Négligeons celui-ci.

Relisons à haute voix celui-là. Ils appartiennent à tous. Et Sartre crut que tous, hommes et livres, lui appartenaient sans qu'il voulût les posséder.

On doit encore avoir ce simple droit d'avouer qu'on vous aimait bien, Sartre. Qu'on aime ces textes, oubliables, bien sûr, mais présents dans leur splendeur usée. Bribes, paragraphes, chapitres, des *Mots*, encore, des *Séquestrés*, de *La Nausée*. Comme des draps de différentes couleurs séchant au soleil, au-dessus d'un pré bleu, aisément délavés mais si brillants aujourd'hui : *Siècles, voici mon siècle, solitaire et difforme, l'accusé...* Comme des flaques, des mares boueuses et glauques, avec sur leurs surfaces verdâtres des cercles huileux, arc-en-ciel : *Le passé, c'est un luxe de propriétaire. Où donc conserverais-je le mien? On ne met pas son passé dans sa poche; il faut avoir une maison pour l'y ranger. Je ne possède que mon corps; un homme tout seul avec son seul corps ne peut pas arrêter les souvenirs, ils lui passent au travers. Je ne devrais pas me plaindre, je n'ai voulu qu'être libre.*

Quelle impatience insensée, quelle prétention !

J'avais un faible pour vous et un faible parfois presque aussi fort contre vous. Ou, mieux, les faits, plus durs et résistants que les mots, se dressaient souvent contre vous. Ni mandarin ni salaud, vous étiez en tête, dans le mauvais sens. Mains propres et, de temps en temps, une idée tellement tordue qu'elle en devenait sale, vous marchiez à un pas trop rapide.

Vous avez été une longue et agréable maladie. J'ai fini de guérir. Votre vieillesse date autant que votre jeunesse. Qui, dans une subtilité sans frontière, avec autant d'art et d'ardeur a aussi bien mêlé le vrai et le faux ?

Perdu dans vos histoires, dans le théâtre, les romans, les essais, les biographies qui prétendaient être de la philo, égaré, en somme, j'ai pris la vie pour un roman, roman-reportage, reportage-roman. D'une certaine manière, elle l'est devenue. Il faudra trouver d'autres leurres.

Je vais tout m'avouer : avec vous, ma jeunesse, toute ma jeunesse – et je ne suis pas seul – a foutu le camp. Mais pas joliment ou lentement : d'un coup, avec un vilain bruit, comme celui des éviers bouchés depuis longtemps dans lesquels on a versé un produit qui glouglloute, bouillonne, fait exploser les détritus et l'eau. C'est comique : des jeunes gens viennent me voir, sollicitant des conseils. Je règle le déjeuner. Il a fallu que j'attende pour payer le dernier avec vous, oui, que j'attende trente-deux ans. Si vous n'aviez pas été aveugle, peut-être aurais-je hésité, alors même qu'on disait que vous aviez quelques ennuis d'argent.

Dure vérité : on ne se débarrasse pas totalement de vous comme on le voudrait. C'est ainsi. A force de vous parler, la nostalgie de vous commence de finir et la mélancolie finit de commencer.

Chacun à sa manière, Sartre comme Nizan, vous pensiez jusqu'au bout, jusqu'à la balle près de Dunkerque en 1940, jusqu'au lit de l'hôpital Broussais en 1980, qu'il fallait faire la Révolution. C'est une idée tombée dans le domaine public depuis assez longtemps. Vous fîtes surtout des livres, l'un comme l'autre, ce qui indique, quand même, que vous ne nourrissiez pas trop d'illusions sur vos chances de *La* voir. La sanglante déesse n'est qu'un ange noir en avance au rendez-vous toujours remis.

Faut-il renoncer à quelques chances de progrès, parce que la perspective de toute révolution, aujourd'hui, semble porter plus de terreurs et de malheurs, même pour les plus déshérités, que nos sociétés dites bourgeoises ?

Nizan et Sartre nous auront quand même répété qu'au nom du statu quo on ne peut accepter des injustices, cachées ou voyantes. C'est ce qui séparera longtemps encore, en gros, la gauche de la droite. Et ces deux-là d'Aron, qui, symboliquement, leur a survécu.

Etrange trilogie : Aron, Nizan, Sartre, à travers les faits, des idées et le style.

Maintenant, nous dit-on, pour comprendre le monde, il faut compter d'abord sur les économistes. Sartre, vous n'en étiez pas. Aux poubelles de notre Histoire, alors? Fini l'âge des philosophes, des littérateurs, le monde serait d'abord à ces économistes, aux historiens, à la rigueur. Ni un roman ni un poème ne suivent le marché. Un mauvais sociologue ennuyeux, paraît-il, en sait plus sur nous que le plus fin, le plus divertissant des romanciers. Est-ce triste, ou gai ?

Dans nos têtes, Sartre, vous suscitiez une longue émeute de mots. Pas même une révolution de la pensée. Ce grand remue-ménage de phrases, de coups de gueule superbes, nous laissant blessés mais fiers, n'était pas même une insurrection. Avons-nous changé ? Peut-être. Après, on se retrouverait comme avant. Nous le savons bien : il n'y a pas de bornes, de balises, d'avant et d'après-Sartre. Au plus, tout au plus, ce n'est pas rien, et ce n'est pas le tout qu'il aurait souhaité que cela fût : des livres à relire, des moments à reconstruire avec sincérité à votre égard et à l'égard de nous-mêmes.

Sa main gauche coupe l'air dans un retournement définitif, chez lui, au restaurant, ailleurs...

Il rit :

« Absolument. »

La voix est toujours rocailleuse.

Allons, il ne nous – ne me – laisse aucun espoir ou désespoir. Ni certitude ni malédiction. Se faire plutôt que faire. Faire plutôt qu'être. Ne pas se taire, surtout. Beaux substantifs, combien de temps tiendrez-vous, combien de temps nous prendrons-vous pour ces substances qu'il chassa à soixante-dix comme à vingt ans ?

Je fus, nous fûmes Garcin et Roquentin, Frantz et Gœtz, le Maroc, l'Algérie, le Biafra et le Viêt-nam, tous les Viêt-nams. Comme c'était dur de s'y retrouver. Il fallait apprendre à penser malgré, puis contre vous, Sartre.

Ce petit homme, pressé et patient, ce gnome que les passants regardent avec étonnement rue Bonaparte ou boulevard Raspail ou avenue Edgar-Quinet, c'est vous. Ce faisceau de talents et, sous ce crâne qui se dégarnit lentement, un dur, irréductible noyau de génie.

Mais qu'est-ce, un génie ?

Sartre fut l'incarnateur, dira Revel, qui trouve, ce sera l'une de nos querelles, que Sartre n'est pas un styliste. Alors, braqué, je pense aux *Mots,* gonflés de Corydrane, à certaines tirades du *Diable et le Bon Dieu,* tendues à craquer, de ce côté-ci de la compréhension et de l'intelligibilité et à d'autres passages dans *Les Séquestrés d'Altona.*

J'ai toujours gardé mes distances, établi de menues barrières devant le Castor, soupiré de plaisir quand elle partait après le dessert, me laissant en tête à tête avec lui. Pourquoi ? Non par pudeur : elle aurait pu philosopher aussi bien que lui sur ce que j'avais à lui confier, et moraliser encore mieux. Parce que je lui en voulais des rapports rares et privilégiés qu'elle avait su nouer avec lui. Il a fallu qu'il meure pour que je ressente cela et que je remette enfin le Castor à sa place. Comme je comprends toutes les femmes de la vie de Sartre, se regardant, s'épiant, se succédant, ces duos, ces trios, ces quatuors.

Père Sartre, Sartre-le-père, vous l'avez échappé belle. La famille de Sartre, la grande, une fois sortie de la petite, la phalange repliée sur elle-même avec ses préjugés et ses parti pris de coterie, était vaste.

Elle comprenait même des gens qui ne l'avaient pas lu. Heureusement que Dieu est mort : sans cela, quel vertige il éprouverait, un Sartre ressuscité, contemplant du Paradis ou de l'Enfer où, khâgneux, il se serait glissé, ces cohortes d'admirateurs maladroits et illettrés, ces orphelins du siècle, cherchant un successeur à Marx et à Freud et à Sartre et à tant d'autres maîtres penseurs, maîtres chanteurs, maîtres tout court et très courts.

Dans les années 50, me semble-t-il, Sartre fut surpris, amusé, puis satisfait de son influence, peut-être plus superficielle que réelle. Il était encore étonné, en Mai 68, de voir qu'on l'écoutait, du moins au Quartier latin. Plus tard, il sentit bien qu'il n'était plus en accord avec son époque. Il était devenu un auteur classique, avec ses pages dans les manuels. Il refusa le Nobel pour ne pas être piégé, coincé, momifié. Il se retrouva dans les annales du bac. Y gagnait-il vraiment ? On l'aurait presque enterré sous les mémoires et les thèses. Cette perte de vitesse, d'emprise, explique en partie sa fascination pour les gauchistes. Sartre préférait, inconsciemment, lui qui n'aimait pas le concept d'inconscient, se mouvoir entièrement dans un petit cercle où on ne le mettait guère en question, sinon par un tutoiement aussi ridicule qu'abusif et grossier, plutôt que de penser et d'agir au large. En un sens, il s'enferma dans un ghetto, un ghetto gauchiste où le Castor et quelques autres taillaient parfois de difficiles vasistas. Sartre se repliait, comme le P.C.F.

Théoriquement, il paraissait devenir de plus en plus sectaire. En pratique, il s'ouvrait comme jamais : personne ne l'obligea à signer l'appel du « Bateau pour le Viêt-nam ». Ni à se rendre à l'Elysée en compagnie du petit camarade Aron. Osons le suggérer : à la fin de votre vie, Sartre, vous étiez aussi *paumé* politiquement que n'importe lequel d'entre nous.

Ce qu'il ne pouvait admettre, non par manque d'honnêteté, mais parce qu'il avait été trop loin en s'accrochant au marxisme. De s'être débarrassé du Parti communiste pour lui, c'était déjà beaucoup. Il avait l'âge de ses artères. Il ne pouvait larguer *aussi* le marxisme. Il avait eu assez de mal à s'y adapter en l'adoptant.

En politique, au cours de ses derniers mois, il s'évaporait doucement, et même si Victor ou d'autres lui soutiraient des déclarations radicales, des reniements même, Sartre dérivait.

En 1964, il disait dans *Les Mots : J'ai désinvesti mais je n'ai pas défroqué : j'écris toujours. Que faire d'autre ?* Ce ne sont pas ses envolées les plus optimistes. Il paraît, un instant, dire : nous, les clercs, nous sommes impuissants. Il ne le fait pas, ce serait trop se renier. Quoi ? Admettre que ces piles de mots, de phrases, de livres, ne font presque jamais reculer les tortionnaires ou les chars ?

Peut-être n'a-t-on pas fait assez attention à ces dernières pages des *Mots.* Sartre s'abandonne rarement au latin. Sa pédanterie est ailleurs. Pourtant, il écrit : *Nulla dies sine linea.* Il va à la ligne et il poursuit : *C'est mon habitude et puis c'est mon métier. Longtemps j'ai pris ma plume pour une épée : à présent je connais notre impuissance. N'importe : je fais, je ferai des livres; il en faut; cela sert tout de même.* Quand Sartre a-t-il, en public, été aussi près du désespoir face à l'utilité, à l'efficacité des mots ?

Le petit homme marche pour nous au Paradis, en Enfer, dans les allées ombreuses du Purgatoire, nous voici tous ramenés sur Terre. Il a beaucoup écrit. Tant mieux. Il a un peu trop jugé. Tant pis.

Oui, à nous de trier sans tricher.

Il n'a terminé ni sa *Morale,* ni son *Flaubert,* ni ses *Chemins de la liberté,* ni son autobiographie. *Je raconterai plus tard quels acides ont rongé les trans-*

parences déformantes qui m'enveloppaient, quand et comment j'ai fait l'apprentissage de la violence, découvert ma laideur... Plus tard, c'est trop tard.

Son œuvre n'est pas fermée, close comme celle d'un Montherlant, d'un Gide, d'un Aragon, d'un Greene, d'un Mauriac... Elle ressemble plus à une ville avec ses quartiers – Philo-Sud, Roman-Nord, Théâtre-Ouest, Politique-Est – pleins de bâtiments, maisons à un étage, ou de gratte-ciel, séparés par des terrains très vagues, beaucoup plus qu'à une cité bien planifiée et exécutée : c'est plus Houston avec ses délires que Richelieu et ses tranquillités. Il nous a un peu roulés, artistement trompés : parce qu'il maniait le français avec une étonnante aisance, passant de la modernité au classicisme. Il sut, non pas piller, mais prendre, chez Stendhal et chez Céline, quasiment en même temps, picorant partout et digérant presque tout, y compris à l'étranger, du Hemingway – réussi – à du Faulkner – observé – en passant par Dos Passos : là, c'était raté.

Comme tant d'autres, j'ai eu, en somme, avec Sartre, d'étranges et, finalement, de merveilleux rapports. Merveilleux : je veux dire sortant de l'ordinaire, du quotidien. Je passais de l'autre côté du Miroir. Je le crus longtemps immortel, puisque j'étais, moi, un adolescent qui refusait de se poser. Ce n'est pas une vertu, ce n'est pas certainement un vice. Soyons franc : j'étais en retard sur mon âge, je traînais les pieds. Lui aussi, jusqu'à un certain point ? On joue avec les garçons de sa génération : les écoliers avec les écoliers, les académiciens avec les académiciens.

Quand atteignit-il l'âge d'homme, l'âge de raison qui nous ferait sortir de l'âge de déraison ? A trente ans, après la publication de *La Nausée* ? J'en doute. Le Castor était parfois adulte pour deux.

Je l'aimais, donc je ne le voyais pas. Je voulais

bien *me* le critiquer. Je supportais mal qu'on l'attaquât devant moi, même s'il avait tort.

Sartre a conspiré au grand jour contre le Ciel et l'Enfer et une partie de la Terre. Après son œuvre, pour ceux qui le veulent bien, il n'y a plus d'élus ou de damnés. C'est déjà ça.

Je vais chercher le gros livre dans la bibliothèque. Demain, un peu plus tard, je rassemblerai tous les livres de Sartre, je l'enterrerai une seconde fois en les regroupant. Je relis la dédicace, une des rares auxquelles je tienne : *A Olivier Todd, mon fils rebelle, un père dix fois massacré et qui ne s'en porte pas plus mal et qui l'aime bien.*

Une réplique de *Huis clos* me revient en mémoire : *On meurt toujours trop tôt ou trop tard.*

C'est beau et c'est faux.

TABLE

DU MÊME AUTEUR

Romans

UNE DEMI-CAMPAGNE, Julliard, 1957.
LA TRAVERSÉE DE LA MANCHE, Julliard, 1960.
L'ANNÉE DU CRABE, Laffont, 1972.
LES PAUMÉS, U.G.E., 1973.
LES CANARDS DE CA MAO, Laffont, 1975.
UN CANNIBALE TRÈS CONVENABLE, Grasset, 1982.

Reportages

DES TROUS DANS LE JARDIN, Julliard, 1969.
PORTRAITS, Moreau, 1979.

Biographie

LA MARELLE DE GISCARD, Laffont, 1977.
JACQUES BREL. UNE VIE, Laffont, 1984.
LA BALADE DU CHÔMEUR, Grasset, 1986.

Essai

UNE LÉGÈRE GUEULE DE BOIS, Grasset, 1983.

IMPRIMÉ EN FRANCE PAR BRODARD ET TAUPIN
58, rue Jean Bleuzen - Vanves - Usine de La Flèche.
LIBRAIRIE GÉNÉRALE FRANÇAISE - 14, rue de l'Ancienne-Comédie - Paris.

ISBN : 2 - 253 - 03899 - 7
⟡ 30/6194/2